大学英语教学与课程体系建设

朱卫华　著

中国原子能出版社

图书在版编目（CIP）数据

大学英语教学与课程体系建设 / 朱卫华著 . -- 北京：中国原子能出版社，2021.11（2024.1 重印）

ISBN 978-7-5221-1678-5

Ⅰ . ①大… Ⅱ . ①朱… Ⅲ . ①英语—教学研究—高等学校 Ⅳ . ① H319.3

中国版本图书馆 CIP 数据核字（2021）第 233426 号

大学英语教学与课程体系建设

出　　版　中国原子能出版社（北京海淀区阜成路 43 号 100048）
责任编辑　潘玉玲
责任印制　赵明
印　　刷　河北文盛印刷有限公司
经　　销　全国各地新华书店
开　　本　787 mm × 1092 mm　1/16
印　　张　12.625
字　　数　282 千字
版　　次　2021 年 11 月第 1 版　　2024 年 1 月第 2 次印刷
书　　号　978-7-5221-1678-5
定　　价　68.00 元

出版社网址：http://www.aep.com.cn

前 言

英语作为国际第一通用语言，成了国际间重要的交流工具。关于教学方法、教学技巧的探讨和研究逐渐由单一向多样综合发展。如何有效地开展英语教学实践活动，是当今教育工作者都在思考的问题，对现有理论的应用，以及对教育实践过程的归纳与总结，都在一定程度上丰富了自身的教学方法，同时，也为学生能够更好地学习英语积累了一定的教学基础。目前我国大学英语教学的常用方法很多，对于英语教学过程中的学生问题意识的培养也使得英语的教学从最早以教师为主，进一步过渡为学生为主。

大学英语是全国高校普遍开设的语言类基础课程。大学英语教学为人才的培养、社会的发展做出了重大贡献。然而，语言是随着社会的发展而不断演进的，相应的大学英语教学也要在当前的时代背景下进行调整与提高。因此，探讨现代大学英语全新的教学理论与策略，全面推行大学英语课程改革，成为新时期大学英语教学的重要课题。

21 世纪的今天，随着社会的进步和科学技术的发展，中国拥有了越来越多的机会与世界各国进行交流，中国人在世界上发挥着举足轻重的作用，与此同时，我们国家的整体英语教学水平也有了长足的进展。英语是一门语言实践课，其需要达到的语言技能是要靠学生个人的积极参与和反复实践才能达到熟练的境界。作为英语教师，就要打破传统的课堂教学模式，不把学生当成接受知识的“容器”，而把学生看成能动的主体，促进学生在整个教学过程中主动参与、全员参与，最大限度地发挥学生的自主性、能动性和创造性。

本书在编写过程中曾参阅了相关的文献资料，在此谨向作者表示衷心的感谢。由于水平有限，书中内容难免存在不妥、疏漏之处，敬请广大读者批评指正，以便进一步修订和完善。

著者简介：朱卫华，女，山东泰安，1978 年 9 月 10 日，硕士，讲师。山东教育考试中心口语考官；泰山学院师德先进个人称号；山东省《大学英语》省级精品课程成员；山东省省级教学团队成员；泰山学院首批优秀教学团队成员；全国大学生英语竞赛优秀指导教师一等奖；山东省青年教师多媒体教育软件竞赛一等奖；泰山学院多媒体教学课件制作竞赛一等奖。

先后参与主持省部级、校级科研教改项目 8 项；发表论文近 10 篇，荣获山东省软科学优秀科研成果奖 1 项。现为山东省十一五教育科学规划课题、山东省大学英语教学改革立项课题、山东省艺术科学重点课题以及泰山学院教学改革与科研项目的主要成员。

研究方向：英语语言学与英语教学

朱卫华

目录

第一章　大学英语教学基本理论

第一节　现代英语教学的主要流派

一、情景法（The Situational Approach）

（一）定义

情景法又称视听法，是在直接法和听说法的基础上，利用视听手段形成的教学法。这种教学法是在教学过程中教师有目的引入和创设具有一定情感色彩的，以形象为主体的主动具体的场景，以引起学生一定的态度体验，从而帮助学生理解知识和技能，并使学生心理机能得到发展的方法。在传统英语教学中，教师精心教读和讲解，学生拿着课本记、读和机械训练，慢慢地学生失去了学习英语的兴趣。语言脱离了语言环境就难以恰当地表述意义，难以发挥其表情达意的本质功能。因此，“情景需要语言，语言应当从情景教起。”英语教学的根本是通过各种情景，掌握语言所含的意义，从而达到在交际中运用语言的目的。

（二）起源

情景法于20世纪50年代首创于法国，其代表人物有古根汉（G.Gouhrnhein）和古布里纳（P.Guberina）。他们认为，在人们运用语言进行交际时，具体真实的情景决定着说话时所选择的方式、节奏和语调。人的听觉和视觉受到刺激后，作用于大脑，诱发人脑迅速作出反应和加速记忆，从而达到记忆痕迹的长期储存。情景法强调耳、眼等器官以及大脑整体地去感知和认识外语材料，而外语材料的音、形、义和词、句、话也是作为整体让人感知的，因此，视听法又称为“视听整体结构法”。

（三）教学特点

1. 消除学生的紧张心理

教学艺术的魅力在于情感。情景教学法重视学生的情绪情感生活，集直观性、启发性、形象性、情感性于一体。情景教学的创设切合学生实际、切合教材内容、切合语言交际的实际，新颖而富于启发性。教师在课堂上应调整对学生的情感，在举止、眼神、语言上使学生感到教师和蔼可亲、可信，学生就会消除紧张恐惧心理，踊跃发言，变被动学习为主动学习，为学好英语奠定可靠的心理基础。古人云:“亲其师，信其道。”如果一个教师关心、爱护、尊重学生，学生也会爱老师、尊敬老师，还会把对老师的热爱转移到他所教的科目上，他们也会对自己充满信心。

2. 吸引学生的注意力

心理学家告诉我们，“注意”是学生认知客观世界，获取知识，发展智力和培养能力的基础。因此，教师应该采取受学生欢迎的教学方法，努力把课教得形象生动，最大限度地减少和排除分散他们注意力的各种干扰因素。而情景教学法就是设法创设各种生动有趣，贴近学生生活的情景、画面，集中学生的注意力，调动他们的积极性，使他们寓乐于学，寓学于乐；学有所乐，学有所得。

3. 降低学生的理解难度

情景中创设的语境是语言赖以生存和发展的环境，也是语言交际所依赖的环境。语言意义地理解，以及语言功能的实现皆需通过语境。情景教学法正是利用各种手段为学生创设学习英语的语言环境。在相应的语言环境中完成教学内容，降低学生理解语言的难度。

4. 强调语言与真实情景或设计的情景相结合

以情景为中心，充分利用视听手段，让学生做出模仿反应，形成自动化习惯，创造出类似语言习得的学习过程,主要培养学生的听说能力。教学时,学生一边看图像一边听声音，避免使用母语，这样可以使情景的意义与所学外语之间建立起直接的联系。

二、直接法（The Direct Method）

（一）定义

直接法又称自然法,是指直接用外语本身进行教学的方法,不用学生的母语,不用翻译，也不注重形式语法。它包含三个方面的意思：直接学习、直接理解和直接应用。其主要特点是不允许使用母语，用动作和图画等直观手段解释词义和句义。它的教学目标不是规范的书面语，而是外语口语。

（二）起源

19 世纪下半叶，资本主义不仅在西欧各国有了长足的发展，而且在世界范围内有很大进展。资产阶级迫切需要在更大范围的国际贸易中获取更多的经济利益。此时，语言成为在国际交往中的巨大障碍。培养一批能与外国人在政治、经济、科学、文化等方面进行洽谈、交流的外语人才成为当务之急。在这种情况下，外语学习中口语的重要性逐渐凸显出来。

19 世纪，外语学习的标准方法就是之前在拉丁语学习基础上发展而来的方法，即为人熟知的语法翻译法。尽管它在培养阅读能力方面有一定的实际成效，但其偏重阅读能力，忽视口语能力的培养方法，明显地不适应资本主义社会的发展需要。到了 19 世纪后期，对语法翻译法的指责和批评越来越强烈，改革运动（Reform Movement）的兴起和国际语音协会(International Phonetic Association)的建立为新教学法的产生奠定了基础。同时，19 世纪末，语言学、心理学、教育学等相关学科也有了一定的发展，为新的教学法的产生提供了理论条件。因此，直接法作为语法翻译法的对立物应运而生。直接法作为一种新的语言教学方法更准确地反映了当时外语教学规律，它重视口语教学，能够满足用语言进行交际的要求，因而被迅速应用到学校外语教学中。

（三）教学特点

直接法具有以下一些特点：

一是把学习外语和学习母语的过程等同起来，认为外语要在自然的环境或情境中习得。

二是要求在外语和客观事物之间建立直接联系、直接运用外语思维；广泛利用实物、图画、动作、上下文、同义词、反义词、游戏等直观手段，或者用外语讲解词义来学习外语，完全不用母语，或大部分时间不用母语，以避免母语的干扰。

三是模仿和感知是直接法教学的基础，外语学习主要靠机械模仿和记忆语言材料，熟练技巧是不自觉地经常重复，达到自动化的结果。

四是语音和口语是直接法教学的另一个基础，是语言活动的中心。外语教学从口语入手，设置一个不接触文字的听说阶段。在这个阶段，学生只见音标，不见文字，在听说基础上再学读写，最后达到听说读写的全面发展。

使用直接法进行教学的过程应体现如下几项基本原则：第一，直接联系原则。每教一个新词语，应把该词语所代表的事物、意义及客观表象直接联系起来。第二，模仿为主原则。不是先学习语言规则，而是先听周围的人说话，模仿着说。以模仿多练为主，语言理论为辅。第三，归纳途径教语法原则。让学生先实际掌握语言材料，再从他们积累的感性语言材料中总结出语法规则，用以指导以后的学习。第四，以口语为基础原则。先口头实际掌握语言，然后再学习文字符号的识记和书写。

三、听说法（The Audiolingual Method）

（一）定义

听说法又称口语法、句型法，是一种强调通过反复句型结构操练培养口语听说能力的教学法。它和直接法有共同的地方，就是强调口语的第一性，强调口头能力的培养。但它也有自己独特的地方，“听说领先，读写跟上”可以说是听说法特点的一种表述。

教师希望通过听说法教学，培养学生使用外语进行交际的能力。他们认为语言是一套习惯（Language is a set of habits），学习外语就得养成一套新的习惯。而要这样做，就得超量地学习（overlearn）语言（包括语音、语法和词汇的结构），在运用各种语言结构进行交际时能做到不假思索脱口而出的程度或称为自动化的程度。为能自动化地使用外语，学生必须克服母语的旧习惯对外语新习惯的干扰。

（二）起源

从20世纪40年代开始，结构语言学、数学语言学、心理语言学、控制论、行为主义心理学等相互渗透的学科得到发展；外语教学日益依赖现代技术；各国教学法家竞相实验新的教学法体系。这给听说教学法的产生提供了理论基础。美国国防部邀请了一批语言学家和外语教学法专家，研究新的外语教学法。其中为首的学者是布龙菲尔德（Leonard Bloomfield）。布氏系用行为主义心理学研究语言，是结构主义语言学的创立者，又与直接法大师帕默有过学术交往，他制订了以结构主义语言学和操练性条件反射为基础的陆军口语法，又称布龙菲尔德教学法。实验取得成功；逐渐完善为听说教学法并传及全世界。

在听说法的发展过程中，布龙菲尔德教学法的教学过程得到了完善，成为规范的五个阶段：

一是认知（Recognition）认知即对所学句型耳听会意。主要采用外语本身相同或不同的对比，使学生从对比中了解新句型或话语。

二是模仿（Imitation）跟读、齐读、抽读、纠错、改正，同时记忆。

三是重复，检查（Repetition）学生重复模仿材料，做各种记忆性练习；同时教师要进行检查。当确信学生已能正确理解、朗诵所学句型之后，才能进行下一阶段的变换活动。

四是变换（Variation）变换即替换操练，应按替换、转换、扩展三步逐渐加大难度。同时要注意学生的理解情况。

五是选择（Selection）活用所学语言材料于交际实际或模拟情景之中，即综合运用。

（三）教学特点

由于听说法重视口语教学，教材中每课内容均由对话开始。因此，教授对话是听说法课堂的主要活动。听说法课堂的教学活动和特点可以总结为：教授对话，听说领先；跟读模仿，句句复述；强化操练，掌握句型；巩固口头，读写跟上。

为把对话教得生动活泼，教师可以通过不同的方式进行表演。例如，在一个听说法的

课堂中，教师正在教授一个真空吸尘器推销员和一个顾客之间的对话。为了表演得逼真生动，男教师一会把一个蝴蝶结放在头上表演女顾客，一会儿又把蝴蝶结放在脖子前面表演男推销员。

一般说来，教师会把对话表演两次，以使学生听懂对话的内容。然后教师会要求学生一句一句地模仿跟读。如果碰到长的句子，教师会用逆向组句法（a backward building-up drill）来训练学生掌握难句。

多次的模仿和跟读后，教师、学生之间会表演对话。表演的形式可以是多样的，既可以由教师扮演对话的一方，全体学生扮演对话的另一方，也可以由一半学生扮演对话的一方，另一半学生扮演对话的另一方，来进行对话。无论跟读或对话，其目的都是为了使学生能背诵对话。

接着，教师会抽出对话中的一些句子作句型操练。句型操练可以说是听说法中一个很有特色的训练项目。它可以是替换词型的（a single-slot substitution）操练，也可以是句型转换型的（transformation）操练 a 作替换词型的操练时，教师先提供一个句子：I'm going to the post office。然后，教师可以向学生展示一间银行的图画，接着说 I'm going to the bank。跟着他们向学生展示不同的图画：药店、公园、餐馆，训练学生说出 I'm going to the drug store/park/restaurant…，至于句型转换型的操练则更加灵活了，教师可以说出肯定句，训练学生说出否定句或疑问句，教师也可以说出两个句子，训练学生把它们合成一个复合句（定语从句、状语从句等）。教师也可以说出一个句子和提供一个情景，训练学生说出一个某种句型的句子（如倒装句、虚拟语气的句子、感叹句等）。句型操练是训练学生掌握各种句型、句子结构的一种行之有效的训练方式。只要我们运用得当，它会是一种很好的训练项目。

不管是在模仿跟读或在句型操练的阶段，教师对读得好、做得对的学生都会给予鼓励："Good!" "Very good!"，以此促使学生形成好习惯。

一般来说，听说法训练完成后，教师可以布置阅读和书写的练习，以巩固听、说的效果。也就是在听、说训练完成后，教师才让学生拿到或看到所学对话的书面形式，这大概就是很多人把听说法的具体操作总结成"听说领先，读写跟上"的原因。

四、交际法（The Communicative Approach）

（一）定义

交际法又称功能法，功能意念法，是以语言功能项目为纲，培养在特定的社会语境中运用语言进行交际能力的一种教学法体系。

交际法教师的教学目的是培养学生外语的交际能力。"交际能力"是美国社会语言学家海姆斯（D.Hymes）首先提出的一个概念。海姆斯认为，一个学习语言的人不但应该有识别句子是否合乎语法规则的能力，还必须懂得怎样恰当地使用语言，即对不同的对象使用不同的语言，在不同的场合、不同的时间使用不同的语言。因此，外语教学应培养学生的外语交际能力，即要培养他们懂得在一定的社会环境中恰当地使用语言的能力。要达到此目标，学生需要懂得语言的形式、意义和功能。他们应该懂得不同形式的语言结构可以表示同一种功能。

（二）起源

交际法起源于20世纪60年代晚期的英国传统教学方法的改革，70年代中期得到进一步的发展，80年代初期开始在我国的某些院校进行实验，交际法理论教学逐步得到推广。

它根据美国语言学家海姆斯（D.Hymes）提出的交际能力的理论，即交际能力不但应具有语言知识，而且还应具有运用语言的能力，尤其应注意语言运用的得体性，克拉申（Krashen）的语言习得理论也强调语言学习必须通过运用语言交际，而不是通过训练语言技能。按照交际法理论，交际法强调学习的过程，强调语言和交际相互依存的关系。

（三）教学特点

英国语言学家利特尔伍德（William Littlewood）在20世纪80年代出版的《交际法》（Communicative Language Teaching）一书里描述了交际法教学活动的类型，即：

交际前活动：语言结构性的活动；准交际性的活动。

交际活动：功能性交际活动；社会性交际活动。

上述的四项教学活动是在交际法课堂出现的教学活动。准交际性的活动是为真实交际做准备而设计的教学活动。他们可以是句型操练、对话等项目，目的是对外语中的句型结构进行训练，为交际活动做好准备，没有外语结构和句型的掌握，要进行交际是十分困难的。功能性交际活动是利用语言功能获取有关信息。社会性交际活动是利用语言建立和维持人与人之间的友好，可以是角色扮演、解决问题等活动。

交际法教学有9个主要特征：

一是以培养交际功能为宗旨，明确提出第二语言教学目标是培养创造性地运用语言的交际能力，不仅要求语言运用的正确性，还要求得体性。

二是以功能意念为纲。根据学习者的实际需要，选取真实自然的语言材料，而不是经过加工后的“教科书语言”。

三是教学过程交际化，交际既是学习的目的也是学习的手段，在教学中创造接近真实的交际情景并多采用小组活动的形式，通过大量言语交际活动培养运用语言交际的能力，并把课堂交际活动与课外生活中的交际结合起来。

四是以话语为教学的基本单位。认为语言不是存在于孤立的词语或句子中，而是存在于连贯的语篇中。

五是单项技能训练与综合性技能训练相结合，以综合性训练为主，最后达到在交际中综合运用语言的目的。

六是对学习者在学习过程中出现的语言错误有一定的容忍度，不影响交际的错误能不纠就不纠，尽量鼓励学习者发挥言语交际活动的主动性和积极性。

七是交际法强调以学生为中心，强调教学要为学生的交际需要服务，以语言功能为纲，

根据学以致用的原则，针对不同专业的学习者安排“专用语言”的教学。

八是主张采用多种教学手段,不应是仅仅一本教科书,而应该是“教学包”,即教师用书、辅导读物、磁带、挂图、录像、电影、电视等。

九是让学生处于情景之中,身临其境地感受氛围,用英语进行交际,是交际教学的精髓。

对交际性活动的衡量标准：要有交际目的（Communicative purpose）；要有交际意愿（Communicative desire）；强调语言内容而不是语言的形式（Content，not form）；语言形式的多样性（Variety of language）；老师不干预（No teacher intervention）；语言材料不受限制（No materials control）。

因此,教师在交际语言教学中应做到:允许学生应用真实的、有创造性的语言进行交际;强调语言内容而不是语言的形式；学习的内容应与学生的需要有关；在教学中应赋予学生任务，即使用任务型教学法；强调应用功能法。学生不但要学习语言知识，也要学习语言文化。

在交际法的课堂里也有语言结构性的活动。这一类的活动与听说法的句型操练有相似的地方，但不完全一样。因为按照交际法学者的要求，可以把这一类型的活动设计得很像真正的交际活动。

按照交际法学者的理解，真正的交际活动应该有三个特点：信息沟（Information gap）、选择性（Selectivity）和消息的反馈（Messages feedback）。缺少这些特点的对话就很可能是句型操练，而不是真正的交际。

五、任务型教学法（The Task-based Approach）

（一）定义

所谓任务，Crookes 认为它是指特定目的的一项工作或一个活动，在教育课程中，它主要用于搜集资料进行研究的工作或活动。语言学习的“任务”就是有目标的交际活动或学生为达到某一目标而进行的交际活动的过程，是一种“在实践中学习”（learning by doing）的语言实践。任务型教学法的核心是“以学习者为中心”和“以人为本”,是以“建构主义”（constructivism）为理论基础，符合二语习得内化过程的理论假设。

任务型教学法是根据单元目标和教学内容，创造性地设计出贴近学生实际生活的教学活动，即布置“一个既新颖有趣而又熟悉任务”。该课堂模式把学生的注意力聚集在怎样利用外语作为交流的工具来完成任务，而不只是关心自己所说的句子是否正确，任务完成的结果为学习者提供自我评价的标准，并使其产生成就感。这些目标是为课堂教学服务的，学生是直接的受益者。

（二）起源

任务型教学法起源于 20 世纪 80 年代，由博雷泊自印度邦加罗尔地区首先提出，同时博雷泊不仅提出了任务型教学法，还在实施中总结出一整套的教学模式，是一种强调在“做中学”的语言教学方法，将语言理论和应用理念转化成了在课堂实践中的教学方式。这种教学方式充分肯定了学生的主体地位，通过教师的辅助来实现教学目标。同时，将学生学习的内容设计成一个一个阶段性的交际任务，让学生在完成任务的过程中掌握语言知识，学会运用语言。

（三）教学特点

威利斯（Willis）20 世纪 90 年代提出了任务型教学模式的三个阶段：任务前阶段（pre-task）、任务中阶段（task-cycle）和任务后阶段（post-task）。任务前阶段是准备阶段，任务中阶段是实施阶段，任务后阶段是验收与提高阶段。这三个阶段相辅相成，互相作用。其中任务中阶段是核心，任务前阶段为其创造了有利条件，而任务后阶段是前两个阶段的归纳，是促进学习者语言内化过程的具体手段。

六、合作型教学法（The Cooperative Approach）

（一）定义

合作学习是指学生为了完成共同的任务，有明确的责任分工的互助性学习。合作学习是一种结构化的、系统的学习策略，由 2 ~ 6 名能力各异的学生组成一个小组，以合作和互助的方式进行学习活动，共同完成小组学习目标，在促进每个人的学习水平的前提下，提高整体成绩，获取小组奖励。

（二）起源

合作学习（cooperative learning）是 20 世纪 70 年代初兴起于美国，并在 70 年代中期至 80 年代中期取得实质性进展的一种富有创意和实效的教学理论与策略。由于它在改善课堂内的心理气氛，大面积提高学生的学习成绩，促进学生形成良好的非认知品质等方面实效显著，很快引起了世界各国的关注，并成为当代主流教学理论与策略之一，被人们誉为“近十几年来最重要和最成功的教学改革”。自 20 世纪 80 年代末、90 年代初开始，我国也出现了合作学习的研究与实验，并取得了较好的效果。

（三）教学特点

在合作型教学课堂中，教师应注意以下几个环节的操作。

1. 合理分组

合理分组是该教学法的首要环节。教师需要充分发挥自身的引导作用，在分组时，重要考虑分组的合理性，如要考虑小组成员的学习成绩、成员人数，还要对小组的学习目标和角色分配等方面进行指导。

2. 灵活组织

通常来说，合作型教学中的小组活动包括话题讨论、角色扮演、切块拼接、小组竞赛等。教师需要灵活安排教学活动，要让小组里的每个成员都意识到他们的行为会影响到其他组

员的状态，要让小组成员明白只有以合作的方式才能完成任务。

3. 科学评价

如果合作学习型教学模式想要顺利进行并最终取得预期的效果，那么对合作学习效果进行评价是不可或缺的一个步骤。

七、语法翻译法（The Grammar-Translation Method）

（一）定义

语法翻译法又称传统法，是用母语翻译教授外语书面语的一种传统外语教学法，即用语法讲解加翻译练习的方式来教授外语的方法。语法翻译法是外语教学中最古老、影响最远的教学法体系。

按照使用语法翻译法的教师的理解，学习外语的目的是通过学习外语培养其阅读文学作品的能力。为达到此目的，学生必须掌握外语的词汇和语法规则以便能用来进行翻译，这些教师还相信，在学习外语的过程中通过背诵语法规则、背诵词汇、应用语法规则做翻译练习等，学生可以得到很多逻辑思维的练习，从而使智慧得到磨炼。

（二）起源

在外语教学中运用翻译作为教学手段已有几千年的历史了，但从理论上对翻译法进行概括和说明，使之成为一种科学的教学方法体系却是近一百多年的事。中世纪时，拉丁语是欧洲文化教育、著书立说的标准语言，是教会和官方的语言。后来，人们学习拉丁语的主要目的是阅读用拉丁语写的书籍，以吸收古代文化。教学方法采用翻译法。到18、19世纪，法语、英语兴起，学校开设了英、法语等现代语言课程。由于找不到新的教学方法，教授这些现代语言的初级阶段就自然地沿用教授希腊语、拉丁语等古典语言的翻译法。

（三）教学特点

语法翻译法主要的课堂教学活动包括：对整篇课文大意的译述，把课文逐句译成母语，对课文中语法规则作演绎式的讲解，以及直接阅读课文以加深对课文的理解等。

假若我们在一个语法翻译法的课堂听课，教师正在开始教授“最后一课（The Last Lesson）”，课堂的活动很可能会做如下设计：

首先，教师会用母语把文章的作者和写作背景做一个简单的介绍，接着教师会对文章大意进行译述，以使学生对文章的整体有一个初步的了解。

第二步活动是对课文逐句地翻译。一般来说，在翻译之前，教师会带读单词表里的单词使学生能知晓单词的发音和意义。在逐句翻译的时候，教师会先朗读句子，然后用母语解释词的意义、短语的意义和句子的意5C碰到语法方面（包括词法和句法及惯用法）的问题，教师会较详细地解释语法现象、规则和用法，并举例加以说明。逐句翻译和语法讲解是语法翻译法课堂教学的中心活动，它占去课堂活动的大部分时间。

以上几种外语教学法只是几种有代表性的教学法，它们都是历史的产物。一方面它们反映处于不同时代的人们对外语教学的需要，另一方面也反映时代对外语教学问题的认识和解答。作为一名语言教师，应充分了解每一种教学方法的特点，结合实际情况选用教学模式，最大限度地发挥其长处，以达到最佳的教学效果。

第二节　大学英语教学存在的问题与改革的必要性

一、大学英语教学存在的问题

（一）课堂教学模式问题

我国大学英语的教学活动主要围绕教材展开。如果没有教材，学生不知道学什么，教师也不知道教什么。这种以教材为中心的教学模式使学生局限于学习陈旧的内容，教师也连续几年教授同样的内容，这样就使教师和学生逐渐对英语教学失去了兴趣。

多年来，我国大学英语教学一直沿用传统的教学法。大学英语教学的应试倾向严重，大多数高等院校的公共英语教学以阅读教学为重点，以语言知识的讲解为内容，以通过各种英语考试为目标，基本不涉及语言运用能力、跨文化交际能力、自主学习能力等。学生不能用英语进行交际，所学内容基本与将来工作没有直接关联，也不能达到学以致用。

（二）英语教材使用问题

目前大多数大学英语教材都是根据教育部发布的教学大纲要求编写的。中国是个大国，各个大学的教学设备、师资力量及学生的英语水平都不尽相同。教材编撰者很难将不同地区教师和学生的不同需求都考虑进去，尤其是那些偏远地区的英语水平相对较低的学生的需求。这些教材的内容远远超出了他们的学习能力范围，这样就不能满足学生的个性化需求，阻碍其在英语学习上取得进步。

另外，教学学时与教材上繁多的教学活动之间存在着矛盾。通常，大学的英语课平均学时为每周 4 ~ 6 个学时。然而，一整套大学英语教材通常由好几本书组成，包括听说、泛读、精读、快速阅读，甚至还有写作。要在每周 4 ~ 6 个学时内完成如此繁重的教学任务，大多数老师都会觉得时间仓促，无暇顾及在课堂内和课堂外学生有多少接受知识和消化知识的空间。

（三）考试评定制度问题

大学英语的教学大纲由教育部制定并成为全国各所大学的英语教学过程、教材选用和教学评估须遵循的标准。统一的教学大纲要求有统一的评估体系来评价每所大学教师的教学效果。因此，全国大学英语四、六级考试成为评价大学英语教学的重要手段。这种应试教育评估体系最大的弊端是不能兼顾所有的语言技巧和语言能力，导致学生学习英语就是

为了通过四、六级考试，而不是掌握实用的语言技能。

为了帮助更多的学生通过考试，教师在课堂教学中花费大量的时间给学生灌输所谓的考试技巧。学生在课堂上学习的是单词、语法，而不是如何自如地用英语表达自己的思想。为了通过考试，老师和学生都忙着准备考试。在考试通过率上，学校之间互相攀比，英语教学几乎成了应试教学。大多数大学毕业生的英语水平只能对付日常生活交际，很少能够读懂自己专业上的文献，更少能够用英语开展自己的研究或工作。尽管，我国大学生在英语学习上花费很多时间，大学英语四、六级考试通过率逐年提高，大学生听说能力有很大改善，但在自己专业领域用英语开展学习和工作的能力还相当薄弱。

二、大学英语教学改革的必要性

大学英语教学改革十分必要，这不仅是时代发展的要求，同时也是提高英语教学质量、进行人才培养的要求。

（一）教学内容改革的必要性

受传统英语教学的影响，我国对英语人才的培养过分注重语言表达形式的教学而忽视语言表达功能的教学。也就是说，英语教学只注重语音、单词、语法的学习，教师大多是逐词逐句讲解词语句子的含义，着重讲解词法、句法、语法，而学生在课堂上的主要任务就是听教师讲课、记笔记，在这过程中，教师和学生都忽略了语言的实践活动。因此，在这种教学方法的影响下，学生通过英语学习提高的只是“语法能力”，而不是“应用能力”。这在很大程度上限制了学生语言能力的发展。

众所周知，英语教学的目的是为了进行语言的应用，而不仅仅是阅读，更不仅仅是为了掌握单词的意义、明白语法规则，如果不能用英语进行交流，学习英语就失去了意义。要培养学生的英语综合应用能力，就需要在教学内容上进行改革，增加课堂上的语言实践活动，让学生有开口说英语的实践机会，也只有在实践中不断锻炼，学生才能真正提高英语的应用能力，才能够学以致用，达到英语教学的目的。因此，改革英语教学的内容十分必要。

（二）教学方法改革的必要性

教学方法一直是教学研究的重点，也是我国英语教学改革的关键环节。常见的英语教学方法包括语法翻译法、听说法、直接法、认知法、交际法、情景法等，这些教学方法都曾经对英语教学理论和实践的发展做出巨大贡献。但是，这些教学方法往往是在一定历史条件下为达到当时的教学目的而产生的，它们一方面从各个侧面充实和丰富了外语教学法体系，另一方面又过分强调了某个侧面，所以有各自的不完善之处。随着社会的不断进步与发展，社会对人才的需求也在不断变化，因此在不同时期，教学理论也会有所不同，教学方法也应有所变化。

传统的语法翻译法由于过于重视书面语的掌握，忽视口语表达能力的培养，并把口语和书面语分离开来，使学生即使具备了较强的阅读和翻译能力，也可能不具备起码的听、说能力，给教学过程带来很大的障碍。因此，虽然语法翻译法在历史上曾经大大促进了外语教学的发展，但是随着时代的发展它已经无法满足社会的需求，必然会被其他的教学方法所取代。

随着国外一些新的教学方法的引入，我国英语教师的视野得到了拓宽，广大英语教师也积极投身到英语教学理论特别是教学方法的研究、改革和实践之中，使英语教学方法得到不断地完善。但是，随着教育事业的发展，不少英语教师认识到外国引进的教学方法并不完全适合我国的英语教学实际需要，英语教学法的研究和实践在某种程度上陷入了一些误区。因此，英语教师应该根据具体的教学情况，运用各种教学法中最有效、最适用的部分，根据具体的英语教学需要，研究出适合本校、本班学生的教学方法。我国英语教学的改革强调以学生为本，突出学生的主体地位，这就需要教师在教学中重视学生的个性，在采用教学方法时重视对学生兴趣的挖掘。因此，在教学改革中我们需要认真地研究有利于激发学生学习兴趣的教法。

（三）教学形式改革的必要性

测试是英语教学中的重要环节，是检验学生学习效果和教师教学效果的必要手段。英语作为一门语言课，应通过听、说、读、写、译五个环节来学习，才能够收到预期效果。因此，在对英语教学质量及学生学习效果进行考核时，也应综合测试学生听、说、读、写、译五个方面知识和能力的掌握情况。

但是，目前我国的英语考试仍以笔试为主，通常用一张试卷就考查了学生对英语知识的掌握情况，很少甚至没有其他形式的语言测试方式，可谓一锤定音。然而，这种仅凭一支笔、一张纸一次性判断出学生学习效果的方式很难全面地了解学生的听、说、读、写、译的能力，更难以反馈学生真实的英语交际水平及能力。可见，单纯的笔试既不能实事求是地反映学生的学习状况，也不能对教师的英语教学起到积极的指导作用。同时，这种考试在某种程度上也挫伤了学生的学习热情，使学生对英语学习失去兴趣和信心。此外，这种考试也忽视了对学生听说能力的考查，但对英语而言，听说能力才是核心技能。

一直以来，我国大学生的英语听力水平和口语水平的发展极不平衡。这主要是由于大学英语四、六级考试主要注重读、写、译能力的考核，大多数学生都是为了通过英语四、六级考试而将大多数精力放在了这三个方面的学习上。同时，教师为了保证英语四、六级考试的通过率也仅注重这三个方面知识和技巧的传授。尽管，近年来英语四、六级考试中增加了听力试题，也逐渐引入了口语考试。但是，由于我国对英语听说能力教学的长期忽视，导致师生都认为要提高英语听说能力是事倍功半、付出大收益小的事，因此学生和教师仍然将精力放在对付笔试上。

然而，由于英语语言学习的测试应侧重学生的英语交际能力，即听、说、读、写、译的综合能力，如果仅用一次笔试来测定学生英语水平的高低，显然是有缺陷的。因此，这种考试方式对英语这个特殊学科来说有一定的局限性，应该加以改革。为更好地把握学生

的英语语言领悟能力、英语语言理解程度、英语交际水平，教师应安排听力考试、英语口语和英语交流等方式来填补笔试考试的不足。总而言之，只有科学、合理的考试形式才能完整全面地检测教师教学的科学性和学生的英语知识和交际能力。

第三节 大学英语教学理论与实践的关系

教学本身的目的是提高人们的素质和技能，这对国家的兴盛发挥着重要的作用，可是在实践的过程中，人们渐渐偏离这个轨道，而是一味地注重分数。正确认识英语教学理论和英语教学实践的关系，是目前英语教学探讨的主流问题。

一、大学英语教学应自觉实践

语言是交际工具之一，学习英语的根本目的是把语言作为交际工具来掌握。人们运用语言进行交际时应熟练地运用语言材料。从心理学角度看，在交际时人们的注意力集中在思想内容上，而不是在表达思想内容的语言材料上，因为此时语言材料已掌握到不假思索、脱口而出的程度。可见掌握语言是一种高级的言语（材料）技能。这种言语技能是靠长时间大量的言语实践活动获得的。有的学者统计，在自然的母语环境里，儿童习得听说能力需要一万八千多个小时，之后经过小学、中学近三千多课时语文课的学习才能掌握阅读和写作能力。当人们向美国结构主义语言学家布隆菲尔德请教学习外语的方法时，他回答说："实践、实践、再实践，别的方法是没有的。"这表明：实践是学会外语的基本途径。

从信息论、控制论角度来看，学习语言即是通过听觉器官输入教师发出的语言信息，然后通过对信息的储存和提取来掌握语言。学生只有对教师发出的语言信息不断作出反应，并多次进行强化练习，才能熟练地提取信息，掌握言语技能。语言学家粗略地统计过，掌握一门外语，应不少于上万次的强化。控制论专家们认为，单纯强化还不够，还必须对强化效果做出评价。指出练习中的正误，即反馈。由此可知，强化和反馈是学好外语的主要环节，这也就是说，学好英语必须不断强化反复操练，大量实践。

但是，对已经掌握了母语，思维能力强的学生来说，学习英语绝不是动物型的实践，而是人类型的实践，即自觉实践。这种实践有四个特点：

一是学习英语是有目的、有计划、有意识、有动机的活动。这种活动要求学生发挥自觉性、积极性和创造性。

二是言语活动不只是刺激一反应动物型的反射活动，更主要的是智力活动。

三是培养熟巧技能的心理学证明：如果人们能理解所从事活动的性质，那么熟巧和技能的形成会更快更容易，一旦形成，保持也会更为持久。由此可知，学生进行言语活动时，有必要向他们讲解一些语言的理论知识，用理论知识指导言语实践活动。

四是言语活动是人类诸多活动中的一种，除具有智力活动的共性外，还有其特性，即是交际活动总是为“解决一定的交际课题”而进行的。要使英语教学密切结合实际，把交际活动既当作教学目的，又当成教学手段。

二、大学英语教学应注重交际

理论和实践的关系，从语言角度来看，也是语言知识教学与言语实践活动的关系。语言知识教学能使学生掌握英语的句型、语法、词汇的基础知识和技巧。言语实践活动是指人们借助语言进行的交际活动。交际活动表现为听、说、读写四个方面，因而言语实践实质上是听说读写的实践活动。英语教学是由语言知识教学和言语实践活动两大部分组成的，在英语教学工作中要处理好这两方面的关系。

在交际活动中语言和言语是统一的。人们之所以在听说读写活动中能够表达自己的思想或领会别人的思想，主要是因为掌握了交际手段，即所学英语的语音、词汇和语法的运用。否则，是不能进行交际活动，学不会英语的。但是，离开听说读写的言语实践活动，孤立地学习语言知识，不仅语言知识理解不透彻，得不到巩固，语言知识本身也失去了意义，成了“无本之木，无源之水”。这就是语言知识和言语实践活动的辩证关系。

在语言知识方面，语音知识是有限的，在教学初级阶段就可以把主要的语音知识教给学生，让学生掌握。这样词汇和语法就自然成为英语教学的主要内容。词汇除语音外，还有词义和词形两个方面，这两个方面大多是约定俗成的，规律性的东西，主要靠机械性记忆。

语法是词的变化规则和用词造句规则的总和，语法学习有规则可循。可见，所谓语言知识教学主要是指语法知识教学。但教学法和教师对语法在英语中的教学作用的看法是有分歧的。经验派重视实践和语感，否认语法的作用或者对其估计不足；理性派重视语法，忽视实践和语感。

这两种偏向都在英语教学中不同程度地存在着。应当根据马克思主义的认识论和方法论处理好这个问题。首先要肯定语法对成年人学习英语是有利的。语言的心理证明，无论是幼儿学习母语，还是成年人学习外语，都是要学习语法的。幼儿学习母语的语法规则，是在母语的语言环境里，在长时间的大量的言语实践活动中，借助语感，不自觉地掌握语法。而成年人因缺乏英语语言环境，学习时间短，接触的语言材料少，是自觉掌握语法的。只要从培养交际能力出发，语法材料选择适当，安排合理，教学得法，语法不仅不会妨碍学习英语，反而会起促进作用，使英语学习更为简捷。

但是，必须明白，向学生传播语法知识完全是实践性的，而不是追求语法本身的系统性。语法知识的选择及语法项目的安排要服从言语实践活动的需要，不应当引导学生死记硬背语法规则。衡量学生是否掌握了语法规则以及掌握到什么程度的标准，不是规则记得多不多，条条记得熟不熟，而是看其是否在言语实践中能够运用语法规则。

进行语言知识的主要教学目标不是讲授知识，而是通过大量的练习培养学生运用语音、词汇、语法的熟巧。对英语实践来说，仅仅获得语言知识和具有运用语言知识的熟巧是远远不够的，还必须具有运用语言知识与熟巧来解决实际交际课题的能力。而这种交际能力主要是靠言语实践活动获得的，对掌握英语这个交际工具而言，具有决定意义的不是理论

知识，而是言语实践活动。因此，英语教学一定要把言语实践活动，培养交际能力放在首位。关于语言知识和言语实践活动的关系，英语教学与其说是传播语言知识，不如说是培养言语能力。当然，要正确地使用言语，也需要懂得理论。可是过去的英语教学常常是颠倒主次关系，学生懂得理论，却不会使用语言。既然以培养言语能力为主，那么就需要实践。

在英语教学中处理理论和实践的关系上，我们也有不少经验，如：举一反三，触类旁通，不假思索，脱口而出，纯正自然。这些都肯定了语言理论知识、规则的作用，但不要求学生死记语法条框，强调活用，要求在言语实践活动中能不假思索，脱口而出，而且力求做到像外国人讲母语那样纯正自然。

三、大学英语教学应精讲多练

从课堂教学安排来看，理论和实践的关系也是讲和练的关系。如何处理这两者的关系，有些教育专家讲得好，熟练地掌握外语并不取决于教师的讲解和说明，而取决于学生练习的数量和质量，因此教师的责任在于想方设法让学生多做练习，多实践。于此亦不乏成功的经验，即是“精讲多练”的原则。这条原则既肯定了语言知识的讲解，又肯定了实践练习。但主要是强调多练，要使英语课堂的绝大部分时间用在言语操练和实践活动上。为了确保练习时间，有不少教学法专家提出讲练比例应是 1 ∶ 5；为了保证多练才提出精讲，精讲为多练提供了条件。所谓精讲是指：一是精选语言材料，不追求语言知识的全面和系统性，局限于培养交际能力有关的语言材料中。二是讲解要精练，在内容上不要旁征博引；使用语言要精确、简练。多练是作为精讲的对立面提出来的，与讲相比，练宜多。就整体来看，多练是有限度的，并非越多越好。任何事物都要有量的界限，否则会适得其反。不仅要多练，还要善练。练习要科学化，练习内容要有针对性、目的性，对学生学习英语的难点要反复练习，切忌淡然处之。练习形式和练习安排有利于培养交际能力。要符合学生掌握英语的心理过程。

在英语教学的实际操作中，真正处理好理论与实践的关系后，就没有任何必要去担心顾此失彼。只要教师严谨对待，我们有理由相信英语教学必将会随着时代变化而日趋完善。

第二章　大学英语教学模式与教学方法

第一节　大学英语教学模式

一、教学大纲

（一）课程目标

英语作为一门国际通用语言，在科学进步、文化交流和社会发展中发挥着日渐重要的作用，提高大学生英语应用能力、跨文化交际能力和自主学习能力是《大学英语课程教学要求》（以下简称《要求》）所规定的教学目标，也是各个大学培养具有国际视野的高素质、创新型人才的重要手段。

“大学英语‘研究型’课程”旨在依据各大学人才培养目标和在校大学生的实际英语水平，应用外语教学的相关理论和方法，创新具有各大学特色的教学模式，努力体现“将英语教学的实用性、知识性和趣味性相结合的原则”，探讨并实现《要求》所提倡的“分层次、自主式、个性化与信息化”的教学方法和手段，完善大学英语课程体系，提高大学英语教学质量

（二）课程性质

“大学英语‘研究型’课程”以“研究型”课程理论、建构主义理论和后现代课程观为理论指导，以“问题解决型”和“任务型”教学法为主要教学方法，始终强调“做中学、学中做”的英语教学理念，突出学习者的主体作用和英语教师的主导作用，借助计算机网

络技术，以小组合作的学习形式进行个性化、自主式学习，在完成任务过程中培养学生听、说、读、写、译综合应用能力，同时增强其自主学习能力、提高综合文化素养，力争达到《要求》中的更高要求。该课程具有较大的柔性特征，它既可作为大学英语教学各个级别的有机组成部分，也可作为一门专项课程，具体操作模式可根据教学对象、教学要求和课时安排进行选择和调整。

（三）大学英语“研究型”课程教学要求

1. 教学目标

“大学英语‘研究型’课程”是针对各大学短学期英语强化训练而设置的，旨在培养学生的语言综合运用能力和研究能力的实践性专项课程，其教学目标是在为期四周的实践性、探究式的学习过程中，要求学生以团队形式完成一项发现、分析、解决问题的具体任务，锻炼以下能力：通过查找、搜集资料，阅读资料，归纳、整理、分析资料从而发现问题的能力；通过学习研究方法，剖析研究范例，从而选择恰当的研究方法，设计研究的能力；借助各种信息渠道和方法获取信息和资料并通过对信息的分析处理得出结论的能力；通过撰写研究报告和进行研究项目口头汇报，从书面和口头表达两个方面展示研究过程和结果的能力在此过程中，培养和提高学生的听、说、读、写、译各项语言技能和综合运用语言的能力、自主学习和团队协作能力、创新思维和逻辑思维能力、跨文化意识和跨文化交际的能力。

2. 教学对象

已经完成大学英语三级或者大学英语四级课程学习的非英语专业二年级本科生，其英语能力具体如下：一是词汇。已经掌握 5000 ~ 6500 个单词和 1000 ~ 1700 个词组，其中掌握复用式词汇 2500 ~ 3000 词左右。二是阅读：能借助词典等工具书读懂各种载体的英语文章和书籍，能比较顺利地阅读和自己专业有关的文献，速度达到 120 ~ 130wpm，准确率为 75%。三是听。能基本听懂英语国家正常语速的广播电视节目和英语国家人士内容较多的会话，能听懂与自己专业相关的讲座，并掌握中心大意，理解有关细节。四是说。能就一般或专业性的话题较为流利、准确地进行对话或讨论，能基本表达个人意见、情感和观点，能基本陈述事实和理由，表达思想清楚，语音和语调基本正确，一部分同学能在国际会议和专业交流中比较自如地表达自己的观点和看法。五是写。能就一般性主题比较自如地表达个人观点，做到文章结构清晰、内容丰富且逻辑性强。争取能熟练撰写专业文章摘要，专业读书报告和自己专业的英文小论文。能在 30 分钟就各种题材写出 150 ~ 200 词的左右的短文，力求内容完整，文理通顺，思想表达清楚。六是译。能借助字典翻译英美报刊上有一定难度的科普、文化和评论等文章，能翻译反映中国国情或文化的介绍性文章：译速为每小时 300 ~ 350 个单词或汉字，译文基本通顺、达意，语言和理解性错误较少

3. 教学内容

本课程要求学生在规定时间内，充分利用课堂内外时间，在具有丰富的大学英语“研究型”课程教学经验的教师的传授和指导下，在接受“研究型”课程相关理论知识培训和观摩、视听优秀英语演讲作品的基础上，自主分组，自主选择研究主题，并分工明确地进

行后续的自主研究。研究过程中，学生需要制定项目报告书以明确研究进程和任务，需要通过小组合作，运用恰当的研究方法，完成相关资料的搜集、阅读、翻译、整理和分析工作，还需要将研究成果制作成适合展示的多媒体形式，以团队方式进行形式多样化的口头汇报，并最终提交符合学术规范的书面研究论文。最后，教师对学生在整个研究过程中的表现作综合评估。

4. 课程设置

本课程的设置充分考虑实践性、探究式学习在整个教学过程中的重要性既培养学生较强的学术写作和口头交流能力，又培养学生扎实的语言基础既要照顾起点较低的学生，又要给基础较好的学生有发展的空间既要保证学生英语语言水平稳步提高，又要满足他们各自不同专业的发展需要。本课程共 16 学时，每周 4 学时一具体的实施步骤如下：

（1）前期准备

在课程开始之前，召集任课教师进行集体备课对课程的教学安排、教学内容、教学方法等有关问题进行探讨，做好有效的前期准备工作。

（2）课程讲座

在课程开设过程中播放系列讲座录像，内容包括课程介绍和安排、研究方法、公共演讲基本技能与多媒体制作技术等，并且由教师解答学生的疑问，为其后的教学活动顺利开展打下基础。

（3）小组分工

讲座之后，学生在教师指导下进行分组：分组在学生自愿的基础上做到好、中、差生相结合，然后自主确定小组负责人、小组内部成员的具体分工和合作细则。

（4）选题

由学生自主进行选题。在选题过程中，教师将与各组进行经常性交流，最终确定可行性选题，并把项目计划制成电子文档交给任课教师。

（5）研究过程

学生根据分工，在课后进行“自主式”学习，进行资料搜集、整理、翻译、分析、PPT 制作、演讲稿写作及项目报告撰写等工作。

（6）中期研讨

学生在课堂上展示研究成果，听取教师和同学的评价并随后进行调整和完善。

（7）期末评估

每个小组成员借助多媒体设施，用英语陈述自己的研究成果教师基于小组成员的多媒体表现形式（如 PPT、电子书等）、课题完成程度、口语表达能力、团队合作效果以及相关的项目计划书和项目报告进行最后评分。

5. 教学方法

本课程采用研究型学习和自主学习相结合的教学方法。具体教学实施小班化教学，以讲座、小组活动和班级研讨为主讲座指由专门的教师进行知识和技能讲授：小组活动指以

小组为单位进行学习、讨论以及教师辅导。班级研讨指在小班范围内，由教师指导进行讲评和讨论。

6. 教学评估

本课程采取形成性评估和终结性评估相结合的方法对学生的学习成果以及学习过程中表现出来的学习态度、学习能力和取得的进步等各方面进行全过程、多角度的综合评估，以通过评估反映教学效果，引导和培养学生的自主学习能力，评定学生的学习成果。

二、教学准备

首先，任课教师可以将学生已经学习过的精读课本内容作为知识背景，从按主题分类的阅读和视听材料中选取话题，准备素材。如从《大学体验英语扩展教程》中选择以下 5 个话题并准备素材：Environment Protection，Learning Strategies，Lifelong Education，Travel 和 Decision Making；其次，任课教师可以根据当时较为热门的话题或综合以往学生的选题，提供选题和素材，如：Architecture，Generations，Honesty Crisis 和 Globalization。最后，教师还可以在实践教学中，引导学生结合本专业进行自由选题，帮助学生查找相关素材资料

三、教学内容

（一）课程性质

“大学英语‘研究型’课程”以“研究型”课程理论、建构主义理论和后现代主义教学观为理论指导，以“问题解决型”和“任务型”教学法为主要教学方法，始终强调英语实践，强调学习者的主体角色，以最终成为现有大学英语课程体系的重要部分为目标，形成对传统课程必要的补充和完善。

在课程学习过程中，学生在教师指导下，借助计算机网络技术，以小组合作形式进行个性化、自主式学习，在完成任务过程中培养听、说、读、写、译综合应用能力，同时增强自主学习能力、提高综合文化素养，力争达到《大学英语课程教学要求》中的更高要求。

（二）教学对象

“大学英语‘研究型’课程”的教学对象为已经完成大学英语三级或者大学英语四级课程学习的非英语专业二年级本科生。

（三）课程步骤

本课程要求学生在规定时间内，利用课堂及课外时间，在教师的指导下，选择一个主题进行研究，以小组合作的方式进行资料的搜集、整理、分析和翻译工作，同时将选择的主题内容制作成多媒体形式，以团队形式在课堂上用英语汇报研究成果并提交用英语撰写的项目研究报告具体的实施步骤如下：

1. 前期准备

召集相关教师，对课程的有关问题进行探讨，做有效的前期准备。

2. 举办讲座

开设系列讲座，内容包括课程相关原理、多媒体运用和PPT制作技术、公共演讲基本技能等，并解答学生的疑问，为其后的教学活动顺利开展打下基础。

3. 小组分工

讲座后，学生在教师指导下进行分组和选题工作，自主确定小组负责人和小组内部成员的具体分工，并由小组负责人将小组分工情况和项目计划制成电子表格交给任课教师。

4. 自主学习

学生根据分工，在课后进行"自主式"学习，进行资料搜集、整理、翻译、分析、PPT制作、演讲稿写作及项目报告撰写等工作。

5. 中期研讨

学生在课堂上展示研究成果，听取教师和同学的评价并随后进行调整和完善。

6. 期末评估

每个小组成员借助多媒体设施，用英语陈述自己的研究成果。教师基于小组成员的多媒体表现形式（如PPT与电子书等）、课题完成程度、口语表达能力、团队合作效果以及相关的项目计划书和项目报告进行最后评分。

第二节　大学英语教学教学方法

一、交际教学法

交际法是20世纪60年代末70年代初英国的应用语言学家在否定结构主义教学法的理论基础上提出来的。其基本概念为"意念""功能""交际"。"交际教学法强调第二语言或外语教学的目的是使学生获得交际能力"。因此，教学以语言功能为对象，教学过程应该是学习用语言做事的过程，其最终目的是在不同的场合对不同的对象用目的语进行得体的交际。交际法是以语言功能为纲、培养语言交际能力的一种教学方法体系。由于交际能力常常被认为是运用语言来完成各种功能或表达各种意念的能力，所以交际法又称为功能—意念法。

交际法的产生与语言学理论的发展有着密切的关系，具体地讲，与人类语言学、社会语言学和语用学有密切联系。交际法产生和发展的这二三十年是语言学研究空前繁荣的时期。现代语言学及其边缘科学的迅速发展为交际教学思想的形成奠定了坚实的基础。其直接的理论动因为兴起于60年代的广义功能主义语言学，包括系统功能语法、社会语言学、语用学、篇章分析理论及跨文化交际学等。这些新兴学科的兴起，使人们开始考虑语言的使用和社会功能，以及使用语言的社会环境和文化背景。这些理论在教学上的体现就是注

重交际能力，交际是人类自然语言最根本的功能，语言学习不仅应该重视结构、规则、形式的掌握，更应该强调语言的社会功能以及学习者的交际需求。学生不仅应该学习必要的语言知识，还应该学会正确得体地使用语言。语言教学不应该以句子为单位，而应该以篇章为基本单位。语言学习实际上也是一个跨文化体验过程。这些成果构成了交际语言教学思想的核心。

交际法的语言理论基础主要来自社会语言学家戴尔•海姆斯的“交际能力”理论和英国语言学家韩礼德的功能语言学理论。二十世纪五十年代末乔姆斯基在批判行为主义语言学理论的基础上，提出了“语言能力”的概念。他认为，语言能力是某种远比语言本身抽象的指示状态，是一套原则系统，一种知识体系，因此语言能力并非种处世能力，甚至也不是一种组织句子和理解句子的能力。美国社会语言学家、人类学家海姆斯认为，语言能力是一种处世能力，即使用语言的能力。海姆斯提出的交际能力包括以下几个方面：合乎语法、适合性、得体性、实际操作性。迈克•卡纳尔和美林•斯温又将戴尔•海姆斯的“交际能力”理论进一步扩展，包括语法能力、语言能力、语篇能力和策略能力。

韩礼德的功能语言学理论功不可没。他认为，语言是表达意义的体系，不是产生结构的体系。韩礼德进一步研究了语言的社会功能，他的意义潜能理论是对交际法产生重大影响的另一个核心理论。意义潜势是语言能够做事情的行为潜势的实现，换句话说，意义潜势是指“能够通过语言做事情”，表现在语言上就是“能够表达意义”。他从语言运用的角度提出语言有三大功能：认知功能、建立和维持人际关系的功能以及连贯脉络功能。以往的语言学局限于研究认知功能，忽视后两种功能。在这种思想指导下的教学理论只注重语言形式训练，只求掌握认知功能，结果学生却不会使用语言，掌握不了交际能力。

与此同时，社会语言学的发展也大大开阔了人们对语言的认识视野。突出的点就是语言的运用与许多社会因素有直接、密切的关系，似乎每个社团都有自己一套使用语言的规则：什么场合讲什么话，对什么人讲什么话，如何赔礼道歉，如何抱怨批评等等，都是有某种规范的。甚至有人说，在得体性上的失误所造成的严重后果远远超过语法错误所引起的后果。

交际法的心理学理论是意念论。意念这个词属于心理学的范畴。思维是人的一种心理现象，作为人脑反映现实的思维活动形式，是人类共有的。人类的思维具有共同性和普遍性。操不同语言的各个民族有共同的意念范畴特别是比具体意念抽象程度更高一级的意念范畴，而人的思维又可以分为有限的意念范畴，各个意念范畴又可以分为若干个意念项目，意念项目还可以分为细目，同一个意念项目，各个民族又用几乎完全不同的语言形式来表达。常用意念项目及其常用的语言表达形式构成了某种具体语言的共同内核。因此，采用语言的功能进行教学就是运用这些共同的、有限的意念范畴以达到掌握一门语言的目的。由于人类的思维有共同的、普遍的意念范畴，所以常用意念项目就成为欧洲现代语言教学的共核，成为欧洲现代主要语言教学大纲的基础。由此，常用意念项目及其语言表达方式就成为现代语言教学的依据。交际法就在意念理论的基础上编写教学大纲。

除以上提及的语言学、心理学的发展外，欧洲又给它的出现提供了社会背景。70年代初期欧洲共同体成立，各国之间的交往迅速扩大，而语言不通成了一大障碍，妨碍了布鲁塞尔机构的运转以及西欧各国的交流。鉴于这种情况，欧洲文化合作委员会十分重视成人语言学习问题。此后，共同体的文化合作委员会召开会议，专门讨论成人外语教学问题，讨论制订欧洲现代语言教学大纲。在此期间，出现了一批极有影响的文章，中心思想是把语言看作人与人之间的交际工具。外语教学必须从交际目的出发来决定教学内容和科学方法。

交际教学法在外语教学实践中演化成为两个版本，即所谓强势和弱势，两者的主要区别在于如何看待交际与教学以及如何对待语知识的问题上。强势交际观把二语 / 外语的获得看作是交际活动的结果，坚持要直接通过交际活动习得（acquire）交际能力，认为外语教学的目的是 using the language to learn；弱交际观认为，应该把语言作为交际工具来教，交际活动的目的是掌握目的语，认为外语教学的目的是 learn to use the language。

交际法教学学习理论，主要包含三项原则：一是交际原则，涉及真正交际行为的活动能促进语言学习；二是任务原则，活动要求用语言去完成 / 执行有意义的任务，这样的活动能促进语言学习；三是意义原则，对学习者有意义的语言能促进语言学习。因此，学习活动的选择要依据其在多大程度上能使学习者参与到有意义的、真实的语言运用之中（而不是机械的句型操练）。

“交际”不仅仅指相互间的语言信息的表达，它包括人与人之间一切思想感情的交流，是一种活生生的交际过程。

交际教学法把交际能力的培养作为教学的主要目标，人们在试图运用交际教学法的实践过程中，人们也发现了交际法自身的局限性，尚有难以解决的问题。首先，语言的功能项目很多，而且没有一个统一的标准，哪些功能应列入教学大纲，顺序如何排列，都是有争议的问题，而且不易统一；其次，在编写交际法教材时，最大的困难是如何使题材、功能和语法融为一体；再次，实践证明，理想的效果是语言能力和交际能力同时发展，齐头并进而不只是强调其中的某一方面；最后，把教学过程交际化是个理想，实现起来并不容易，努力使课堂教学交际化的同时，往往会忽视语言的准确性，而基本功较差的同学，也不可能训练出理想的交际能力。

交际教学法由于过分注重交际的流畅性，而忽略了语言的精确性。交际教学法反对系统地教授语法，忽视语言知识的系统性和整体功能，语法教学服从于交际教学，语法项目的安排也随交际教学的要求安排，语法教学本身缺少系统性和阶段性，有些语法项目甚至被完全忽略；交际法时期，语法教学是没有什么地位的。即使交际法提倡者并不否认语法教学对交际能力的作用，但在实际教学过程中，对交际意义的过于关注，使得语法教学被排除在外。20 世纪 70 年代后期，斯蒂芬・克拉申的监控理论曾一度控制了整个北美外语教学界。斯蒂芬・克拉申认为语法不应该进入课堂活动，因为语法所起到的作用只是边缘性的，语法教学对二语能力的发展只起外围、很小的作用。他认为语法教学的影响会随着时间的推移而逐渐减弱。斯蒂芬・克拉申及后来的 B. 施瓦兹提出语法只能被学习者从可理解输入中无意识地习得，教语法或纠正学习者的错误对他们的语言系统产生不了任何影响。

他们的主要观点是认为不需要显性的语法教学，而是通过大量的以意义为中心的语言输入，让学习者自然而然地习的目的语语法。此外，由于过分注重语言的意义，强调语言使用的得体性，从而忽略了二语能力的培养。可以想象如果根本没有语言能力的基础，既不能像样地发音，又没有一定量的词汇，更不会遣词造句，那又怎样使我们的语言富有意义，更不用说去要求语言的得体性了。语法能力是语言能力的重要组成部分，语法的错误会对交际起阻碍作用，所以在教学中全然否定语法的作用是不可取的，培养交际能力不能排斥学习语法知识，如果学生没有掌握语法规则，就不可能产生创造性的准确的语言，获得较强的交际能力。准确的语言能提高交际能力。不符合语法规则的语言因为不能准确传递意义，是无效的。没有掌握一种语言的语法，就谈不上掌握了这种语言，更不要说运用这种语言进行交际。另一方面，没有语言结构知识，就不能将句子拆分成更小的语言单位并确定结构之间的意义关系，进行从下到上的精确理解。交际能力虽然突出地体现在口头表达上，但也不能忽视理解和书面表达。

二、直接法

19 世纪，欧洲的资本主义得到了进一步的发展，国际政治、经济形势发生了重大变化，尤其是通商贸易，各国之间的交流需要进一步增强，语言不通成为发展的障碍。社会的发展要求更多的人学会外语，参与国际生活，这为外语教学提出了新的要求：口语能力的培养是外语教学的主要目的，语法翻译法满足不了这一新的社会需要。人们日益认识到，现代外语首先是一种有声的交际工具，直接用于社会交际实践。口语是书面文字的基础，口语既是教学的目的，又是教学的手段。现代语言的教学日益受到重视，到 19 世纪五六十年代在西欧一些国家已经酝酿着一场外语教学的革新运动，其矛头直指“语法翻译法”。直接法便是在这种社会需要的背景下产生的。

19 世纪末，结构主义语言学的兴起为外语教学法的发展开拓了新的空间，19 世纪 80 年代国际语音协会成立。国际语音协会从结构主义语言学的角度对语言单位进行了科学的分析和系统的分类，产生了标准国际音标，它为外语教学从书面语的教学转向口语教学铺平了道路。国际语音学会的成立和国际音标的制定对推动“直接法”的形成和发展起到巨大的作用。该协会倡导如下原则：一是以口语作为外语教学的主要内容；二是加强语音训练，以培养良好的发音习惯；三是学生通过学习连贯的课文、对话、描写、叙述，掌握外语的最常用的句子和习惯用语。而且，课文要尽量容易、自然、有趣；四是学习初期，教语法时要用归纳法，把阅读中遇到的现象加以归纳总结。系统地学习语法要放到学习的后期；五是教师授课应使用目标语而不是用母语。教师要尽量用实物、图片或外语解释来代替用母语翻译；六是到学习后期开始教写作时，写作的练习活动应按以下顺序安排：首先，重写读得很熟的课文；其次，重写教师口头讲述的故事；最后，自由写作。把外语译成母语或把母语译成外语的练习应该放到最后阶段。

德国的外语教学家 B.W. 菲埃托在 19 世纪 80 年代出版了《语言教学必须彻底改革》一书，该书是反对语法—翻译法、提倡直接法。菲埃托批评翻译法只重视文字，不重视口语，提倡语音教学，提倡模仿式教学。

外语教育家贝利兹所创办的“贝利兹外语学校”遍及欧美两洲，无不采用直接法，效果良好，引起全世界的注意。他相信他的方法是幼儿习得母语的心理过程的系统应用，整个课程是按学习母语的自然过程设计的，并努力创造近似幼儿习得母语的自然环境和条件。贝利兹极力主张课堂教学使用外语，反对用翻译进行教学，因为经常使用母语不利于培养学生的外语语感，克服不了母语的干扰。他认为所教授的词汇及句子应是日常生活中的词汇和句子；具体的词汇应通过演示、物体及图片教授，抽象的词汇应通过联想讲授；他强调口语和听力，同时强调正确的发音和语法，认为语法应通过归纳法讲授；贝利兹课本遵循严格的编写原则：贴近生活，内容生动有趣，循序渐进，取材由具体到抽象、由近及远、由已知到未知。

法国外语教育改革家 F. 古安的代表作是《语言教授法和学习法》，曾轰动西欧外语教学界。他尝试基于对儿童时期学语言的观察建立外语教学法；他认为句子是交际单位，教外语要一句一句地教，不教孤立的单个词。

英国的著名外语教育家哈罗德·帕默是后期直接法的代表人物。他有两部理论著作:《科学的外语教学法》和《外语教学诸原则》,还有两部教学方法论著:《外语教学的口授法》和《通过动作教英语》，并出版了多种教学参考书。帕默认为，语言是一种习惯学习一种语言就是培养一套新的习惯。习惯的养成一般不靠智力和逻辑，而靠重复，反复使用。所以，学习一种外语要学习句子，不是学习理论规则，把常用的句子练习到脱口而出，也就是养成了一部分新的习惯。进一步讲，语言学习不是科学研究，而是获得一种艺术；艺术停留在口头上是没有用的，而是多次模仿，长期练习。帕默提出了九条外语教学原则：一是初步准备工作（让学生养成正确学习习惯）；二是养成习惯（脱口而出的话就是正确的外语形式）；三是准确性（供学生使用的语言必须符合规范）；四是循序渐进（具体指：听先于读，吸收先于复述，消极领会先于积极复用，复用先于活用等）；五是按比例教学（兼顾到所有要训练的项目，同时又有轻重缓急）；六是具体性（先讲具体的东西，再学抽象的；先直观后想象；先实例后理论）；七是趣味性；八是教学顺序（弄清应该先教写还是先教说，先教词还是先教句子等）；九是采用多种方法（对各种方法应持兼收并容的态度）。

菲埃托、斯威特、帕默、贝利兹及 19 世纪的其他改革家尽管在如何教授外语上都有自己独到的看法，但总体来看，他们认为：应以口语教学为主，这应反映在以口语为基础的教学法中；口语优先和听说并进的原则是根据幼儿学语首先从听说开始，然后学习文字符号的规律提出的；语音学的知识应被应用于教学及教师培训中；学习者的语言输入应首先是听，然后再看书面材料；词汇应在句子中讲解，句子应在有意义的语境中教授；应采用归纳法讲解语法，即学习者应在具体语境中先接触语法规则，然后总结语法规则；虽然可以使用母语解释生词，检验学生对所学材料的理解情况，但讲授中应避免使用翻译法。使学生直接地从外语的使用过程中学会这门语言，建立词与意义之间直接的联系；语音和语法要做到准确。语音的准确性关系到交际时的理解，文法的准确性确保表达和书写语言的正确。

总之，语言学、心理学和教育学为直接法的产生提供了理论基础。例如，语音学对欧洲几种主要语言的语音体系已做出了全面科学的描述，提出音和字母对应关系的理论；语法学对这些语言的语法结构已进行全面的描写和初步的对比；词汇则提出语义随语境变化等理论；语言学的研究成果证明：不同语言的结构和词汇不存在完全的对等关系，这从根本上动摇了以逐词翻译为基本手段的语法翻译的理论。心理学和教育学此时也都在研究学生的年龄特征、记忆能力、刺激和兴趣在学习中的重要性等问题。心理学家提出的整体学习的学说，使人们注意到在外语教学里，必须让学生从一开始就学习句子。直接法遵循“以句子为基本单位”的教学原则，直接法认为，句子是口头交际的基本单位。幼儿学语是整句整句学的，不是先学单词和语法规则，然后按规则拼凑单词进行表达。学习外语也应以句子为单位，整句学、整句用。原因有四：其一，句子是最小的交际单位，掌握后可以直接用于交际；其二，许多词的具体意义和用法只有在具体的句子中才能得到确定和体现；其三，通过句子学习语音、语调，学得地道、纯正；其四，以句子为单位学习，容易把语言中具有民族特色的惯用语学到手。句型教学就是从这样的一个认识基础上发展起来的。让学生先掌握句子，在掌握句子的基础上认识句型，分析有关语法点，包括句法和词法，以加深对句子的理解和使用。先掌握语言材料，再教里面包含的语法点，这就是直接法的语法归纳教学法。

概括起来说，直接法是以“幼儿学语”理论为基础的，即仿照幼儿习得母语的自然过程和方法，来设计外语教学的过程和教授方法。因此也称为“自然法”。

英语直接法就是直接教英语的方法。直接包含三个方面：直接学习、直接理解、直接应用。《韦氏国际大辞典》对直接法下了一个定义：“直接法是教授外语，首先是现代外语的一种方法，它通过用外语本身来进行的会话、交谈和阅读来教外语，而不用（学生的）本族语，不用翻译，也不用形式语法（第一批词是通过指示实物、图画或演示动作等办法来讲授）。”直接法是在外语教学改革之后形成的一个新学派，直接法主张外语学习是一个“直接”的过程，不需要翻译，不需要讲解语法，也不需要利用学生的母语，只需要运用外语直接进行教学、会话和阅读。他们认为学习外语的过程与儿童学习母语相同，是一个“自然”的学习过程；在学习中，口语是第一性的，学生的思维应直接与外语联系，而无须通过母语“中介”。

直接法的优点是：强调口语和语音教学，抓住了外语教学的实质；注重实践练习，通过句型教学，使学生在语言实践中有计划地学习实用语法，发挥语法在外语教学里的作用；有利于学生外语思维和言语能力的培养；采用各种直观教具，广泛运用接近实际生活的教学方式和方法，较为生动活泼地进行教学，大大提高了外语教学的质量，丰富了外语教学法的内容；引起学生学外语的兴趣，有利于调动学生学习的积极；编选教材注意材料的实用性与安排上的循序渐进。

直接法的缺点表现在以下几个方面：

一是学生在学校里学习外语和儿童在家里学习本族语之间有相同的地方，但也有不相同的地方。在外语教学里忽视青少年或成年人学习外语的特点，完全照搬儿童在家里学习本族语的方法，会给外语教学带来不必要的困难。

二是青少年或成年人已经牢固地掌握了本族语，这一事实对学习外语既有利的一面，也有不利的一面。直接法只看到它的不利一面，而看不到或忽视它的有利面，在外语课上，生硬地排斥或禁止使用本族语，结果给外语教学带来不必要的限制和麻烦。

三是在口语和书面语的关系上，在听说与读写的关系上，在处理语法和实践练习的关系上，一味强调或夸大一个方面，而忽视或否定另一方面，不能科学地处理好它们之间的关系，也不能充分发挥它们之间的协同作用。

四是它突出强调了外语教学的实用目的，而不大注意教育目的，所以用此法培养的学生，就其多数而言，在其独立工作能力和语文学修养上，特别是在阅读高深的文献的能力上，仍赶不上用语法翻译法培养出来的学生。因此在历次论战中，遭到反对派的非议。

我们来看一下直接法教学对语法学习和教学的看法：上文我们已经提到直接法在讲授语法时采用的是归纳法，直接法的倡导者认为学习书本语法的主要目的之一是使学习者文句更正确通顺，能判断出句子是否正确学习外语同儿童学习母语一样，也要让学生先掌握实际语言材料，然后再从他所积累的感性语言材料中概括或总结出语法规则，用以指导日后学习；一般不应在学生尚未接触到任何感性语言材料之前便灌注抽象的语法规则．令其背诵语法定义。学习外语，就要把相当大的力气用在外语语法结构的实际掌握上。直接法教学同样重视语法的教学。

三、语法翻译法

语法翻译法时期即语法教学古典时期或传统语法教学时期，早在两千多年前，研究一门外语，最初是古希腊语和拉丁语，主要就是对其进行语法分析，用语法术语详尽地描绘目的语的形态特征和句法结构，及进行书面语的翻译。如果把外语教学法发展史分为前科学时期和科学时期的话，那么语法翻译法便是前科学时期的产物，而不是语言学、教育学、心理学诸学科的自觉的综合应用。

语法翻译法是指用母语来教授外语的一种方法，而且顾名思义，在教学中以翻译为基本手段，以学习语法为入门途径。学习一门外语主要是通过将目的语翻译成本族语，背诵记忆语法规则和词汇，并通过大量的语法翻译练习来强化记忆。其特点是强调语法知识的掌握，认为语言学习实质上就是学习一套外语语法规则。

18 世纪、19 世纪语言学家对语言的认识以及当时的社会需求有助于语法翻译教学法的产生，同时随后的语言学和心理学的研究也为语法翻译法提供了理论依据。18 世纪的语言学家对词类的研究和划分为语法翻译教学法的形成打下了重要的基础。当时的语言学家通常把语言整体看作是词类的划分，并认为掌握词汇，即掌握了所学语言。18 世纪，斯多葛学派最先确定了语法的范畴，包括时态语态、非限定动词等。之后，亚历山大学派在研究词的基础上确定了八大词类：动词、名词、形容词、代词、副词、介词、连词和冠词。18 世纪的学者对词类的研究以及词类的划分为语法翻译教学法的形成打下了重要的基础，语法翻译教学法正是依赖于这些语法术语和词类的名称进行课文分析和讲解，并依靠这些

基本概念逐步形成较为完整的语法体系。此外，该时期的语言学家把语法看作是一种黏合剂，并认为语言学习者只要能够按照语法规则将词汇黏合在一起即可表达思想，也就是掌握了所学语言。在这一认识的基础上，通过对语言规律的研究和分类，他们逐步建立了“希腊—拉丁语法体系”。在这一体系下确定了主语、谓语、表语、定语、状语等，“希腊—拉丁语法体系”的建立初步完成了语法翻译教学法的轮廓和基本的框架。在语法翻译为基础的教学过程中，语法被当作是所教授语言的核心，也是语言学习的主要内容，因此教学的中心任务就是教授语法规则，传授语言知识，各种教学活动均以是否掌握了语法规则为准绳。同时，当时的语言学家认为书面语是语言的精华，认为学习者应该通过学习书面语来掌握语言，因此，这一认识为语法翻译法的教学内容确定了相应的范畴；在语言学习和语言教学中，心理学更关注语言的使用者和学习者。乔姆斯基的心灵主义认为人类与生俱来就有形成某些概念的能力，而概念形成是人类习得词汇意义的先决条件。因此，心灵主义的观点支持语法翻译法在外语教学中的运用。

当时人们普遍认为，语言就是词汇加语法，因此学习一门第二语言，就是学习它特有的词汇和语法，掌握了全部语法规则和一定数量的词汇，也就掌握了该门语言。因此在回答“教什么？”时，语法翻译法的答案是：词汇和语法。于是它把死记硬背大量单词和语法规则（还有语法定义、例句等）作为教学的主要内容，把掌握它们作为教学的主要目的。早期语法翻译法教授外语生词和语法往往是分头进行，都要求学生死记硬背，语法往往有单独的课本，按其自身的体系来讲授。中期的语法翻译法已开始注意克服语法教学和生词教学严重相脱离的弊端，尽可能而且尽早地把两者结合起来，有计划地统筹安排，遵循由易到难、由简到繁等一般教学论原则，通过有意义的课文来实施。在处理语法与词汇的关系上，语法翻译法把语法置于首位。因为人们认为掌握一门语言，就是掌握该语言的规则，具有用这种语言理解和表达的能力。因此，语法是关键，只有经过语法分析，才能理解外语句子，也只有合乎语法规则的句子和由这样句子组成的文字材料才是正确的句子和文本。此外，当时人们认为语法在很大程度上也就是逻辑，因此学习语法也就是学习逻辑。语法学习和语法分析被认为是“磨炼智力的体操”。学习语法的同时，也在训练演绎推理的能力、分析的能力等，因此，十分重视语法教学。在讲授第二语言时，教师使用母语，把生词及课文中的句子逐一译成母语，翻译是讲解生词和课文的基础。语法翻译法一般采用演绎法教学，即先教抽象的定义、规则，辅以实际的例词、例句，并把例词、例句翻译成母语，以帮助学生理解所学规则，用它们作为指导，来分析以后学习中所碰到的语言现象，以求正确理解并造出合乎语法的句子，从而达到表达的目的。在语言教学中语法规则实际上是语言理论，而且是主要的理论。语法翻译法主张在教学中“理论先行”，以后学生学习语言就在语法规则指导下进行。语法翻译法在语法教学问题上受到古代崇尚理性的理性论哲学思想的影响。教师讲授之后，以语法练习的方式来操练，语法练习多采用把母语译成第二语言，因此，翻译不但是讲解词汇、课文的基础，也是检测学生是否理解所学内容的基本手段。这种教学方法十分注意语法的形式，而不太注意句子的意义，所使用的例句往往脱离语境。

语法翻译教学法具有其独有的特点及经历了漫长的发展过程，到20世纪中期，经过历代教育家的不断努力和实践，克服了古典翻译法中一些缺点，从而发展成近代的“译读法”，即主张从语言开始，在教字母的发音，讲解发音部位和方法，在词、词组和句子中练习发音的同时，开始注意阅读能力，把阅读教学放在首位，并贯穿始终。由于他们意识到语法是阅读和翻译的前提，因而在实际教学中，语法仍占十分重要的地位。正因为如此，近代的翻译法仍被人们称为语法——翻译法。每篇课文都体现几个语法项目，例句和练习都是配合语法项目的练习而编写的。讲解课文多是围绕语法难点来进行，然而翻译依然既是教学手段又是教学目的。

综上所述，语法翻译法具有如下特点：学习外语就是学习它的语法和词汇；学习外语，语法既是最终的学习目的，同时又是重要的学习手段；教学用母语进行，翻译是讲解、练习和检查的基本手段；以词为单位进行教学；以文学作品名篇为基本教材。着重阅读，着重学习原文或原文文学名著；在外语教学里利用文法，利用学生的理解力，以提高外语教学的效果；在外语教学里创建了翻译的教学形式；使用方便。只要教师掌握了外语的基本知识，就可以拿着外语课本教外语。不需要什么教具和设备。

语法翻译法是以语法教学为中心，能较好地培养学生分析语言现象的能力，有助于训练学生的阅读和翻译书面文献的能力，但对培养言语交际能力的作用较小，学生的语言使用能力普遍较弱，过于追求语法的精确性，忽视了学生的语言创造能力，不能充分发挥语言学习者语言学习的主观能动性。

语法翻译法由于适应性广，简单而便于使用，尽管受到了极大的挑战和批评，它至今仍为许多外语教师在实际工作中所采用，为外语教学提供很多可以借鉴的东西。

四、情境教学法

在大学英语教学的过程中，情境英语教学法主要就是根据学生在英语学习过程中的心理特征以及年龄的特点，进行针对性的教学，我们在英语教学的过程中针对性的指出反映论的具体认知规律，同时在英语教学的过程中结合相应的教学内容，有效地应用形象内容来对英语教学情境进行创设。这样能够让较为抽象的英语教学语言成为生动的可视英语语言。通过情境英语教学方法来让学生在学习英语课程的过程中更加深刻地了解英语思维、英语口语以及英语感知。根据实际的情境英语教学方法来分析，情境英语教学方法的主要特点如下：能够有效地融合语言、行动以及创设的情境、让英语教学更加的直观、更加的趣味以及更加的科学。

（一）情境教学的概念内涵

1. 西方关于情境教学概念的界定

情境教学的英文是“Situational Language Teaching”，还可以是“Situated Teaching”，即在真实情境或教师创设的情境中进行英语语言教学。是由英国语言学家创立的英语教学法。其宗旨是：情境教学是口语化的英语教学，情境教学将学生置身于设计好的情境中，在最

大量的口语练习中提高学生的英语口语水平。通过口语水平的提高带动学生英语水平的全面提高。

2. 我国关于情境教学概念的界定

我国关于情境教学有各种不同的表述："情境教学就是运用具体生动的场景，以激起学生主动的学习兴趣、提高学习效率的一种教学方法。"情境教学是指创设含有真实事件或真实问题的情境，学生在探究事件或解决问题的过程中自主地理解知识建构意义。情境教学是从教学的需要出发，教师根据教材创设以形象为主体，富有感情色彩的具体场景或氛围，激起和吸引学生主动学习，从而达到最佳教学效果的一种教学方法。情境教学就是创设典型场景，激起学生热烈的情绪，把情感活动和认知活动结合起来的一种教学模式。所谓情境教学，指的是在教学过程中为了达到既定的教学目的，从教学需要出发，制造或创设与教学内容相适应的场景或氛围，引起学生的情感体验，帮助学生迅速而正确地理解教学内容，促进他们的心理机能全面和谐发展。简单地说，情境教学就是指在教师人为"创设"的"情境"（有情之境）中所进行的教学。它与我们通常所说的教学情境的差别，就在于"人文性"，是"一个渗透着教育者意图的""生活空间"即所谓"优化的环境"。

从以上可以看出，情境教学使用的"情境"概念，内涵丰富，它是这一教学系统的中心概念。它不但用在教学的起始阶段，而且还辐射、贯穿于整个教育教学过程；不但指外部环境，而且指主体的内部环境，整合成为心理场；不但在教室里创设情境，还可以带学生到课外、到大自然、社会大课堂中去，让学生在现实场景中去感受、体验、思考。

情境教学的概念表述尽管不同，但都把"情境"作为情境教学的出发点和切入点。从学科教学的角度来看，"情境"实际上就是一种以情感调节为手段，以学生的生活实际为基础，以促进学生主动参与、整体发展为目的的优化了的学科教学与生活环境。"情境教学的核心是情境"。情境教学还将情境贯穿教学过程的始终，强调凭借情境促进学生的整体发展，将人文学科的字词句篇、科学学科的定理公式融入具体生动的情境中，融知识性、育人性、发展性于一体。简言之，情境教学中的情境是多元、多构、多功能的。

应该特别指出的是，英语情境教学中情境的创设不是目的，而是实现教学目标的手段；情境是为教学目的、教育目标服务的。

（二）大学英语情境教学的认知理据

"情境"已是当代文化思潮和前沿科学讨论的热门话题。"情境教学"在教育教学领域也自然成了备受关注的课题。任何一次教育教学变革都离不开一定的理论支撑。当代脑科学的研究成果以及情境认知学习理论与建构主义学习理论的研究成果为大学英语情境教学设计提供了理论依据。

1. 脑科学成果对大学英语情境教学的支持

根据脑科学的相关研究，人大脑的左右两个半球是各有分工的，左半球主要负责逻辑思维及语言活动，右半球主要负责知觉、想象与情感活动等。在传统的教学中，无论是教师的讲解分析，还是学生对知识的背诵记忆或单项练习，所调动的主要是负责逻辑的大脑左半球的活动。而在情境教学中，教师设计的各种“情境”对学生来说，就是各种新鲜的刺激信号,这些信号不断激活学生大脑皮质的“语言”和“形象”等功能脑区。感受的时候，学生大脑的右半球兴奋；表达的时候，学生大脑的左半球兴奋。这样，大脑的两个半球交替兴奋或同时兴奋，能够使学生的学习更加轻松愉快。

情境教学并不是简单的语义学习，而是引发学生在丰富生动的“场境”中学习，并伴随着学生审美能力的发展与道德水平的提升。学生所从事的认知活动、审美与道德判断活动基于脑的深层结构，也就是“颞叶—顶叶—枕叶”的协同工作。因此，情境教学比传统教学能够获得更加良好的教学效果。大学英语教学应充分利用影像、图形、声音等媒介，创设英语学习的情境，激发学生右脑半球的功能，调动学生学习英语的积极性与主动性。

2. 当代学习理论对大学英语情境教学的支持

学习外语的终极目的是能够以外语为工具实现沟通交际的目的。母语的习得是与意义建构相统一的，因此，中国学生学习英语时，母语所起到的负迁移作用往往源自认知错误，学生将母语概念建构模式复制到英语概念的建构模式，因而时常会出现“Chinglish”的表达方式。英语教学的根本目的应该是教会学生用英语来表达，这一目的的实现离不开运用英语的情境。

情境认知理论认为，学习就是合法地参与实践共同体，是基于共同体社会协商建构知识的过程。知识不是一件事情、一组表征,也不是规则与事实的集合,而是一种动态的建构。知识是个体与环境通过交互活动而实现的建构，是人类协调的系列行为，是人类适应环境动态发展的一种能力。知识具有情境性，是活动、背景与文化产品的重要组成部分；知识是基于情境，并在行动中不断发展，人的认知是有意识与无意识心理活动的统一，是理性与情感的统一。美国著名哲学家、教育家舍恩指出，当今的大学教学人为地剥夺学生学习与生活的联系，造成了理论学习与社会实践的分离。要改变这种现状，就要将学生的学习活动镶嵌于具体的教学情境之中，为学生的理论学习找到通往生活经验的“中介”。这就要求大学英语教学设计要以学生的诉求为中心，教学内容与教学活动的安排要与学生的生活实际以及专业实践的需要相联系。通过情境教学，把英语知识的建构与学生能力的发展以及学生身份的形成等统领起来。

对当代教学改革影响较大的建构主义学习理论也主张学习与情境相互联系。学习“不是把知识作为内在的表征，而是把知识视为个人和社会或物理情境之间联系的属性以及互动的产物。”建构主义学习理论强调学习情境对于意义的建构具有支撑作用，因此，情境的创设是教学设计的重要内容。学习情境要与真实情境相互结合，由于真实情境是生动的、具体的与丰富的，学生在真实世界的情境中，借助于社会性的交往，利用有效的学习资源，能够有效建构知识，重组知识结构。建构主义学习理论对大学英语教学的启示是，教师在英语教学中应创设良好的学习环境，帮助学生有效地建构英语知识。教师应充分利用生动、形象和具体的情境，引导学生在自身体验中应用英语语言知识，提高英语应用的能力。教师在英语教学过程中，应将言、行、情融为一体，使英语教学更具直观性、趣味性与科学性，使学生的智力因素与非智力因素能够获得和谐发展，并充分调动学生学习英语的激情，

培养学生的学习兴趣。

（三）大学英语情境教学的实施原则

当代教学理论主张教师应成为学生学习的促进者。高校英语教师理应顺应时代的需求，转变传统的教育教学观念，为学生的有效知识建构创设条件。具体说来，就是要通过丰富多样的教学情境创设，使学生能够在具体的语言情境中，达到对英语知识的记忆与保存、理解与应用以及评价与迁移。在具体的教学设计实践中，大学英语教师应遵循如下基本原则。

1. 主体性原则

英语情境教学的设计应该克服传统英语教学注重理论知识的强硬灌输、强调死记硬背的教学方法。教师应借助现代教育技术手段，通过良好情境的创设以及教师的语言调节，拉近师生之间、生生之间、师生与教学内容之间的距离；激发学生的学习热情，充分保证每个学生能够主动参与、主动投入、主动发展；通过角色扮演，利用角色的效应，增强学生学习英语的主体意识。大学生已经具备了一定的英语知识基础，具备了一定的自主学习的能力，他们不仅具有自主设计教学情境的渴望，也具备自主设计英语教学情境的能力。教师在进行教学设计时，应该根据学生已有知识基础，满足学生自主学习的需要，鼓励学生大胆设计教学情境，其设计教学情境符合学生学习英语的实际需要，教学效果会更加突出。

2. 交互性原则

大学英语教学要充分体现语言教学的交际性，根据大学生的实际，创设情境，通过大量语言实践，培养学生运用语言知识与技能进行英语交际的能力。教师应鼓励学生大胆地使用英语，为学生创造尽可能多的语言实践机会，为师生、生生充分地运用英语进行互动交流提供更多的时间与空间。语言就是交流的工具与媒介，英语教学就是要通过情境创设促进多维主体之间的对话与交流，实现大学英语教学的目的，教师要为学生的对话与交流创设更多的机会，使学生通过看、听、说等行动，体验、感知、领悟知识的真谛，从而感受成功，生成积极的学习态度。只有这样，教师的行为才能产生足够的教育意义，教师必须站在与学生的关系之中，来选择合理的教育行动，由此而形成教师向着学生的实践姿态。教师在进行教学设计时，应注重在教学过程中如何创设情境，促成民主、和谐、平等的师生关系。

3. 探究性原则

现代认知理论认为，认知不能脱离具体的身体，认知对有机体的物理属性具有依赖作用，人的身体在认知过程中起到了非常关键的作用。也就是说，身体的物理属性对认知的内容具有直接的塑造作用，这就要求学生的学习方式应该发生根本性转变，实现传统的接受型学习向探究型学习的转变。为了激发学生的探究，教师在教学过程中要创设类似于科学家研究的情境与途径，让学生在教师的指导下，选择与其学习与生活相关的主题，去探研、去表现、去体悟、去发现、去创造。探究型学习能够促进学生搜集信息、处理信息以及分析问题与解决问题的能力的生成。

4. 体验性原则

体验是学生积极参加学习活动时所获得的直接情感感悟。体验使学习进入学生的生命域，知识的学习不仅仅是学生认知发展的过程、理性生成的过程，也是学生情感不断丰富、人格不断完善的过程。世界学习领域倡导的学习理念“I hear，I forget；I see，I remember；I do，I understand”，要求教师在进行情境教学时，应注重学生的体验。传统教学的弊病之一就是过分强调知识与能力方面的教学结果，忽视学生学习过程的有效性。在大学英语教学过程中，教师应该创设教学情境，引导学生积极参与，不仅要激励学生用自己的脑子思考，还要激励学生用耳朵听，用眼睛看，用嘴说，也就是亲身经历，去感悟英语知识的作用与价值。

（四）大学英语情境教学的设计实践

大学英语情境教学设计的目的就是要使学生能够自然而然地融入英语学习的情境之中，并亲身感受到学习英语的轻松与快乐。受传统教育思想的影响，部分大学教师缺少对大学英语教学设计的研究，一般按照教科书章节的顺序讲解，学生在课堂上习惯于记笔记、记单词、读课文，这种缺少情境支撑的课堂很难培养学生听、说、读、写、译等方面的语言交往能力。在教育教学实践中，为了激发学生学习英语的动机、提升学生参与英语学习的效能、发展学生应用英语的能力，我们在问题情境的设计、互动情境的创设和经验情境的营造等方面进行了尝试。

1. 设计问题情境，激发学生学习英语的动机

教学目标是激发学生学习兴趣的原动力，而问题则是教学目标的有效表达方式。美国教学目标设计专家布鲁姆从认知、情感与动作技能三个维度对教学目标进行了设计。在教学实践中，为激发学生学习的兴趣，依据教学目标的这三个维度，既要设计认知问题的情境和动作技能问题的情境，更应设计情感、态度问题方面的情境。学生学习的情感、态度问题情境的设计虽然较难，但学生的“学习情绪也是可以预见的，可以从学习过程中的线性因果规律中去把握。我们的教学设计只要充分地把握教学原理，珍视教育现场中可能出现的良性现象，并由此拓展出去”，就能获得确定的教学效果。过于重视教师讲授的“告诉式”课堂，切断了教学内容与周围世界的联系，舍弃了教学内容的情境，背离了学生建构知识应该遵循的规律，学生学习的积极性很难调动，这是大学课堂“低头族”群体日益庞大的主要原因。在教学过程中，由于教学内容的变化、学习者个体的差异性、师生情绪的不稳定性以及教学对话的碰撞与冲突，教师会瞬间产生反思，学生会即时产生惊讶、困惑与顿悟等。这种变化中的教学过程必然是动态的。大学生的英语学习过程是动态的认知过程，也是情感的生成过程。教师在进行教学设计时，既应该遵循大学生的认知规律，又应该关注大学生情感生成的特点，做到认知与情感的结合。

2. 创设互动情境，提升学生参与英语学习的效能

师生、学生间的多维对话是教学的本质，没有对话就没有教学。英语的 dialogue 是 dia

与 logos 的合成词，logos 的含义是词，dia 的含义不是 two，而是 through。对话仿佛是一种流淌于人们之间的意义之溪，他使得所有对话者都能够参与和分享这一意义之溪，并因此能够在群体中萌生新的理解与共识。在教学对话活动中，不仅涉及科学的行为选择，更处处充满着艺术的直觉。教学要达到艺术境界是需要条件的。如何到达艺术？那就要教师努力去创造这些条件。大学英语教学应当充分利用音乐、图画、角色扮演、戏剧视频、形象语言等艺术手段，创设互动情境，激发学生的学习激情，引导学生积极参与到课堂学习中去。艺术具有唤情的功能，既可以唤起人内在情感潜能，也能满足人的情感需要。大学英语课可以充分利用教材内容，引导学生编写剧本并进行角色扮演；可以运用多媒体技术设计伴有图画、音乐的生动课件，激发学生的学习兴趣；也可以利用生动的、形象的语言，将学生领进想象的境界。

教材是教学的主要依据，但必须经过教学设计，以“章、节”为表现形式的教材文本才能转化为具有情境支撑的对话文本，从而进入教学域。为培养学生应用语言的能力，教师可以要求学生对教学内容的结构与人物进行分析，并将教材文本改写成对话性剧本，当堂分角色表演；也可以为学生创设一个真实的情境，引导学生创作剧本并分角色表演。例如，在讲授 INTENSIVE READING（BOOK 4）中“The Luncheon”一课时，教师可以带着学生一起制作剧本、设计用餐场景，揣摩人物的表情和内心世界，并借助人物表情、语言和动作表达作者的深深的讽刺意味，准确生动地表现出 the woman 在点餐时的毫不客气、贪婪、虚伪、自私的本性；同时衬托出 the young man 由于不好意思说“no”却又没有足够的钱付账时带来的尴尬场景。

多媒体教学的使用，能为学生提供直观、丰富与真实的语言材料。我们在进行多媒体的设计与开发时，高度重视情境的建构与拓展，诸如运用视频资源介绍英美等国家的历史、文化、风土人情等，运用 Internet 的全渠道交互功能及语音信箱等，引导学生进行交流与讨论。如 New College English（BOOK 4）中的“Fighting with the Forces of Nature”主要涉及历史人物。为了更好更直观地展示历史事件、历史知识及历史人物，使学生有身临其境的体验，教师将该单元设计成多个板块，如利用视频、微课展示历史事件和人物，利用课件、深度阅读、在线互动等浸润历史知识。其中，课程视频是核心，课件和讲义为基础，每一个主题的微课是重难点。本单元教学充分体现出大学英语情境教学的多手段性和多元素性，如电脑、互联网、慕课平台等多手段的利用及软件、硬件、学生和老师多元素的融合。

3. 营造经验情境，发展学生应用英语的能力

知识是基于一定的情境生成的。当创设的学习情境与学生带入的生活经验及已习得的文本知识相关联时，学生的创造性思维就易被激活，其同情、友善、分享等道德体验亦能同时获得。因此，我们在进行大学英语情境教学创设时，首先要有意识地联系学生的生活实际，通过情境使学生的知识得到整合，使知识镶嵌于生动的情境之中。这样，学生习得的知识就是有背景的、相互联系的，是可体验、可感悟与可迁移的，而不是僵化、暗淡与惰性的。如在讲授 New College English（BOOK 4）第三单元的 Job Interview 时，教师设定教学目标：How to prepare for an interview。在实现这个目标的过程中，教师可以利用网络资源，

让学生了解真实的面试过程。然后，教师可以指导学生设计自己的简历和面试过程中的注意事项，最后组织学生模拟面试，也可以指导学生参加兼职工作的面试，将所学知识和社会实践结合起来。

在教学实践中，首先，我们要尽可能地运用实物、图片、道具等将教学内容融入形象直观的教学情境之中，激发学生的想象力，调动学生学习英语的积极性，让他们意识到所学的知识在现实生活中的意义与价值。其次，我们要密切关注社会的热点话题，从社会关注的热点中选取与教学内容相关的、生动形象的案例，通过生动的案例情境，使抽象知识具体化、形象化与意义化，使学生唤醒自己的经验，体悟到运用语言的价值。例如，在讲授 New College English 的听力教程中 Cultural Shock 主题时，教师可以让学生课前利用互联网及学习平台 W Cultural Shock 的案例，归纳诱发文化冲击的原因及带来的后果。课堂上，教师可利用视频或系列微课，让学生体验当前全球化背景下文化冲击的现象以及其造成的困扰，同时深挖造成文化冲击的原因，分析指出应对文化冲击的策略。课后，教师可以要求学生进行拓展性学习，如更多地了解异国文化、习俗以及跨文化交际的方法等。

再次，我们可以通过英语游戏、英语竞赛和英语演讲等实践活动，创设轻松和谐的课堂学习环境，为学生提供更多的使用英语语言的机会。学生亲身参与实践活动，能够有效建构自己在课堂学习中的身份，通过置身于真实的学习情境，能够把自己的情感全身心投入到学习之中，实现教学的共鸣。另外，在大学英语情境教学设计中，我们还有意识地设计学生感兴趣的小组活动情境，如参加同学生日聚会、参与国际学术会议、组织一次文娱晚会等，让学生在这些活动中都有发言、表现、交流与评价等机会。通过这种小组活动的创设，我们试图满足学生用英语交流的渴望，激发学生的兴趣。

大学英语教学的责任就是要培养大学生运用英语的基本能力，语言的运用离不开一定的情境支撑。大学教师应该改变传统的“教师讲，学生听”的单向式知识传播的教学模式，改变教学观念，充分利用多种教学手段创设情境，提高大学生学习英语的积极性，使英语课堂成为学生智慧生成与关系建构的场域。

第三章　大学英语教学改革的方向与趋势

第一节　大学英语教学核心要素的特征及教学模式的转变

以教师为中心的知识传授教学转向以学生为中心的综合应用能力教学模式，既是“本真”的大学英语教学应有的承诺,也是信息技术飞速发展的必然结果。经过十年的快速发展，中国互联网已形成规模，应用走向多元化，人们在工作、学习和生活中越来越多地使用互联网。中国互联网络信息中心统计报告显示，网民规模跃居世界第一位。互联网已经凸显出重要作用，改变了人们获取知识的手段，以其不受时空限制的显著特征，对学校教育产生着十分巨大的影响。

网络工具庞大的信息资源和可接近性使信息流更直接地指向学生，三千多年以来的学校教育中教师与学生的依存关系正在经受严峻挑战，也必将发生根本性的改变。新技术网络工具的介入，使学习者不再像过去那样通过他人的视野和引导获得的学校学习，学习可以是 24/7，即是于一周 7 天、每天 24 小时的学习，超越了时空限制，学习无时无刻、无所不在。计算机技术日新月异的进步使其功能有了跨越式的发展，在外语教学方面，已远远超出了其辅助功能，逐步走向主导。大学英语教学的教材、时间、空间、媒介、学习者、教师等教学中的关键变量都将呈现出全新的特征，预示着大学英语课程教学网络环境的形成。由于网络语言中英语独特的话语权地位和英语学习者得天独厚的语言便利和可及性，使大学英语课程教学首当其冲受到显著影响。大学英语课程教学中的学习者、教师、学习内容等核心要素被赋予了新的内涵，学习者正在形成一种新的心理空间和认知空间。

同时，教师与学生角色的根本性变化对大学英语教师的课程教学与研究也提出了新的更高的要求，首要的任务是“实现教学理念的转变，即实现从以教师为中心、单纯传授语言知识和技能的教学模式，向以学生为中心、既传授一般的语言知识与技能，更加注重培养语言运用能力和自主学习能力的教学模式的转变”。本节教师为中心转向以学生为中心的“中心转向”主要变量内涵特征的分析，探讨在网络环境下大学英语课程教学研究中其转变的若干基本假设。

一、教师为中心大学英语教学模式的局限性

大学英语教学是高等教育的一个有机组成部分。传统上，大学英语课程计划和教学在特定的时期、在一定的循环内部发生、发展，大学英语课堂教学任务的设计和实施以及教学评价的手段和目的旨在确认教学任务的达标情况；学生未取得主体地位，在学校这个特定的空间被动地接受英语教育，且有一定的修业年限；大学英语课程内容在覆盖范围和编设程序等方面都有硬性规定；评价形式单一，教材、软件、教学辅助设备等教学媒介基本上是线性的和预先决定了的；教师是大学英语教学的主体和中心，是学生学习、获得英语相关知识的最主要的渠道，是“牵引”学生学习。以教师为中心大学英语教学模式中的教师、学生和教学媒介呈现的相互关系是从教师到学生、从教材到教师与从教学媒体到教师的强交互，而从学生到教师、从教材到学生、从教学媒体到学生则是弱交互。教师除严格按教学要求完成施教的任务外，不能够决定教学目的和教学计划设计。教师在课堂的施教、知识传授主要体现在 Tyler 模式的六步循环之中，即：确定自己的课堂教学任务，使学生能力达到教学目标要求，设计课堂教学过程，按教案授课，根据反馈信息重新分析课程和教学方法，以及调整教学方法等。在网络多媒体环境下，这些传统的教学模式、教学内容以及教学方法等都不能够适应新的大学英语教学情境要求。因此，分析网络环境下大学英语教学主要组成要素的特征，构建新的大学英语教学模式成为当下大学英语课程教学改革研究的必然。

二、学英语教学核心要素的主要特征

网络环境下，大学英语课程发展和教学出现了新的特征，在很大程度上不同于传统的大学英语教学模式。计算机网络与外语课程的整合至少取得了外语教学打破教材为知识唯一来源、创设理想的外语学习环境和改变传统的教学结构三大突破，课程不再是绝对规定性的，教师也不再是学生获得知识的唯一连接点。网络信息量极其丰富，但是零乱无序，不具备传统意义上课程在内容范围和程序编设方面的确定性和良好结构。网络信息直接指向学生，学生成为学习的中心，他们可以“控制”学习媒介和“课程”的程序，可以自主选择学习的时间、地点和内容。学习是非线性的和无连续性的。在网络环境下，大学英语课程教学中的学习内容、教师、学生等主要方面都被赋予了新的内涵。

（一）向世界知识的学习内容

网络环境下，大学英语学习者接触、学习的内容极其丰富繁杂，远远超出《课程要求》所规定的必修课程和选修课程的教材内容体系，而延伸到与学生当下学习主题相关的影像资料以及从网络上获取的各种信息资源。网络信息和世界知识更直接地指向学习者，不再需要中间环节，学习者可以完全依据自己的兴趣、爱好和对自己未来设计的需要自主、自由地选择、重组、再加工。网络所提供的超媒体、超文本信息，以及跨学科、跨时空和面向真实世界的链接，构建起了使学习者走出大学英语课堂、融入社会实际英语使用情境的内容体系，有助于实现学习内容与学生之间的双向强交互。因此更好地体现了大学英语课程兼具的工具性和人文性。从而在结合大学英语课堂教学巩固语言基础的同时，也成为学生拓宽知识领域、了解世界文化的素质教育课程。从构建课程的角度看，为学生的研究性学习、创造性学习和问题解决提供了更为便捷有效地认知工具和认知空间。

（二）主体地位的淡化

随着学习内容的改变，大学英语教师的角色也相应地发生显著变化。与过去直接的语言知识传授、严格监控的教学活动模式相比，教师更应该去强调通过设计重大语言学习任务或问题引导学生学习和支撑学生学习的积极性，隐藏或淡出自己的中心地位，帮助学生成为学习的主体，并设计真实、复杂和开放性的语言学习环境与问题情景，诱发、驱动并支撑学习者探索、思考与解决问题的活动。

教师的“中心转向”及其责任之一就是去放弃教学过程中的绝对主导者角色，转向为学生自主学习、自我思考、自我发现的促进者、组织者和指导者，帮助学生理解不断变化的环境和自己，最大限度地发展他们的潜能。以学生为中心，强调用真诚、信任和理解的根本原则，强调学习方法。因此，教师要充分信任学生，对学生的任何具有独立性思想与感情都应予以认可，相信他们能够充分发挥自己的潜能。尊重和理解学生的内心世界，使学生获得安全感和自信心，获得真实的自我意识。

教师中心地位的隐藏或淡化并不意味着教师中心地位的丧失。相反，在传统教学模式向网络背景下大学英语课程教学转型开始发生时期，借助网络操作简单、功能强大的搜索引擎，教师有了成为学校课程发展领导者的机会。随着越来越多的大学英语教师和大学英语学习者走向“键盘”，大学英语教师有了更为广阔的调用网络资源的发展空间，进而发挥新的教学指导作用，超越时空地以超文本的形式与学生在线直接交流，随时随地帮助解决学生学习中遇到的各种问题。

根据特定目标和特定学生设计不同的网络课程任务，对学生进行有针对性的“因材施教”。依据问题、兴趣、需要等，整合不同的主题，建立跨学科的联系。引导学生在网上“电子畅游”世界，开阔眼界，以亲身的探索经历构建坚实的图式基础。引导学生通过网络培养阅读、听说、写作等技能，强化批判性和创造性等高级思维能力。将娱乐性、参与性强的网站引入教学内容之中，激励和刺激学生“人机互动”，寓教于乐。在现实的语言体验中内化语言知识，形成并不断提高综合语言应用能力。

（三）主体地位的突显与学习者意义的建构

中外学者历来都十分重视学生的学习，认为学生的学习对于掌握知识、形成技能、发展智力、培养能力、养成品德、塑造人性具有积极的意义。中国古代关于学习过程最为典型的理论有五阶段论，即“博学之，审问之，慎思之，明辨之，笃行之”（《礼记·中庸》）。现代西方学者侧重突出学习者心理在学习中的地位。行为主义的学习理论强调学习刺激与反应的联结，主张通过强化模仿来形成与改变学习者的行为。认知主义的学习理论强调学习是认知结构的建立与组织的过程，重视整体性与发现式的学习。人本主义的学习理论（以 Rogers“以学习者为中心”的学说为代表）强调学习是发挥人的潜能、实现人的价值的过程，要求学生愉快地、创造性地学习。当代的多元智力（MI）理论所倡导的是一种积极的学习观，认为人的智力是由分析性、创造性和实践性三个相对独立的能力方面组成的，绝大多数人在这三方面的表现不均衡，个体智力上的差异主要表现在这三个方面的不同组合上。每个学生都有自己的优势智力领域、有自己的学习类型和方法。建构主义学习观认为，每个学生都不应当等待知识的传授，而应基于自己与世界相互作用的独特经验去建构自己的知识并赋予经验以意义。强调学习的积极性、建构性、积累性、目标指引性、诊断性与反思性、探究性、情景性、社会性以及问题定型学习、基于案例的学习和内在驱动的学习等等。学习是个体建构自己的知识的过程，以现有的知识经验为基础对新信息进行编码，建构自己的理解，“生长”出新的知识经验，并在信息积累的过程中，不断对新、旧知识经验的冲突引发的观念转变进行结构重组。由于经验背景的差异，学生对问题的理解常常各异，在学生共同体之中，这些差异本身便构成了一种宝贵的学习资源。学习者所需要的更多是可以增进他们之间合作的机会，整合不同的观点，进而促进学习的有效进行。

在网络环境下，大学英语学习者所担纲的不再是某一种单一的角色，而可以说是上述各种角色的综合。学习者在人格上获得了与教师平等的主体地位，成为能“充分发挥作用的人”，他们的学习是主动的，不再是被动的刺激接受者，而成为教与学的主体，是信息加工与知识的主动建构者，通过网络媒体创造的学习环境，按照自己的需要调节内容呈现的形式和进度。通过网络工具他们可以有效控制自己的学习过程，在寻求理解的过程中进一步产生新的学习动机，自己决定信息的关联及其程度，要求课文只给出“大观点”的结构，期望情景性的评价机制。随着学习者大学英语学习过程中独立性、自主性和创造性主体地位的提升，在现实语言的交往中自身的语言知识经验得以有效“生长”，学习者意义也同时得到合理的建构。

三、学英语教学模式转变的基本原则

网络环境下大学英语课程教学内容、教师和学生的变化，尤其是由以教师为中心向以学生为中心的转变，必然要求对教学方法也应予以重新审视和反思。从源于古希腊苏格拉底和柏拉图的哲学取向的教学理论，到 19 世纪初赫尔巴特现代意义上的教学理论在哲学取向或心理取向的分野，在教学方法上的主张一直是以讲授法占主导地位。讲授法是教师

通过口头语言向学生系统地传授知识的方法，包括讲述、讲解、讲演三种基本方式。这种基于知识和以教师为中心的教学方法曾在历史上发挥了重要作用，产生了巨大影响，即使在今天的大学英语课程教学中，仍然在部分地沿用。

当代教学理论在教学方法上对讲授法加以改造，注重学习的心理因素。行为主义的教学方法把刺激—反应作为行为的基本单位，认为教学的艺术在于如何安排强化，程序性教学方法设计严格遵循逻辑程序，目的是保证学生在学习中把错误率减少到最低限度。认知主义倡导发现法，强调学习过程、直觉思维、内在动机和信息的加工和提取。人本主义重视教师的促进作用，帮助学生构建意义学习，鼓励学生全人参与、自我发起、自我评价。建构主义要求把所有的学习任务抛锚在较大的任务或问题中，重视学习者发展对整个问题或任务的自主权。建构主义教学方法首先是设计支持并激发学习者思维的学习环境，鼓励学习者根据可替代的观点和背景去检验自己的观点，提供机会并支持学习者对所学内容与学习过程的反思。

上述教学方法都是基于知识传授的方法。随着网络时代的到来，大学英语教学范式的设计需要考虑出现的一系列新的变化：以教师为中心向以学生为中心的转变、单一意义刺激向多意义的转变、单一路径向多路径的转变、单一媒体向多媒体的转变、个人学习向合作学习的转变、知识传授向信息交流的转变、被动学习向互动和主动参与学习的转变、事实记忆向研究型和探究型学习的转变以及孤立、人为语境向真实世界语境的转变等。

对这一社会变革力量我们不能采取“等等看”的态度。这不是一个网络“是否”会改变大学英语课程教学的问题，而是“如何”和“何时”改变的问题。“何时”即“现在”。构建大学英语课程教学新的范式势在必行。基于上述分析，大学英语教学“中心转向”几个基本的原则是：学生和教师都将同时成为学习者。大学英语课程教与学的过程将会是互动的和多向的交流形式，而不是单向的知识传递。教学手段是多媒体的。网络将得到更为广泛的应用，学习资源以多媒体的形式呈现，教学手段趋向多媒。学生自己决定学什么和怎么学去构建自己的知识，不再是被动接受性学习。

教师的主要角色将是引导者(guide)、指导者(mentor)和辅导者(tutor),教师应是反思的，而不仅仅是经验型的。学习需要一套基本的学习技能。包括对新技术的应用能力和认知以及元认知技能等。学习环境必须彻底重新构建。大部分学习经历将指向现在或将来，而不再指向过去。学习者考虑更多的将是自己未来的设计，知识的学习和技能的培养与未来有更为密切的关系，并在学习中得到充分体现。对学生的评价应是连续的和发展的，而非一次性和完全标准化的。

为此，大学英语课程教学也应予以重新设计。在网络环境下，以计算机为核心的现代教育技术、教学内容、教师、学生应构成一个生态化的大学英语教学环境，使教师与学生在整合的教学情境中相互作用、相互补充、相互转换，充分发挥教师和学生在教学中的积极作用。当前比较理想的有效教学整合可以设计为下述八种依次由简单到复杂的方法之一或几种方法的组合运用：以事实、表征形式、规则、实践等活动实现知识习得、操作、模型目的的“基于内容的教学方法”。以故事、未知内容作为活动形式实现语言意识、语言兴趣的“基于技能的教学”。以“大观点”、熟悉度、文本组织为教学活动内容实现文本理解、信息联结的“探究教学法”。通过合作活动、小组活动等师生间、生生间互动发展社会技能的“基于概念的学习法”。围绕当前事件设计教学活动内容，达到在不同学科间共享决策目的的“学科间渗透教学法”。针对未来事件拟定教学内容和课堂内外教学活动提高学生分析问题、解决问题能力的“合作学习”。以及导引学生在接触学习内容时充分自由想象，逐步形成对新知识和表征形式的建构的“批判性 / 创造性思维教学”。

大学英语教学模式的转变，目的是促进大学英语学习者个性化学习方法的形成及其自主学习能力的发展。网络环境对大学英语课程教学的内容、教师、学习者和教学方法等都产生的深刻影响，网络信息更直接地指向学习者，不再需要中间环节，使学习者可以完全依据自己的兴趣、爱好和对自己未来设计的需要自主、自由地选择。实现从以教师为中心、单纯传授语言知识和技能的教学模式向以学生为中心、既传授知识与技能，更注重语言实际应用能力和自主学习能力的培养，大学英语教师更应该去强调通过设计重大任务或问题引导学生学习和支撑学生学习的积极性，隐藏或淡出自己的中心地位，帮助学生成为学习的主体，并设计真实、复杂和开放性的学习环境与问题情景，诱发、驱动并支撑学习者探索、思考与解决问题的活动。大学英语学习者主体地位的获得，使其由被动的刺激接受者走向更加主动的有效学习，去生成自我语言知识，建构自我意义，成为教学的中心。以学生为中心大学英语教学模式的转变是学习者主体得以显现和持续的保障。

第二节　大学英语教学改革存在的问题及其对策

自 21 世纪教育部开始实施“高等学校教学质量和教学改革工程”，大学英语教学改革是其中重要的组成部分。教育部选取 100 所高校作为大学英语教学改革试点，先行先试。教育部在正式颁布实施《大学英语课程教学要求》(以下简称“要求”)。自此，大学英语教学改革实践在全国各高等学校展开。“要求”指出大学英语课程是大学生必修的基础课程，不仅明确了大学英语课程的地位，而且从教学性质与目标、教学要求、课程设置、教学模式、教学评估、教学管理六个方面对大学英语教学实践提出了具体要求。综观近年来的大学英语教学改革，虽然取得了一定的成效，但也存在诸多争议。本节分析了大学英语教学改革存在的问题及其内在原因，并在此基础上提出进一步深化大学英语教学改革的对策，力图为大学英语教学改革的未来发展指明方向。

一、大学英语教学改革存在的问题及其原因分析

“要求”是各高校开展大学英语教学改革的纲领性文件。各高校要在此基础上根据自身办学特色，制订与之相适应的英语课程体系、课程内容等具体的教学改革实践方案。从各校教学改革实施的方式与效果看，大学英语教学改革存在以下三个主要问题。

（一）大学英语教学改革的方向迷失

当前，大学英语四、六级考试已成为许多高校开展英语教学改革的指挥棒。各大高校从四、六级考试题型和内容中捕捉大学英语教学改革的方向，使大学英语教学沦为应试工具。自 20 世纪 80 年代我国推行大学英语四级全国统一考试以来，四、六级考试的题型进行了多次调整，这种变革与大学英语教学改革是相呼应的，但四、六级考试仍无法全面反映大学英语的教学要求。在四、六级的 100 分制阶段，考试题型侧重语言本身，较少涉及英语应用能力的测试，后期逐步加大英语听说能力测试内容的比重。在 710 分制阶段，不划分及格线，不颁发证书，只发成绩单，突出对听说能力的考查。听力分值由原来的 20% 上升到 35%，阅读部分维持在 35% 的比重，但考查的内容与形式越来越偏向实际应用。四、六级考试只是用于评价学生英语学习效果，衡量学生是否达到大学英语教学目标的能力要求的一种方式，而不应该作为唯一的教学目标。

部分高校出台了“达到四、六级考试及格线的学生可申请免修大学英语课程”的规定。部分中学英语基础扎实的学生进入大学后，只要通过入学后的第一次四级考试就能“免修”大学英语课程，这与“要求”的指导思想背道而驰。“要求”不仅指出大学英语是必修的基础课程，而且建议“学校的学分制体系要体现学生大学英语课程的成绩，保证大学英语的学分占本科总学分的 10%”。为了督促通过四级考试的学生继续修读大学英语课程，有些高校推出六级、雅思、托福英语考试等各种培训班。雅思、托福考试比四、六级考试更注重考查学生语言之外的信息，要求考生不但要有扎实的语言基础知识，还要有灵活的语言实际应用能力。不可否认，雅思、托福考试已成为评价我国学生英语能力的一种辅助手段，但仍然不能作为大学英语教学的目标。大学英语教学沦为应试教育的主要原因包括：大学英语教学目标不明确，将培养学生达到四、六级考试的及格线作为大学英语教与学的目标，忽视了学生英语综合应用能力的培养；大学英语教学评估体系单一、不科学，尤其缺乏对学生自主学习、英语实际应用能力的评价，将四、六级考试达到及格线或托福、雅思成绩作为衡量学生英语能力的主要标准。

（二）大学英语自主学习流于形式

“要求”建议变革传统英语课堂教学的“教”与“学”关系，建立以“学”为主、以“教”为辅的新模式，培养学生的英语自主学习能力，并在此基础上，构建个性化的大学英语教学模式。这就要求在英语课堂教学中渗透自主学习模式，通过“自主”的教学方式，逐步提高学生的自主学习能力。显然，这种教学模式的成功需要“教”与“学”两方面的协同作用。一方面，高校必须统筹各方资源，包括英语教师、计算机技术人员与管理人员，搭建基于校园网的英语自主学习平台，为学生提供丰富的线上学习资源；另一方面，学生要充分利用课外时间，开展在线英语自主学习。

强调自主学习的教学模式并没有充分调动学生自主学习的积极性，未能达到预期的教学目标。究其原因，主要有以下几方面：一是自主学习平台建设滞后，有些高校甚至尚未建立英语自主学习的网络平台。二是自主学习的线上资源有限，主要内容仍是四、六级模拟考试题或雅思、托福考试题，缺乏与英语综合应用能力培养相对应的学习资料。三是学生自主学习的自觉性欠缺，缺乏有效地监控措施和评价手段，单纯依靠学生自觉进行课外网络自主学习难以取得理想效果。因此，构建和利用在线资源，促进学生开展自主学习，以提高英语学习效率是推进大学英语教学改革的难点之一。

（三）英语应用能力培养的措施不到位

"要求"提出大学英语的教学目标是"培养学生的英语综合应用能力"。许多高校还没有将"要求"落实到可操作层面，只是在传统课堂教学的基础上，增加了一些自主听说的学习课程。这些自主听说课程由于资源不足与学生自觉性不强，难以取得预期效果，这导致英语综合应用能力的培养流于形式。英语综合应用能力包括哪些内容，如何培养学生的英语综合应用能力，直接牵涉到大学英语课程体系、课程设置等问题。课程体系和课程设置对教学具有引领作用。课程设置不当，英语教学有可能走弯路、走错路，英语应用能力的培养自然成为空谈。

二、深化大学英语教学改革的对策

（一）明确大学英语教学的目标与任务

不明确大学英语教学的目标，容易迷失大学英语教学改革的方向。"要求"指出，大学英语教学的目标是培养学生的英语综合应用能力、发展学生的自主学习能力与提高学生的文化素养。其中，最重要的是培养学生的英语综合应用能力。大学英语教学要培养包含听说能力在内的综合应用能力，以改变传统"聋哑"英语的被动局面，提高学生的英语交际能力。

虽然强调听说能力的培养，但也不能削弱英语其他应用技能的培养。英语综合应用能力包括听、说、读、写、译等多方面内容，除了要重视听说能力的培养，英语阅读能力、翻译能力和写作能力也不可忽视。阅读能力是听、说、写、译等各种能力的前提和基础，是语言知识和文化信息输入的主渠道。在英语听说环境受限的情况下，阅读是人们接触英语最方便快捷的途径。

（二）构建各具特色的大学英语课程体系

大学英语课程体系的设计要立足于学校及学科人才培养的需求，从学校的办学与人才培养目标出发，构建具有各高校特色的大学英语课程体系。在构建大学英语教学课程体系时，要充分考虑学校部分学科发展的需要，采取大学英语教学"四年不断线"的方式，培养高素质、具有国际视野的学科人才。一、二年级主要为学生开设综合英语课程（读写课和听说课），三、四年级主要开设以专业英语或学术英语为主的特殊用途英语课程。特殊用途英语课程是英语基础课程与专业双语课程之间的桥梁。通过特殊用途英语课程，及其后续专业双语课程的教学，使学生顺利地从大学综合英语的学习过渡到英语的专业应用类课程的学习。

不同高校通过构建各具特色的大学英语课程体系，设计“四年不断线”的课程，引领正确的教学改革方向。英语教师要相对固定于一个专业的英语教学，了解相关专业学科背景，积累相关的专业英语资料，向一、二年级学生推荐与专业基础知识相关的英语听力或阅读材料，使学生在双语课程、专业英文学术报告的熏陶下，潜移默化地接受英语应用能力的培养。

（三）深化听说教学改革

“要求”提出“培养学生的英语综合应用能力，特别是听说能力，使他们在今后学习、工作和社会交往中能用英语有效地进行交际”。因此，在教学实践中，要始终按照课程教学的要求，着力提高学生的听说能力。

当前许多高校首选的应对策略是适当增加听力课的课时，有些高校英语读写课与听力课的课时比例达到1 ： 1。除此之外，各高校应深化听说课程教学的改革。一要贯彻“以说带听、以听促说、听说并举”的课内教学原则。不但要在听力课中强化听说，还要在读写课教学中重视听说训练，实现各种教学场合的听说并举，达到提高学生听说能力的目的。二要合理规划在课外时间实施英语听力的教学。除课内教学外，教师要指导学生在课外时间开展听力训练。实行英语四级考试及格后大学英语免修制度的高校，可组织免修学生开展自主听力学习。一方面教师要为学生提供课外听力材料；另一方面要进一步完善英语网络自主学习平台，为学生的课外听力训练创造条件。

（四）培养学生自主课外阅读的习惯

阅读优秀的英语文学作品，可以提高学生的英语实际运用能力。美国著名外语教学专家威斯特•布莱姆贝克说：“采取只知语言不懂其文化的教法，是培养流利大傻瓜的最好办法。”因此，在非英语专业学生中开展课外阅读英语文学作品的训练，充实学生英语阅读的“内容图式”，将对学生英语综合应用能力的培养发挥基础性作用。

国内部分高校利用网络自主学习平台，开展学生的英语课外阅读教学实践，但效果不甚理想。课外英语文学作品阅读教学应重视过程性评价。一要以学生为主体，在学生理解作品内容的基础上，教师阶段性利用读写课的教学时间，进行互动交流。师生互动、平等参与的生动情景和各种有趣的竞赛活动能提高学生的阅读兴趣，让学生认真品味和欣赏英语文学作品，避免学生对英语文学作品阅读产生抵触情绪。二要制订合理的英语文学作品阅读分级教学目标。教师要根据英语文学作品的难易程度，分配相应的阅读分值，引导学生根据自己的英语基础选择不同分值的文学作品进行阅读。教师要分阶段对一、二年级学生的英语文学作品阅读进行评估，要求学生每个学期完成一定量的文学作品阅读任务；对三、四年级学生实行英语文学作品阅读奖励制度，每学期根据学生的阅读分值进行奖励，逐步培养学生自主阅读英语文学作品的习惯。

综上所述，高校英语教师要以“要求”为纲领，以学校的办学定位和学科建设为服务对象，精心设计大学英语课程体系，构建合理的课程设置，引领正确的教学方向。同时要分析当前英语教学改革面临的问题，主动求变，采用“四年不断线”的做法，在强化听说训练的基础上，将大学英语的教学延伸到学生的专业学习，促使学生顺利地从普通英语学习向专业英语课程、专业双语课程学习过渡，逐步提高学生的英语综合应用能力。

第三节　大学英语教学改革的方向

教育部启动的大学英语教学改革已走过多个年头。在这期间，大学英语的教学目标从“培养学生较强的阅读能力和一定的听、说、写、译能力”转向“培养学生的英语综合应用能力，特别是听说能力”；教学模式“从单一的教师讲授”转向“基于计算机网络的多媒体教学”。这一改革对提高学生的听说能力、培养学生的英语综合应用能力起到了积极的作用。但是，随着大学新生入学英语水平的提高以及高等教育国际化的普及，大学英语教学内容的改革成为人们关注的焦点。一些学者纷纷呼吁 ESP（专门用途英语）应该成为我国新一轮大学英语教学改革的方向。他们的论点明确、论述充分、令人信服。但是，其中也出现了范畴不一、术语混乱等问题。这些问题如果不厘清，有可能影响 ESP 教学与研究在国内的发展，给大学英语教学带来负面的影响。鉴于此，本节试图对 ESP 与大学英语教学的关系做进一步的探讨，对 ESP 能否成为大学英语教学的方向做进一步的论证。

一、ESP 的概念、特征和目的

ESP 是 English For Specific/Special Purposes（专门用途英语）的缩写。中外学者对于 ESP 的概念有不同的表述。

最早提出 ESP 概念的英国学者 Halliday 认为：“ESP 是公务员的英语、警察的英语、法官的英语、药剂师和护士的英语、农业专家、工程师以及装配工的英语。”英国学者 Mackay 认为：“ESP 是指有明确实用目的英语教学，这种目的和职业要求紧密相连。”英国学者 Tom 和 Alan 认为：“ESP 作为一种语言学习方法，其教学内容和教学手段都取决于学习者的目的。”英国的 ESP 研究专家 Hutchinson&Waters 认为：“ESP 是指与某种特定职业或学科相关的英语，是根据学习者的特定目的和特定需要而开设的英语课程。”国内认为：ESP 是应用语言学的一个分支，它是指专为科技人员和商贸工作者的某些特殊需求而设计的英语教学方法和教材；ESP 指与某种特定职业或学科相关的英语，例如，警察英语、护士英语、科技英语、商务英语、医学英语、法律英语等；ESP 指与特定职业或学科相关的英语，如法律英语、医学英语等。

尽管以上学者对 ESP 概念的表述不完全相同，但是我们可以从中归纳出两个共同特征：一是 ESP 和某种职业或学科紧密相连；二是 ESP 的学习者有明确的目的。

ESP 四个根本特征是：一是需求上，课程设置必须满足学习者的特定需求；二是内容上，与特定学科或职业相联系；三是语言上，适合相关专业或职业的句法、词汇和语篇上；四

是与通用英语（EGP）形成对照。ESP 的两个可变特征是：一是可以只限于某一种语言技能的培养（如阅读技能或口语交际技能），二是可以根据任何一种教学法进行教学。

纵观国内外学者有关 ESP 的概念，不难看出 ESP 是一种行之有效地教学途径，它是以应用语言学的理论为依据，以学生的特殊需求为出发点制定教学目标、教学内容和教学方法，其目的是培养和提高学生在所学专业领域用英语进行学习和交流的能力，在所从事的行业里用英语从事工作和沟通的能力。说得直白一些，就是培养学生用英语完成任务的能力，突出英语的工具性。

二、ESP 的分类

根据不同的标准，ESP 有不同的分类法。目前国际上比较著名的是 Jordan 根据使用目的所做的两分法和 Hutchinson&Waters 依据学科门类所做的三分法。

Jordan 按照使用目的把 ESP 分为以满足职业需求为目的的职业英语（EOP）和以学术研究为目的的学术英语（EAP）。学术英语又进一步分为通用学术英语（EGAP）和专用学术英语（ESAP）。而 Hutchinson&Waters 则是按照学科门类把 ESP 分为科技英语（EST），商务英语（EBE）和社科英语（ESS）三大类。它们又分为职业英语（EOP）和学术英语（EAP）。很显然，Jordan 的二分法较三分法更为简洁。

那么到底应该怎样翻译这些术语？按照什么标准对 ESP 进行分类？我们认为学术界应该在这些术语的翻译上达成共识，统一名称。翻译的原则应该是：保留原有约定俗成的译名，新出现术语的翻译在简洁、达意的前提下以多数学者认可的译名为准。我们的译文如下：

EGP（English for General Purposes）：通用英语

ESP（English for Specific/Special Purposes）：专门用途英语

EOP（English for Occupational Purposes）：职业英语

EAP（English for Academic Purposes）：学术英语

EGAP（English for General Academic Purposes）：通用学术英语

ESAP（English for Specific Academic Purposes）：专用学术英语

如前所述，不同的标准导致 ESP 的不同分类。如果从纯学术研究的角度对 ESP 进行分类，分类越细越好，因为只有这样才能把不同语体、不同类别英语的特点研究透彻，辨别清楚。但是从大学英语教学的角度来看，我们认为不宜分得过细，应该按照目的性、简洁性、可操作性三个标准对 ESP 进行分类。目的性是指分类要有利于大学英语教学目的的实现；简洁性是指分类要简洁明了，清楚易懂；可操作性是指分类要切实可行，易于操作。《教学大纲》虽然没有明确提出 ESP 这一概念，但却在教学要求中体现了 ESP 教学的内容，规定学生在高年级必须修读“专业英语”，即 ESP 课程。职业英语（EOP）本节暂不作讨论。我们没有把 ESP 中的“学术英语”再细分为“通用学术英语”和“专用学术英语”的理由如下：

（一）理论上缺乏依据

国内学者把学术英语（EAP）分为通用学术英语（EGAP）和专用学术英语（ESAP）。其根据是国际上颇有争议的“ESP语言共核理论”。该理论的倡导者认为“在不同学科中使用的语言具有共同的推理和解释过程，存在一种既有科学性但又不属于任何专门学科的语言共核”。他们主张打破专业界限，以ESP交际的一般规则和通用技巧为主要授课内容。反对“ESP语言共核理论”的学者则强调，即使是报告、讲座等常见体裁在不同学科环境下也具有显著的表达差异，因此提倡更有专业性、针对性的ESP教学。而学者Hyland利用语料库数据最终证明后一种观点是正确的。各个专业都有自己独特的知识体系和专业术语。即使一个“共核词汇”，在不同的专业中，其词义也大不相同。所以我们认为，各学科共有的“ESP语言共核”实际上是不存在的。如果存在，它和“通用英语”的分界线又在哪里？“通用英语”和“专门用途英语”之间的分界线都难以把握，正如Anthony所言：“Clearly the line between where General English courses stop and where ESP courses start has become very vague indeed, and however, it can be inferred that in ESP teaching, more attention is given to the need analysis.”。那么，“通用学术英语”和“专用学术英语”之间的分界线就更难辨析了。

“通用学术英语”侧重各学科英语中共性的东西，即培养学生在专业学习和研究中所需要的学术英语口语交流能力和学术英语书面交流能力；“专用学术英语”侧重特定学科（如医学、法律、工程等学科）的词汇语法、语篇体裁以及工作场所英语交流策略和技能的培养。根据“通用学术英语”和“专用学术英语”的定义并着眼于大学英语教学，我们认为，把“通用学术英语”归属于“通用英语”，因为“通用英语”已经包括了“通用学术英语”的内容；把“专用学术英语”归属于“专业英语”，因为任何一门专业英语课程都是从易到难、从简单到复杂、从初级到高级循序渐进的。而且，一般的专业英语教材也会介绍本专业英语的词汇、语法、语篇等特点。

（二）实践上难以操作

即使“学术英语”分为“通用学术英语”和“专用学术英语”在理论上是存在的，在实际教学中也是难以操作的。有些学者明确表示，大学里的ESP教学主要是“学术英语EAP”。而“学术英语”教学主要指“通用学术英语EGAP”，即培养学生学术英语交流能力，如用英语听讲座和记笔记的能力，搜索和阅读文献的能力，撰写文献综述、摘要和小论文的能力，以及表达信息的陈述演示能力等。由此推理，大学英语教学的主要内容是“通用学术英语”，而不是“专用学术英语”。那么，是不是学习了“通用学术英语”之后，学生就可以阅读专业英语了？如果不行，我们是否还要给学生开设“专用学术英语”？在课程设置上搞两个学术英语：学术英语1（通用学术英语）和学术英语2（专用学术英语）？显然这是很难操作的。从大学英语教学的角度看，她这样做肯定是有其道理的。实际上，通用学术英语的教学内容完全可以融入通用英语教学。通用学术英语的“阅读学术文献能力”可以通过通用英语的阅读课来培养，通用学术英语的“撰写论文能力”可以通过通用英语

的实用写作课来培养。

其实，在教学实践中是教授“通用学术英语”还是“专用学术英语”，是各国 EAP 实践者们长期争论不休的问题。此外，EAP 课堂的学生通常来自不同的专业，任何一门专业的教材都很难适合所有学生的要求。

三、ESP 教学能否成为大学英语教学改革的方向

要回答 ESP 教学能否成为大学英语教学改革的方向这一问题，首先要明白 ESP 教学能否帮助我们实现大学英语的教学目标。那么，大学英语的教学目标是什么?

20 世纪 90 年代颁布的《教学大纲》指出：大学英语教学的目的是：培养学生具有较强的阅读能力和一定的听、说、写、译能力，使他们能用英语交流信息。大学英语教学应帮助学生打下扎实的语言基础，掌握良好的语言学习方法，提高文化修养，以适应社会发展和经济建设的需要。

21 世纪颁布的《大学英语课程要求》指出：大学英语的教学目标是培养学生的英语综合应用能力，特别是听说能力，使他们在今后学习、工作和社会交往中能用英语有效地进行交际，同时增强其自主学习能力，提高综合文化素养，以适应我国社会发展和国际交流的需要。

大学英语课程不仅是一门语言基础课程，也是拓宽知识、了解世界文化的素质教育课程，兼有工具性和人文性。工具性要求与专业相结合，培养学生专业英语的综合运用能力。人文性帮助学生了解西方文化，开阔视野，扩大知识面，加深对世界的了解，借鉴和吸收外国文化精华，提高文化素养。由此看来，大学英语教学有两大目标：一是帮助学生打下扎实的语言基础，提高文化素养；二是培养学生的英语综合应用能力，为社会发展和国际交流服务。第一个目标的实现有赖于通用英语教学，而第二个目标的实现有赖于专门用途英语教学。所以,我们认为大学英语教学改革的方向既不是通用英语,也不是专门用途英语,而是通用英语 + 专门用途英语。理由如下：

（一）有利于培养既懂专业又通外语的社会主义建设人才

EGP 教学是以教授一般语言技能为目的的课程。其目的是培养学生扎实的语言基本功，掌握英语的“语言共核”为专业英语学习做准备,提升学生的人文素养,扩大学生的知识面，帮助学生树立正确的人生观和价值观。而 ESP 教学则是使学习者在某一专业或职业上使英语知识和技能实现专门化的应用性课程。将专业知识学习与语言技能训练融为一体，具有较强的针对性和实用性，有助于培养学生的英语综合应用能力，尤其是在自己的专业领域用英语进行交际的能力。ESP 与 EGP 并非是相对立的两个部分，而是紧密相连的，ESP 培养学生的学术素养，EGP 培养学生的人文素养。在整个英语教育体系中它们是为同一个教学目标而构建的两个层面，是一个语言连续体的两端。事实上，两者都具有词汇、句法、语篇等层次上的语言共核部分。两者在时间上有先后，在内容上却相互融合。所以，大学外语教学只有把 ESP 教学和 EGP 教学有机地结合起来，才能培养出大批既懂专业又通外

语的社会主义建设人才。

（二）有利于纠正大学生人文素质下降的趋势

当今科学技术的发展越来越迅速，专业分工越来越细，尤其是进入网络时代，知识和资讯爆炸性增长,客观上要求人才要从“广而泛”转向“专而精”。从国家和社会发展层面看，中国作为一个后发新兴经济体，建设与发展任务十分艰巨，亟须大批各行各业的专业人才，以服务于富国强民的国家战略。所以，我国高校自 20 世纪 90 年代末实行扩招，希望培养更多的人才为国家的经济建设服务。此后，高等教育逐渐从原来的“精英教育”转变为今天的“大众教育”。“大众教育”需要紧密结合社会实践和市场需求。所以很多高校都是以市场为导向培养学生，只注重专业性学习，希望学生在较短的时间内习得具有胜任力的专业知识，忽视通识教育，导致学生的人文素质下降。现在的大学生，独立自主能力差，缺乏团队精神，不善于和他人合作，知识面狭窄，独立思考和创新能力不足。我们的教育正在培养出一批“绝对的、精致的利己主义者”。很多学生的世界观、人生观、价值观出了问题。用人单位对学生的思想道德和素质有比较多的批评，他们最看重的是毕业生的思想道德，其次，才是外语掌握程度和知识、能力等。他们呼吁应该加强学生的思想品德教育。要纠正大学生人文素质下降的趋势，作为高等教育重要组成部分的大学英语教育必须融合 EGP 教学和 ESP 教学。两者在培养人才方面发挥着不同的、不可替代的作用。

ESP 课程注重培养学生的工具性。而 EGP 课程注重培养学生的人文性。EGP 教育本身不是一个实用性、专业性、职业性的教育。从功利主义的角度看，EGP 教育除了考试，似乎一无用处。然而，EGP 教育却恰恰体现了罗素“从无用的知识与无私的爱的结合中更能生出智慧”的论断。EGP 教育不仅是一种培养学生英语语言基本功的教育，正如上海交通大学徐飞所言：“它更是一种人本教育，它会使人活得更明白、更高贵、更有尊严，强调培养的是全人而不是工具人、手段人，旨在引导学生形成正确的世界观、人生观、价值观。”所以，EGP 教学有利于纠正大学生人文素质下降这一趋势。

第四节　大学英语教学改革的趋势

最近，关于大学英语教学的走向，似乎有一种山雨欲来风满楼的感觉，到底是继续通用英语的教学还是进行所称的学术英语教学？两种观点激烈碰撞,甚至出现了某种教学“必然消亡”，或者将某种教学比喻成为“大学英语掘墓人”等现象，让广大大学英语教师深感不安，不知所措。那么，大学英语究竟怎么了？当然，在成绩面前，也应看到目前大学英语确有许多不尽如人意的地方，也正是为了大学英语教学的可持续发展，我们需要改变这些地方。

一、教育信息化趋势下的大学英语教学改革

经过近十余年来的发展，教育信息化已在国内高等教育界掀起了教育变革的浪潮，并必将使教育教学理念、教学方式方法、教学资源配置、教学管理体制等方面产生剧烈的变革，推动高等教育的重塑。席卷全球的“慕课”、国家精品开放课程、“微课”等，都是对传统高等教育的冲击和挑战，基于网络平台的优质学术资源可方便地传播和共享，促进了教育公平及教育均衡发展，降低了教育时代的“马太效应”。那么，如何把握教育信息化趋势下的大学英语教学改革，是我们亟待思考的问题。

（一）信息化趋势下的大学英语教学改革

随着信息化在全球范围内的迅速扩展，以及信息技术在教育领域的广泛应用，教育信息化已经成为教育发展过程中的一场深刻变革。从教育教学过程来看，教育信息化在高等教育方面主要推动了以下方面的变革：

1. 信息技术的支撑

信息技术在教学过程的融入，让教学的方式方法发生了深刻的变革，如多媒体教学、网络教学、数字化教学等多样化的教学方式的出现，使信息化成为高等教育育人过程的基本条件。

2. 教育理念的创新

信息化推动了教学模式和方式方法的改革，对整体的教育教学过程都产生了深刻的影响，比如课程组织、管理方式、评价体制、激励机制等方面都需要重新架构。

3. 实现教育的个性化

信息技术在教育领域的介入和信息化教学平台的应用，使传统的难以实现的教学管理组织和要求成为现实。面对知识水平参差不齐的学习对象，大学可以通过信息化手段实现学生学习层次的分类，进而开展个性化、模块化教学。

高等教育教学信息化是教育信息化工作的核心，是关系到高等学校教育教学改革的关键环节，促进高校信息技术与教育教学的深度融合已成为现阶段教学改革的主要趋势。

这一趋势下的主要工作就是围绕应用信息技术手段创新人才培养模式和课程教学模式，研究建立信息化教学中针对学生的学习评价机制和针对教师的教学评价与激励机制，以及推动高校基于信息技术的“跨校选课、学分互认”、课程共享机制建设和激励优质课程资源共享等。从外部环境来看，经济社会发展对大学的人才培养需求和学生的个性化学习要求，使高等院校必须在新常态下着力把握教育信息化趋势下的大学英语教学改革，顺势而动，大胆探索，从基于信息化环境的校内公共课程内容建设、教学模式建设、评价机制建设等方面入手，结合教学实际打造适合自身的信息化教学新模式。

（二）教育信息化趋势下大学英语教学模式发展及现状分析

1. 大学英语教学模式发展

在教育信息化的推动下，大学英语教学改革也进行了努力创新与尝试，基本的教学模式主要经历了计算机辅助大学英语教学、网络架构的大学英语自主学习平台、信息技术与大学英语课程深度融合三个发展阶段。

（1）计算机辅助大学英语教学模式

现代信息技术的发展为大学英语的教学改革提供了良好的契机。如今几乎所有的高校都基本实现了计算机辅助教学，计算机辅助教学强调计算机是教学的“辅助工具”，虽然能将课堂内容通过多样化的内容展示出来，但学生仍被认为是知识的灌输对象，是被动地接受者，教学内容也往往不离教材。这种教学模式将多媒体教学引入到英语课堂，改变了过去教师加黑板的传统单一的课堂教学模式。从本质上讲，该教学模式在大学英语教学方面并未能发挥显著的效果，也和以往的教学模式大同小异，并且单一的“填鸭式”教学模式已经完全不能满足现代教育及社会的需求。

（2）网络架构的大学英语自主学习平台

近年来，许多学者强调将建构主义理论运用于高等教育，建构主义理论认为知识不是通过教师或外界传授而得到的，而是在一定的情境下，借助其他人（教师或学习伙伴）的帮助，利用学习资料，由学习者自己完成对知识的构建。它认为教师和学习者同等重要，同时肯定教师的主导作用和学习者的主体地位。

基于建构主义理论，网络架构的自主学习平台逐渐成熟并走进高校。此类平台要有一定的硬件作为基础由资源库、学习平台、学习工具、考试测评、讨论区等模块组成。这种学习模式似乎颠覆了传统的教学模式，突出了学生的主体地位，学生由被动的“接受者”变成了学习旅程的“驾驭者”。

但同时也不能忽视教师在学生自主学习过程中的引导和监督作用。首先，平台有一定的课程设置，学生必须在完成基础学习并通过测评后才能进入更高一阶的学习；其次，平台有一定的自动监控设置，如学习满 4 分钟才能开始测试，5 分钟没有学习状态，计时会停止等防止学生刷课的现象；同时，学生可组成不受地理位置限制的小组共同讨论并完成学习任务；最重要的是教师可进入教师平台，掌握学生的学习情况，并根据每个学生的不同情况，下达下一部分的学习任务，处理学生在学习过程中出现的问题，并可公开辅导、解答共性问题。同时还可统计评估整个年级学生的学习数据，作为进一步深入学习的依据。

这种自主学习模式通过构建特定的学习环境，学生根据自己的特点和学习兴趣主动地选择学习时间、学习方法，组织学习过程，提高英语听说及运用能力，这种自主学习方式是以“快乐学习、终身学习”为最终目标的。

（3）信息技术与大学英语课程教学深度融合

在如今信息量巨大、新技术不断涌现、日新月异的社会变迁中，大学英语教学也在不断改革中完善并步入了信息技术与课程深度融合的阶段。基于互联网和校园网的多媒体教

学模式强调个性化教学与自主学习，学生可根据教师的指导及自己的特点、水平、时间、学习方法等，通过自主学习室的学习软件和校园网大学英语教学平台中的“英语资源库系统”和“教学/学习管理系统”，实现非定时多地点的学习，即学生可以选择适合自己水平的学习内容、选择适合自己的学习时间，并根据自己的学习方法，在校内自主学习室、电子阅览室、图书馆或寝室随时随地进行学习，并能及时了解自己的学习进步情况，得到相关信息反馈，调整继续学习策略，达到最佳学习效果。在教学应用方面，部分课程真正利用网络教学辅助平台，构建了网上学习、课堂讨论、社会实践三位一体的信息技术与教学深度融合模式。

2. 大学英语教学改革现状

英语语言素质是人才培养国际化的必然要求。近年来,国内大学按照教育部最新的《大学英语教学基本要求》开展了不同程度的改革，亦初步取得了一些改革成效。但是随着高等教育办学的日益开放、人才素质要求的提升以及互联网＋对传统教育形态的颠覆，大学英语已有的教学模式尚存在一些深层次的矛盾，如分级分类教学的改革深度不够、四级后教学模式的钝化、个性化教学的缺乏等。

从国内大多数高等院校大学英语改革现状来看，分级分类教学在传统教学模式中占有主导地位。然而分级分类的缺陷是改革的深度还不够，这种教学组织方式只是按高考分数高低和专业差别进行粗略划分和开展教学。如西北大学作为一所地方综合性大学，学科门类齐全，生源遍布全国各地。为了改革试点成果具有代表性、客观性、有效性及可行性，便于将来在全校全面推广实施。经过论证后的实施方案是在不同层次（普通本科、基地班）、不同学科（文、理、工）四个院系（法学院、信息学院、化学材料与科学学院和地质系）进行改革试点。从实验结果来看，传统教学模式下的分级分类教学依然不能调动教师教学与学生学习两方面的主动性，而且不同专业的差别较大。

四级后教学问题也是当前大学英语教学长期困惑的改革瓶颈，是现有教学模式所解决不了的。大学英语第四学期（“四级”后）教学存在的问题是：通过四级考试的学生学习动力不足，学生到课情况较差，由于未能建立相应的考核机制，教师对学生缺乏教学过程的约束力。这个问题影响了正常的教学秩序，同时也是长期困扰大学英语任课教师的问题，在一定程度上挫伤了教师的教学热情和积极性。同时，面临大学生出国留学、学习深造、创新创业等方面的迫切需求，现阶段的大学英语教学没有从根本上实现个性化教学，课堂教学依然是以大班教学为主、以教师为中心并没有实现学生学习的个性化定制。

基于现有教学模式和教学过程中的这些深层次问题，需要考虑如何把握信息化趋势和互联网＋的改革态势，做好面向大学生的大学英语教学改革，即如何把学生分层次，设计灵活的学习机制，实现学生的个性化学习需求等。

（三）基于信息化的分层次教学模式改革

1. 大学英语分层次教学模式构建

大学英语分层次教学在国内高等教育领域已有一定的理论与实践基础，如今已成为大

学英语教学改革的主要趋势。分层次教学是被很多大学实践的新大学英语教学模式，只是各个高校的分层模型不尽相同。最初采用的是按照学生入学成绩分层，并且大多采用流动层级的教学模式：即入学成绩高的采用高阶教学，其余则次之，同时根据本阶段的考核结果决定下一学习阶段的学习层次。这样的分层教学模式给学生造成了一定的负面心理影响，尤其是被分到“条件较差”班级的学生会产生一定的抵触情绪，不利于教学的进行和人才的培养。

近年来，随着高等教育的快速发展和大学英语分层次教学模式改革的日益深入，单纯以高考入学成绩分层的教学模式已经不能满足社会需求和学生自主学习要求，大学英语教学逐步考虑从多方面、多角度因素对大学英语进行分层。主要有以下几个方面：一是不同学科专业对英语的要求程度不同；二是不同专业学生将来就业后所从事的行业对英语的需求不同；三是学生基于自身兴趣对英语的爱好程度不同。现有研究与实践证明考虑以上诸多因素的英语分层次教学能有效减少英语教学的盲目性，提高教学效率，节约教学资源，调动师生的教学积极性，对培养国际化的高素质创新人才具有与时俱进的重要作用。

根据教育部《大学英语课程教学要求》，大学阶段的英语教学分为一般要求、较高要求和更高要求三个层次。分层次教学就是根据学生的英语基础、学习能力、兴趣特点、专业方向以及将来有可能从事的行业要求等因素，设计不同的教学目标、制定教学方法，有针对性地对不同层次学生进行相应的学习指导，使每个学生在英语学习方面都能达到最佳效果。在我国古代，就是所谓的“因材施教”，而今则是在“因材施教”的基础上，同时关注社会对人才的个性化需求。

2. 信息化与分层次教学改革实践

在教育信息技术推动的变革浪潮下，以及结合我国大学英语重要转型的契机，应试教育应向多样化应用型教育转化，基础英语教学将向专门用途英语（ESP）转移，为更好地拓展专业知识做好准备。大学英语分层次教学模式改革具备了深度蜕变的改革要素。针对学生的个性化培养和个性化需求，如何建立信息化平台的大学英语分层模型标准变得尤为重要。西北大学结合已有的教学改革经验，围绕“模型构建—平台搭建—兴趣驱动”的改革理念，逐步推进大学英语分层次教学模式改革。

为适应社会经济发展对人才培养工作的要求，逐步建立与研究型大学相适应的本科人才培养体系，培养具有国际视野的高素质创新人才，学校出台了《西北大学关于修订本科人才培养方案和指导性教学计划的意见》。新方案提出了《大学英语分层次改革方案》，着眼于在新时期内有所创新和突破，使大学英语课程具有更大的灵活性、选择性和开放性。大学英语教学在注重打好学生语言基础、培养学生英语综合应用能力的基础上，提高学生的综合素质，成为具有国际视野的高素质创新型本科人才。大学英语教学主要在通修课程的基础上，强化应用性课程，同时结合网络自主学习，将课程分为通修课程、高阶课程、特色课程三种类型，推动大学英语教学和学生学习的个性化发展学校将大学英语分为四个层次，其中层次一、二为全校必修课，层次三、四是各专业根据需要任选模块，分为高阶课程和应用课程，包括报刊选读、影视欣赏、演讲与辩论、英美政治文化、TOFEL、IELTS

等等，可在全校范围内选修。为更好地支撑大学英语分层次教学改革，学校注重资源共享，着力搭建“教学资源平台”。通过有效整合各类电子图书资源、名师教学视频、教师备课资源等搭建了包括视频课程、电子书、学术视频、文档资料等内容的教学资源共享平台。一方面，依托平台有力支持课程的网站建设、在线课程教学、过程分析统计、研究性教学、碎片化学习等，推进了课程信息化教学改革另一方面，通过技术开发，实现了平台与校园网门户教务管理系统的无缝对接，为师生即时登录开展自主学习提供了便利。同时，学校正在加快筹建人文社科 MOOC 中心，通过坚持“全面统筹、集中建设、订单开发”的原则，建成符合学校人文社科类课程教学需求和满足学生多元化学习的课程资源平台，解决课程资源共享和多样化人才培养的要求。下一步将加大投入力度，引导与推动不同层次课程与教学团队加快 MOOC 课程开发与建设，用于课程教学实践。这些课程将遵循“以生为主、以师为导”的新型教学理念,要求教师变“教学”为“导学”,引导学生变“听学”为“研学”。加快从“以教为中心向以学为中心”“知识传授为主向能力培养为主”“课堂学习为主向多种学习方式”的转变，着力培养学生的学习主动性、能动性、独立性，提高学生的创新素质与创造潜能。结合传统大学英语课堂教学的优势，促进师生之间的学习互动，实现教育教学过程线上线下的有机互补。

在全球化趋势下，各国都十分重视信息技术在高等教育领域的应用。教育信息化的发展，已在教育理念、教学方式方法等方面产生了深刻影响，实现并重构着高等教育的开放式发展。大学英语教学改革经过了 21 世纪以来的不断创新，已经为各学科专业人才素质的整体提升和实际应用做出了巨大的努力，并且朝着更加科学化系统化的方向发展。但从高等教育国际化需求和互联网发展趋势来看，我国的大学英语教学改革和教育信息化发展程度仍有较大的融合空间，还有一些关键环节亟待解决。如，优质师资的有限性和高校其他办学条件滞后于培养规模的扩张；基于网络的大学英语学习平台需要一定的软硬件环境，如何合理配置计算机、学生、教师、实验人员等，使有限的资源得到充分利用，需要在实践中不断调整创新。

同时，师生的计算机技术培训也必不可少。现如今网络覆盖日趋扩大，尤其是智能手机终端的海量增加已经基本实现了“泛在学习环境”，把握新形势下大学英语教学改革，刻不容缓。

二、从需求角度看大学英语教学改革的趋势

需求可分为社会需求和个人需求，前者主要指社会和用人单位对有关人员外语能力的需求，后者指学生目前的实际水平与希望达到的水平之间的差距。在外语教学领域，需求分析是语言课程设计和实施不可或缺的启动步骤，至少有 4 大重要作用：一是为制定外语教育政策和设置外语课程提供依据；二是为外语课程的内容、设计和实施提供依据；三是为外语教学目的和教学方法的确定提供依据；四是为现有外语课程的检查和评估提供参考。因此，从需求角度进行大学英语教学改革是必要的。

（一）需求现状

改革开放以来，我国的大学英语教学在几代人的努力下取得了巨大的成就，培养了大批有专业技能且懂外语的复合型人才，促进了我国改革开放和对外交流。但随着我国改革开放的深入和世界经济大融合的进一步推进，我国大学英语教学与需求之间的差距进一步加大：

1. 社会需求

（1）高端外语人才严重缺乏

目前，我国有和多人在学英语，其中大、中、小学学习英语的人数超过一亿。有专家预测：再过几年我国学英语的人数将超过以英语为母语的国家的总人数。尽管我国有数亿人学英语，但同声传译和书面翻译等高端外语人才仍然严重缺乏。全国各地人才市场频频告急，即使是北京、上海这些高级人才较为集中的地区也难以幸免。

（2）懂专业又能熟练使用外语的“双料”人才走俏

外语作为一种交流工具，显然比其他专业具有更广泛的适用范围。但由于长期以来受重文史、轻科技的外语教育的影响，外语人才难以满足当前经济科技等各项事业迅猛发展的需求。现在，我国懂外语的人很多，但由于英语专业人才缺乏相应专业知识或技能背景因此难以胜任大量工作，机械、化学、工艺、软件等专业的技术工程师本身就十分紧缺，懂外语的就更稀有了。因此，想找到符合企业要求的、既具备专业知识又能熟练使用外语的工程技术人才是很难的。

2. 个人需求

在语言学习方面，当前学生渴望形式多样的语言输入，渴望真实、实用、有时代感的学习内容。他们期望提高英语学习能力和用英语交流的实际能力，希望英语学习能满足自己提高文化素养和专业水平的需要。但实际教学中，为了完成教学任务，教师的教学常常拘泥于教材内容，有的教师以教材、教学课件作为教学内容，在课堂上“照本宣科”，导致教学只是教教材。

（二）原因分析

引起我国大学英语教学“滞后”的原因是复杂的。主要有：

1. 大学英语基础教育的定位在某种程度上使教学脱离了社会的需要

现代社会对外语人才的要求是既懂专业又能熟练使用外语，但受大学英语教学语言基础定位的影响，长期以来，我们的大学英语和中、小学英语教学一样，一直在打基础而迟迟不能与专业挂钩，导致有的大学生毕业时连最基本的专业术语都不会说，这样的学生毕业后怎能胜任需要专业英语的工作岗位呢？由此可见，只注重普通英语教学而忽视专业英语教学在某种程度上制约了我国大学英语的发展。

2. 应试教育违背了语言习得和学习规律

目前，我们国家的教学模式基本上还是应试性的，外语教学也不例外。小学教学是为

了考中学，中学教学是为了考大学，但大学英语教学应该为什么呢？很遗憾，在考试指挥棒的作用下，我国的英语教学不是为了学以致用，而是围绕考试进行，导致学生的英语学习仅仅是为学校考试、四、六级考试、甚至是为雅思、托福出国等考试而置社会需要和专业需要于不顾。

由于应试教育不能提供足够的言语输入，也不利于激发学生的学习动力，所以不能有效提高学生的语言运用能力。目前中国中学和大学普遍存在的应试性英语教学模式可以说是违背语言习得和学习规律，而不能有效提高学生的语言运用能力，因此，必然也必须进行改革。

（三）改革的趋势

在我国，英语教学是基础教育，基础教育必须满足国家和个人争取发展的实际需要。因此，大学英语必然要继续改革。颁布的《大学英语课程教学要求》（以下简称《课程要求》）提出培养学生的英语综合应用能力并明确要求各高等学校“应参照《课程要求》并根据本校的实际情况，制定科学、系统、个性化的大学英语教学大纲，指导本校的大学英语教学方式”。这为各高校在进行改革时发挥主观能动性提供了空间。

目前，全国各高等院校正在轰轰烈烈地开展大学英语教学的改革，要设计出基于本校的科学的、系统的和个性化的大学英语教学大纲和实施方案，首要任务是了解学习者、教师、社会等各方面对大学英语教学的需求。

因此，为了适应各方面的需求，大学英语教学改革的趋势是：

1. 逐步下移大学英语基础教育重心，整体考虑我国英语教学体系

我国的大学英语教学是以基础英语为导向的，虽经前后三次的改革，但都在能力培养的层次或次序上进行变化和调整，也就是说始终没有在英语使用上有新的突破。由于高中英语和大学英语在培养目标、课程设置和教学要求诸方面都基本接近甚至雷同，所以随着高中新课标的贯彻和中小学英语教学质量的提高，大学英语和高中英语的界限也在逐渐模糊。

在未来的几年里，《课程要求》所规定的大学生必须达到的一般要求的学习任务将有望在高中里大部分完成或全部完成。这样，从小学到高中，通过 12 年的英语教学，学生在高中毕业时打下较为扎实和全面的英语基础，尤其是在听、说等基本技能方面要有重大突破。进入大学的学生不必再花两年甚至更多的时间学习“基础英语”，可以直接过渡到专业英语的学习，或只需“对他们稍加训练，即可转入同时提高外语应用技能和实际国际交流能力的学习和训练”。大学英语教学的基本框架将有实质变化，从而为决策者实现从整体上考虑我国英语教学体系的目标奠定基础。

2. 英语教学同专业结合，走专业化发展道路

目前，我国的大学英语处于高中英语和英语专业的双重夹击这一种尴尬的境地。一方面，现阶段大学英语学科发展的空间受到局限，另一方面，社会对专业人才英语水平的需求不断高涨。在这种形势下，大学英语同专业结合、走专业化发展道路不仅满足了社会需求，

同时也为自己找到了新的、顺应社会发展的时代方向。

中学培养基本外语能力、高校结合专业进行提高，是我国未来大学英语教学改革的方向。事实上，大学英语教学把重点转移到专业英语上这并不妨碍打基础，相反还会从应用的角度巩固和完善基础，真正体现“用中学”。

3. 淡化应试教育、建设多元化、多层次的大学英语课程体系

我国幅员辽阔，各地区、各高校之间情况差异较大，大学英语教学应贯彻分类指导、因材施教的原则，以适应个性化教学的实际需要。但现行的大学英语课程设置难以贯彻因材施教的原则，难以调动学生的积极性。虽然有的高校采取了分级教学，但仍然没有从根本上摆脱大学英语课程“综合性”的桎梏。因此，在新的形势下，开展个性化和多元化的教学模式，贯彻分类指导的教学原则已成为当前我国大学英语教学改革的新方向。

三、科学的大学英语教学改革观

教育部最近提出：坚持科学的大学英语教学改革观。王守仁在最近上海外语教育出版社组织的一次大学英语研讨会上传达了这一观点。

那么，什么才是“科学的”的大学英语教学观？可以从四个方面来认识：认清大学英语课程的性质，明确大学英语教学的真实需求，加强师资队伍建设，建立科学的大学英语教学评估体系。重点是前两点，尤其在于第二点。

（一）认清大学英语课程的性质

科学的大学英语教学观，首先是要认清大学英语课程的性质。教育部颁发的《大学英语课程教学要求》是目前官方对大学英语课程最全面、最权威的文件。对大学英语课程的性质，大学英语教学是高等教育的一个有机组成部分，大学英语课程是大学生的一门必修的基础课程；大学英语是以外语教学理论为指导，以英语语言知识与应用技能、跨文化交际和学习策略为主要内容，并集多种教学模式和教学手段为一体的教学体系。

这里有几个关键点：一是高等教育的有机组成部分，说明大学英语不是可有可无的；二是三项主要教学内容：英语语言知识与应用技能，跨文化交际，学习策略；三是教学体系：大学英语不是单纯的由每周若干课时组成的一门课，而是由综合英语类、语言技能类、语言应用类、语言文化类和专业英语类等必修课程和选修课程有机结合的一个教学体系，自然也包括教学手段在内。

大学英语作为非外语专业培养方案课程体系中的一门课，应该为专业服务，才不枉各专业将其列在培养方案中，且在专业课时十分紧张的情况下占用约10%的学时比例。“人文性”是指作为现代大学生，外语（尤其是国际公认的英语）能力是能力结构和知识结构中不可或缺的成分，是帮助学生理解西方文化、世界文化，进行跨文化交际所必须。

（二）明确大学英语教学的真实需求

性质得以明确，还要了解需求。这是一个被长期忽视的问题，一般认为已经解决了；

或者说是教学主管部门根据自己的判断，给大学英语设想了一个需求。这样描述人们对大学英语课程目标的理解：让学生学点英语而已，作为素质教育的一部分，对于一些学校校长和教务处长，大学英语教学的管理就是看学生四、六级考试的通过率。实际上，前面所述的“五不满意”，归根到底就是对大学英语课程的需求不清楚，从而导致所有相关人士都觉得自己想要的没能实现，因而不满。

培养学生的英语综合应用能力，特别是听说能力，使他们在今后学习、工作和社会交往中能用英语有效地进行交际，同时增强其自主学习能力，提高综合文化素养，以适应我国社会发展和国际交流的需要。

1. 学习英语是交际需要

而且是学习、工作、社会交往三方面的交际需要。工作需要又与专业有关，后文要专门谈这个问题。大学毕业生就业后真正需要英语的不到50%，在社交中需要英语的比例更低，而继续学习需求却随着不断升温的出国热日益明显。

2. 增强自主学习能力的需要

大学英语毕竟只是一门课程，课时有限。英语学习不可能完全靠课堂教学来完成，课堂只能起到引领作用，所谓“师傅领进门，修行在个人”。因此培养学生自主学习能力确实也是一种实实在在的需求。

3. 提高综合文化素质需求

这一说法相对抽象些。因为不学英语，文化素质也是可以提高的。

综上，学习、工作、社会交往三方面需求，似乎很清楚，但实际上很模糊。学习需求，是什么样的学习需求？在大学英语教学中如何满足这种继续学习的需求？最近不断被讨论的学术英语，旨在帮助学生具有专业学习能力。但问题依然存在，大学英语学习更适合通用英语还是学术英语，通识英语还是专业英语？是关注个性化学习需求还是专业学习需求？

总体而言，鉴于不同学校、不同行业背景及其不同需求，同时考虑到不同学生的实际英语水平，认为在目前一段时间内，大学英语教学尚不宜用ESP取代EGP，但改革“一刀切”的大学英语教学以及“四、六级考试”导向下的纯通用英语的教学内容，从EGP向ESP逐渐过渡或将成为大学英语教学改革的一种趋势。

（三）加强师资队伍建设

若上述基于需求分析的这种趋势判断是正确的，大学英语教学改革的第三个要点便是师资队伍建设，这是成败的关键。自从改革开放以来，大学外语教学的成绩不可否认，这要归功于在一线辛勤教学的广大外语教师。当历史发展对大学英语教学提出新的要求，同样要靠教师来完成这一使命。

目前来看，大学英语师资队伍建设面临着不少棘手的问题。首先，是大学英语教师的学科归属问题。由于多方面的原因，大学英语无论是课程建设还是教师发展，都脱离了学科建设，这在高等院校里是很难体面地生存的。由此而产生的校本认同、学者认同以及学生认同问题接踵而至，不是被学术边缘化，就是被学科看不起。从事这门课程教学的教师始终有低人一等、无学科依托、学术身份不明、不知如何发展的问题。改变这种局面应该成为大学英语教学改革的一部分，甚至是先决条件，因为没有了大学英语教学改革的主体—大学英语教师的积极性，教学改革就难以进行。其次，大学英语师资队伍建设涉及团队和个体两个层面。团队层面主要是优化结构。

关于大学英语师资队伍个体层面的建设，高等学校大学外语教学指导委员会进行过一项“大学英语教师的职业发展现状及其影响因素分析”，结果发现，现在有 4 种类型的大学英语教师：“探索者”“奋斗者”“安于现状者”和“消沉者”。这实际上关系到教师的职业责任意识及个人奋斗意识。我们应该创造条件鼓励“探索者”和“奋斗者”，激励“安于现状者”和“消沉者”。

（四）建立科学的大学英语教学评估体系

任何教学都可以进行效果评估。最近对大学英语四、六级考试的取舍有各种不同的声音，在此判断：不会取消，但会改革。据说大学英语教学综合评估体系会是：1+N。这里的 1 代表全国大学英语四、六级考试，N 则是各类专项英语考试。显然，这将会改变一考独大的局面。评估主体多元化，评估内容多类型，评估手段多样化。

大学英语教学的现状是不尽如人意的，但改革的趋势很明确：教育部要求在以往大学英语课程要求基础上，制订新的大学英语教学指南。新的指南明确大学英语课程的服务意识是：服务于学校的办学目标，服务于院系专业需要，服务于学生个体发展需要。很明显，这里特别强调的是大学英语教学必须满足的三类服务需求。可以预计，一个全新的、更加注重实际需求的大学英语教学体系会产生，并将在教学实践中不断得以完善。我们应该为能成为这一体系建设中的一员感到骄傲，并承担一份责任！

第四章　大学英语词汇与语法教学

第一节　对词汇教学的理解

一、词汇的作用

词汇犹如高楼大厦之砖瓦，是组成语言最基本的材料，没有词汇也就无所谓语言。人类的思维活动是借助词汇进行的，人类的思想交流也是通过由词构成的句子来实现的。英国著名语言学家 George W.Wilkins 在《语言教学中的语言学》中曾指出："没有语音和语法，人们不能表达很多东西，而没有词汇，人们则无法表达任何东西。"由此可见，词汇是发展语言技能的重要基础。要想学好英语，掌握相当的词汇量是前提，词汇量的大小和正确运用词汇的程度是衡量一个人语言水平的重要标志之一。如果词汇贫乏、词义含混，就无法顺利进行听、说、读、写、译，就无法进行英语交流。《课标》提出高中英语课程要特别着重培养学生用英语获取信息、处理信息、分析问题和解决问题的能力，以及运用英语进行思维表达的能力。这些语言能力的培养离开了词汇，也就成了"无源之水"了。因此，要学好英语，词汇是基础，也是关键。

二、词汇教学的意义

词汇教学是语言教学的基础之一，它在整个语言教学过程中起着举足轻重的作用。词汇能力不足将严重影响学生的阅读水平、交际能力、写作表达、听力理解和其他技能。但词汇学习绝不是简单的死记硬背，有效的词汇学习包含各种学习策略，尤其是记忆策略。

因此，在英语教学中积极探索有效的词汇教学方法及词汇记忆策略对于减轻学生负担和提高词汇学习质量都具有重要的现实意义。教师作为教学活动的主导，应当有效地指导学生的词汇学习，特别是要利用好课堂这一主要阵地，加强对学生词汇学习方法的指导和策略的训练，切实培养学生可持续发展的词汇学习能力。

然而在平时的教学实践和观察中，我们发现，在应试教育的指挥棒下，为了让学生在考试时能取得高分，有些教师只注重了语法、句型、阅读能力的教学及各种应试技巧的训练，而花在词汇教学上的时间越来越少，词汇教学的重要地位没能得到充分体现，由此影响了学生的学习兴趣及学习效果。不少学生对单词念不出、易拼错、遗忘快，他们在听力测试时因词汇障碍而听不明白，在阅读时因遇到太多生词而无计可施，在做情景对话题时因词汇的贫乏而说不出什么，在写作文时因脑海中“蹦”不出准确的词汇而无法表达自我，从而对英语学习失去了信心，甚至怀有恐惧心理。教师如果能加强词汇教学，给学生以正确引导，学生的学习状态肯定会大有改观。如何有效地进行词汇教学，在词汇教学中培养学生的思维能力，使学生主动、自觉、有效地记忆单词，是我们每个教师应该认真思考的一个问题。

三、词汇的含义

词汇学习贯穿于整个外语学习过程。英语虽然是一种拼音文字，看起来似乎不难，但由字母排列组合起来的单词却有数十万个，体现出“词汇多、词义抽象、惯用词组复杂”的特点。对中国学生来说，英语是第二语言，面对浩如烟海的英语词汇真不知道先学什么词、从什么时候学、怎样学，也不知道词汇学习何时是个尽头。因此，如何有效地学习词汇是教师和学生共同面临的问题。要解决这一问题，我们首先要弄清楚：怎样算是学会了一个词汇呢？我们会关注该词的语音、语调、词义、用法，可有时候一个单词的形式和意思比想象中要复杂得多，也无法找出恰当的中文意思与之对应。其实，词汇不是孤立存在的，学习一个单词不仅仅指学习该词本身。词汇学习至少要弄明白两方面的意思，一方面要理解该词的本义和转义，另一方面要理解该词与其他词之间的意义关系，如搭配、同义、反义、上下义关系等。

（一）本义（denotation）

词汇的本义指一个词形成时人们所赋予它的含义或者说它所指的事物，又称“指示意义”“词典意义”“所指意义”“中心意义”“外延意义”等。

作为人们语言交流的基础，词汇的本义基本保持不变。因此，词的本义相对比较容易掌握，如 house 指的是“房子”。但也有一部分英语词的本义与中文概念无法对等，如英语中父母的兄弟都可以用 uncle 来称呼，但汉语对这一称呼有严格的区分，如“伯伯”“叔叔”“舅舅”“姑父”“姨父”等，在这种情况下，新的概念必须充实到词汇中去。

（二）转义（connotation）

词汇的转义指一个词的内涵意义或隐含意义。《辞海》对“转义”的释义是：一个词由其本义中派生出来的意义，包括引申义和比喻义两类。绝大多数的英语词汇除本义之外，都或多或少地存在转义，甚至其转义的含义超过了本义。

《新英汉词典》对“tiptoe”的词性就提供了四种，含义也琳琅满目：作名词（脚趾）；作副词（踮着脚）；作形容词（踮着脚走或站的，小心翼翼地，偷偷摸摸的，兴奋的，得意扬扬的，急切的，期待的）；作不及物动词（踮起脚，蹑手蹑脚地走）等。该词典还提供了两个与 tiptoe 有关的成语，be on the tiptoe of expectation（翘首以待，殷切期待）；on tiptoe（踮着脚，急切地，期待地，悄悄地，偷偷摸摸地）。tiptoe 的本义指的就是“脚趾”（脚前端的分支），经不断引申后，竟会出现如此丰富的转义。

词汇的转义具有灵活性、不确定性、情感性和开放性，英语教学中词的内涵意义需要通过特定语境加以理解。另外，文化背景在帮助学生理解词的内涵意义时起着重要作用。如 dog（狗），在汉语里往往包含着贬义，人们通常对狗有种厌恶的心理；在西方人眼里，狗是友好、可爱、忠诚的动物。这种文化差异自然也在各自的语言中反映出来。汉语中的“走狗”“狗东西”等词义属贬义；而英语词汇中的 lucky dog（幸运的人），big dog（要人，保镖），top dog（斗胜了的狗，优胜者，胜利的一方）则属褒义。

（三）搭配（collocation）

词语搭配是指英语中经常使用、表达完整意义、结构定型的组合词或短语。词汇搭配描述了经常一起出现的词与词之间的关系。如英语中 see、watch、look 意思相近，但各自有固定的搭配，“看电影”是 see a movie，“看电视”是 watch TV，“看图片”是 look at a picture。同样，我们可以说 heavy traffic、heavy smoker、heavy rain/snow/fog，但不可以说 heavy accident 或 heavy wind。

实践证明，教授词汇搭配要比教授单个词汇效果好，所有流畅、正确的语言使用都离不开搭配知识。

英语词汇具有很强的搭配能力，利用正确的词汇搭配，可以扩大词汇量、掌握词汇的正确用法，从而完整地反映客观世界、表达主体思想，达到成功交际的目的。教师在教授词汇时，需引导和帮助学生正确地掌握词汇搭配的方法，提高词汇教学质量。

（四）同义词（synonym）

同义词指意义相同或相近的一组词，分为等义词和近义词两类。意义上完全相同的称为等义词或完全同义词，这类词是比较少的，一般是给同一种物体或者同一情况所起的不同名称罢了，如 taro 和 dasheen（芋头），milk sugar 和 lactose（乳糖）；意义上不完全相同的称为近义词或不完全同义词，如 large 与 big、huge 等。

英语的同义词极为丰富，这一方面使英语的表达更加精确、细微，另一方面也给英语学习者带来困难。虽说它们的意义相近，但侧重点不一样，以“笑”的一组同义词为例，

laugh（笑）、smile（微笑）、grin（咧嘴笑）、chuckle（暗笑）、giggle（痴笑）chortle（哈哈大笑）titter（傻笑）snigger（嬉皮笑脸的笑）、guffaw（哄笑）.cackle（咯咯地笑）、roar（狂笑），各自在笑的方式、音量、程度、内涵、感染力及表达的心情等方面都是有差别的。在实际应用中只有选择好同义词，才会对语言的表达起到积极的作用。

（五）反义词（antonym）

反义词指意义上相反或相对的一组词，如 rich 与 poor Jove 与 hate。反义词在性质、状态、行为、时间、地点、条件等诸多方面都存在相反或相对的矛盾统一关系。反义词的分类是基于语境的，一个词如果有很多词义的话，它可以有多个反义词。以 dull 为例，如果说 a dull lecture，说明这个讲座是枯燥乏味的，它的反义词可以是 interesting；如果说 she became dull and silent in the discussion，说在讨论期间她变得安静、不活跃，此时它的反义词是 lively。

研究反义词对我们掌握词义是很重要的。我们往往通过寻找和判断某词的反义词，才会对该词的词义有比较准确而深刻的理解，才能感受到语言的魅力。

例如，把反义词放在一起用，使两个词相得益彰，可产生强烈对比、形象鲜明的效果，如谚语 more haste，less speed（欲速则不达），united we stand，divided we fall（团结则存，分裂则亡），等等。反义词连用则是历代文学家喜欢的修辞法。

英语词汇丰富多彩，富有表现力，选择恰到好处的同义词或反义词不仅能使语言增添光彩，而且会达到意想不到的效果，辨别与运用这些词汇在词义、用法或修辞色彩上的异同，对于增强语感、提高英语的驾驭能力都有不可忽视的重要性。

（六）下义词（hyponym）

英语中有些词在意义、性质、特征、类别等方面下属于另一个表示较大的范畴的词，如 head、mouth、eyes、legs 都包含在 body part 之内，rose、tulip、peach blossom、carnation 都包括在 flower 之内，这些词就叫作下义词，body part 和 flower 则叫作上义词。head，rose 等特指词项与 body part、flower 等泛指词项之间的关系，叫作下义关系（hyponymy）。再举些例子：fruit（水果）的下义词有 apple（苹果）、pear（梨）、banana（香蕉）等；animal（动物）的下义词的有 dog（狗）、cat（猫）、rabbit（兔子）等。

理解下义关系对语言学习是很有用处的，通过上义词及其下义词来归纳、整理学过和没有学过的词汇，可以收到触类旁通的效果，是扩大词汇量的一种有效的方法。

（七）接受性（receptive）词汇和表达性（productive）词汇

从学习和使用词语的角度看，词汇可分为接受性词汇和表达性词汇。接受性词汇又叫消极（passive）词汇，指能够听懂或看懂但无法流利地说或写的那些词汇；表达性词汇又叫积极（active）词汇，指在英语实际使用过程中能够运用的词汇，这类词汇不但能够听懂、看懂，而且想说就能说出来，想写就能写出来。积极词汇和消极词汇之间是可以相互转化的。当一个消极词汇接触次数很多，就会转变成为积极词汇，相反，如果一个积极词汇长期不

接触，慢慢可能会退化成消极词汇。作为教师，要采取多种方式引导学生在说和写中积极主动地使用表达性（积极）词汇。

第二节　词汇教学策略

一、呈现词汇的方法

不同的教师呈现词汇的方法各不相同，教师应根据词汇特点以及学生的年龄和水平，在具体教学过程中选择合适的呈现词汇的方法。下面介绍几种比较有效的词汇呈现策略。

（一）用实物、图片、录像片段等生动形象的直观事物呈现词汇

如教师在教文具类单词 pen、book、pencil、eraser 或水果类单词 apple、banana 等的时候，可以把实物一一呈现在学生面前，让他们边看边说，眼睛看到实物后就有助于记忆。图片的使用可以让学生对一些难以想象的东西进行直观理解，达到语言交际的效果。比如在教学动物类单词时，教师可以先把图片贴在黑板上，再在旁边写上相应的单词。这样，学生的注意力就大大提高了，学起来也比较轻松。此外，随着现代教育技术的发展，录像、投影、课件等多媒体设备的使用给学生提供了视觉新感受，且可以帮助他们形成良好的语音、语调，课件的使用可将画面由静变动，加深学生对语言的理解和情景的把握。总之，这些形象化的事物很能激发学生的兴趣，使他们的注意力高度集中在单词上，也便于他们理解词义，从而提高学习效率。

（二）用肢体语言和表情“呈现”词汇

教师可通过动作、表情、声音等“呈现”单词、表达单词的意思，如 go、come、run、small、large、cry、smile、laugh、sneeze 等。教师的一举一动都能轻易地吸引学生的注意力，形象幽默的肢体语言和丰富直观的面部表情可以使枯燥的词汇教学事半功倍。学生开始时会通过模仿老师的动作和读音学习单词，进而会自由发挥动作，用自己的方式向老师和同学表达单词的意思。比如在教 taste 和 tasty 这两个单词时，可以用粉笔盒作教具，作喝汤状，喝完后微笑，感叹：“Oh，I am tasting the soup.Ifs tasty!”学生大喜过望，纷纷用他们的铅笔盒仿效并练习这两句话。这两个单词很快就被记住并学会运用，又如在呈现 frightening 和 frightened 这两个单词时，可以先给同学们看一张恐怖电影的海报，然后一边表现出非常惊恐的表情一边说：“Oh，this film is so frightening.I feel frightened.”同学会看着老师夸张的表演哈哈大笑并争相模仿。当然，老师在运用肢体语言时要特别注意尺度。太拘谨表达不出意思，太过夸张则会弄巧成拙，这都达不到教学的效果。总的来说，肢体语言呈现法是个很有趣且很有效的教学方法，可以广泛地应用于英语教学当中。

（三）在语境中呈现词汇

所谓语境指的是上下文，即词、短语、语句或章篇及其前后关系。由于社会文化环境和地理环境的差异，不同文化历史背景的人所形成的思维方式各有不同，反映到语言中，同一词汇在不同的语境中会有不同的意义。例如，water 一词，字面意思为“水”，但在不同的语境下“Water!”可以表示“我渴，能给我点水吗？”之类的请求，可以表示“当心，地上有水！”之类的提醒，也可以表示“洪水来啦！”之类的惊叹。white 可以表达“白色”，也可以传达“纯洁”“信任”等含义。fox 可以指“狐狸”这种动物，也可以表示“狡猾”。因此，通过上下文展示词汇非常重要。

（四）在情景中呈现词汇

词汇教学可以在具体的实际生活情景、模拟交际情景、直观教具情景，以及想象情景中进行。实践表明,在英语学习中,利用某种具体环境有助于人们记忆与此相关的某些内容，在具体情景中讲解单词，可以引发学生的兴趣，使他们容易记住所学的东西，而且还有助于学生把所学单词在交际中恰当地使用。这体现了英语教学的主要目的一培养学生运用英语进行交际的能力。

例如，在教授有关圣诞节的单词前，花点心思做个多媒体课件，课件中可以插入许多漂亮的图片和动听的音乐，同时把教室精心装饰一番。在圣诞歌的动人旋律下和贴满圣诞老人的教室中，同学们开始学习关于圣诞的词汇。学生在这样的情景中能充分进入角色并感受到圣诞节的气氛，从而依靠这个情景掌握有关圣诞节的词汇，且可以使他们的学习兴趣得到提高。教师要善于创造合理有效的情景将词汇教学融入其中，并注意正确处理传授词汇知识与培养学生运用词汇进行交际的能力之间的关系，把词汇教学贯穿于实际的或模拟的听、说、读、写等交际活动中，把课堂当成实践场所。

以上是常见的呈现词汇的一些方法。需要指出的是，教师在实际教学过程中要灵活、综合运用各种方式，并为学生创造各种机会练习、运用词汇，从而使学生真正掌握词汇。

二、巩固词汇的方法

对很多学生而言，巩固词汇要比学习新词难得多，常听学生抱怨学过的单词总是忘记，他们不断地学却不断地忘。这一方面是由于学生单独记忆词汇，其有效性无法保证，另一方面是教材上的词汇练习少且单一。作为教师，就应引导学生通过各种途径复习、巩固、运用新学的词汇。下面介绍几种课堂上巩固词汇的方法。

（一）看图片猜单词

请一个同学出示图片，其他同学说出或写出单词，看谁猜得又快又准。

（二）排列字母组成单词

这种练习有助于学生准确掌握单词的拼写。

（三）用读音规则记忆单词

英语单词的读音，就像汉字一样，大部分都有规则可循。汉语有声母、韵母，如bang、bong、bing、bai、bu 等；英语也有一定的发音规律，如 m/m/、e/e/、p/p/、b/b/、k/k/ 等。通过发音规律记忆单词，不仅记忆快，也不易忘记。正确拼读音标对持续学习英语有着重要意义。

（四）单词归类

老师准备好一些不同类的单词，例如，apple、pear、student、banana 四个单词，请学生将不同类的那个单词找出来，或者老师给出学过的一堆单词，要求学生分门别类。

（五）联想的方法

老师说出一个词汇，如 travelling，学生在规定时间内写出和 travelling 相关的所有词汇，看谁写得最多。这种联想的方法可以使学生把词汇记忆置于一个大的意义环境之下，而且联想的组合越紧密，词汇越易于记住。

（六）找出同义词或反义词

如要求学生从下面的词或词组中找出 6 对同义词和 6 对反义词。

full Jumper，optimistic，go on，choose，dirty，awake，select，wait a minute，pull over，pessimistic，rude，clean，continue，hang on，empty，asleep，lazy，awful，hardworking，impolite，terrible，thin，thick.

（七）利用构词法巩固词汇

英语词汇总量虽成千上万，但基本构词成分却是有限的。有的通过加前缀、后缀，构成派生词；有的通过单词的组合，构成合成词；有的通过读音的变化，成为新的词语，等等，这些构词法对于单词的记忆和学习很有帮助。学好了构词法，可以扩大词汇量，在很大程度上可以起到事半功倍的效果。如教师可给出一个词根“care”，请同学们找出由此派生出来的词汇。

（八）用词造句巩固词汇教学

在造句之前，首先要弄清所学词汇的意义，研读教材和词典给出的例句，然后通过模仿例句，灵活而有规律地变化部分句子成分。记忆典型例句并辅以造句等实践训练，比单纯记忆孤立的单词好得多。通过造句，学生可以明确词汇的词性及用法，这样更有助于记忆词汇，并灵活运用所学词汇进行表达交流。因此，造句是记忆、积累和掌握单词非常有效的方法。

（九）句子接龙或扩写句子

词汇教学中加入适当的游戏活动，有利于营造轻松和谐的课堂气氛，寓教于乐，达到巩固词汇学习的目的。进行句子接龙游戏，可以把所学单词复习一遍。扩写句子既可以进行词汇练习，也可以进行语法和句型练习。

（十）加强作文练习巩固词汇教学

可以给出一个作文话题及相关词汇，要求学生运用这些词汇进行写作，这样，新学的词汇能在运用中得以巩固。

总之，教师要根据学生的年龄特点和知识水平，灵活应用各种方法帮助学生巩固所学词汇，切实提高词汇教学的有效性。

三、培养学生的词汇学习策略

课堂的时间毕竟有限，学生还要在课外花很多时间学习词汇，因此，教师要培养学生的词汇学习策略，帮助学生在课外自主、有效地进行词汇学习。下面介绍几种词汇学习策略。

（一）定期复习

德国心理学家艾滨浩斯的实验证明，遗忘的规律是先快后慢，刚记住的材料，在最初几个小时内遗忘的速度最快。如果四至七天内不复现，记忆将受到抑制，甚至完全消失。及时、定期的复习在词汇习得中起着举足轻重的作用，因为对单词每一次的复习都会促进单词的记忆。学生应该每隔一段时间进行一点复习，而不是只进行一次长时间的复习；此外，学生要善于利用自己的词汇本和零散的时间，对自己不熟练的词汇随时、间隔复习，从而保证单词的习得效果。

（二）根据语境猜词

通过语境猜词就是根据一个词所处的具体的语言环境，运用有关线索，如同义词、反义词、举例、定义等推测词义，也可以运用逻辑推理、生活经验、普通常识等推断词义。如 You shouldn't have blamed him for that，for it wasn't his fault. 通过关联词 for 引出的句子所表示的原因（那不是他的错），可猜出 blame 的词义是“责备”。又如，But sometimes，no rain falls for a long，long time.Then there is a dry period，or drought。从 drought 所在句子的上文我们得知，很久不下雨，于是便有一段干旱的时期，即 drought，由此可见 drought 意为“久旱”“旱灾”。而 a dry period 和 drought 是同义语。这种同义或释义关系常由 is、or、that is、in other words、be called 或破折号等来表示在阅读过程中难免碰到生词，教师要鼓励、培养学生通过语境猜测词义的意识，而不是碰到生词就查词典。根据语境猜出来的单词会记得更牢，这是因为学生在猜测过程中要付出认知努力，这样就会形成明显的记忆痕，进而促进词汇的记忆和保存。

（三）有效地组织词汇

英语词汇量大，教师要引导学生将所学词汇按照某种规律有效地存储起来。比如，学生可以自己准备一本词汇本，按照不同的类别或话题组织词汇，而不是把所有单词都记录下来或简单地按照字母顺序记录。这种以特定方式制作的个性化词汇本更有助于词汇的巩固。

（四）使用词典

对外语学习者来说，词典是必备工具。合理、正确地使用词典有助于学生独立自主地开展学习。一般说来，初学者宜使用英汉词典，因为它可以借助母语帮助学生迅速获得词义，有一定基础的学习者，可以使用双语或英英词典，因为它能将词义阐释得更准确，并有助于学生流利地运用语言。另外，在什么时候要查阅词典呢？教师要鼓励学生在碰到生词时先通过上下文猜测词义，当无法猜出而影响理解或基本猜出为透彻弄清其发音、词义、用法的时候，就要使用词典。使用词典时首先是浏览该词的各种含义，运用自己的判断力选择更适合本文具体应用环境的那个含义。如果可能并必要的话，应了解该词的词源，参考一下该词的原始含义和基本含义，这有助于理解该词的基本词义和各种引申意义，还可以拓宽知识面，从语言的侧面接触外国政治、经济、文化、风俗民情、重要事件等。此外，还可以了解有关该词的其他信息，例如含有这个词的短语、用法注释、同义词、反义词等，这些也有助于使学生对该词有一个更全面的感觉和把握。

（五）掌握适合自己的学习方法

词汇学习方法有很多，但并不是每种方法对每个学生都适用。学生在尝试老师介绍的多种学习方法后，要找到对自己而言最有效的方法。同时，教师要引导学生不断地对自己的词汇学习策略进行自我评价，若发现某些方法无效则应放弃，而尝试其他方法。此外，要经常组织学生进行学习经验交流，以便取长补短、共同进步。

总之，英语词汇的教与学都有一定方法可循。作为教师，要引导学生确立正确的学习目标和不断克服困难的信心，并尽可能设置多种教学活动，帮助学生掌握记忆单词的有效方法，使其在战胜困难中萌发出能力、毅力和动力。这个过程正是开发智力、塑造性格、培养意志的过程。学生在教师的正确引导下，从有兴趣而学到克服困难自觉学习，正是自主学习内驱力的深化过程，也是学生人格不断完善的过程。

第三节　对语法教学的理解

一、语法学习的必要性及其作用

自20世纪80年代交际法教学被介绍到中国外语教学中以来，人们对传统的强调语法讲解和传授的教学方式产生了质疑。《课标》明确指出“此次课程改革的重点是要改变英语课程过分强调语法和词汇知识的讲解、忽视对学生实际语言运用能力的倾向……”于是，部分教师就误认为实施新课程就是淡化语法教学，也就是英语教学不必重视语法教学了。然而，“改变过分强调语法的讲解和传授的倾向”应该理解为改变传统语法教学的方式，而不是放弃语法教学。

《课标》指出“高中生应该学习和掌握的英语语言基础知识包括语音、词汇、语法、功能和话题等五个方面的内容。知识是语言能力的有机组成部分，是发展语言技能的重要基础。”《全日制义务教育普通高级中学英语课程标准解读》强调：“语法无处不在。新课程标准不是不学语法，而是在一种新的理念指导下学习语法。”我们知道，绝大多数的中国学生缺乏习得英语的语言环境，不可能像学会母语那样自然形成对英语的语感从而习得英语，因此必须通过学习一定的语法知识去把握英语的基本结构，从而提高英语运用的准确性。

学习语法的目的是“促进理解、监控输出”。所谓促进理解，是指学习者运用所学语法知识解决阅读过程中的某些疑难问题。当学习者在阅读中遇到难以理解的复杂句子时，往往分析句子结构、句子各部分的作用及其相互关系，以期达到理解的目的。再比如中学生感到比较困难的虚拟语气的理解，也需要相应的语法知识。语法的第二个作用是监控输出。这里的输出包括口头和书面表达。虽然作为外语学习者来说，出现错误是难免的，特别是在口语输出中。但是意识不到错误或忽视错误都不利于整体语言水平的进一步提高。根据 P.Balcom 的观点，语法教学至少在三个方面对外语教学起作用：一是使输入更易理解，即使学习者接触的语言系统化；二是使学习者更易于把接收的语言信息分析成可以理解的语言单位；三是肯定或否定学习者对目标语所做的无意识的假设

第二语言学习研究者、实践者都认为语法能力（grammatical competence）是交流的必要条件。大多数交际教学大纲（communicative syllabuses）对语法教学的重视不够，导致学生在语言使用的准确性方面要差于用语言形式教学法（formal instruction）教学的学生。许多研究都证明了教学对语法学习的积极作用。语法教学可以加强学习者的语言熟练程度和准确性，并且促进整个句法系统的内化。其他一些研究还表明接受过语法教学的学生较之没有接受过语法教学的学生来说，学得更快，取得的成就更高。

二、语法学习观

理解了语法学习的作用以后，我们就会知道语法的掌握不是外语学习的最终目的，而是达到目的的有效手段。外语学习的最终目的不是简单地记住一些语言规则，而是将语言的形式与其意义、交际功能有机地结合起来，通过实际的语言运用去内化语言规则，从而达到准确运用语言进行有效交际的目的。

学习语法首先要在理解的基础上去学习。语法并不是需要死记硬背、毫无意义的条条框框，比如现在分词和动名词在句子中的不同成分。很多初学者就是死记硬背：分词可以作定语、状语、表语；动名词可以作定语、主语、宾语、表语。其实，分词就相当于形容词，形容词能充当的成分分词基本都能充当；动名词就相当于名词，名词能充当的成分动名词基本也都能充当。这样也就很容易理解为什么动名词能充当主语和宾语，而分词则不能。其次，要积极主动地归纳、总结语法规则。英语学习者要善于从具体的语言现象中归纳、总结出语法规则，以字母。结尾的名词的复数规则就是一个很好的例子。我们知道以字母。结尾的名词复数规则是有些加 s，有些加 es。而哪些加 s 哪些加 es 似乎又需要死记硬背

了。其实，仔细观察后，我们可以得到以下规律：多数单词加 es，比如 heroes，tomatoes，potatoes，tornadoes，volcanoes，torpedoes 等；少数单词加 s，而且加 s 的词多为较长单词的缩写，比如 photographs—photos，kilograms—kilos，hippopotamus—hippos 等。而 radio 这个词本身就是几个单词的缩写，所以其复数也是加 s。如果学习英语的时候能够这样善于去观察语言现象、总结语法规则，我们就可以大大减少死记硬背的负担第三，要善于从错误中学习。在外语学习和外语使用中，犯错误是难免的。我们不应该因为怕犯错误，而失去一些学习语言的机会。外语的学习恰恰是在尝试—出错—改错这样一种循环中不断得到进步和改善的。当然，我们也不能完全不顾语法，即使在口语交际中，适度地监控语法的正确性和准确性也是有利于提高口语能力的。第四,不要被语法术语困扰。在《英语学习策略》中提到，语法可以分为理论语法、参考语法和教学语法。理论语法和参考语法都是研究语法的语言学家去专业研究的，它们的术语归纳的层次高。教学语法是实用语法，也就是为其他语言知识和语言技能的学习和使用服务的语法知识。第五，注意语法在交际中的使用。根据新课程标准的教学理念，语法教学需要在具体的语境下进行：即教师通过创设良好的语言环境和提供大量的语言实践机会，使学生通过体验感知特定的语法规则可以如何使用；学生在实践、合作、交流中学习语言，形成语感。

第四节　语法教学策略

一、三个环节语法教学

结合课堂教学过程中的三个主要环节一呈现、讲解、练习，介绍了一些常用的语法教学的方法。这三个环节又分别对应于语法的感知阶段、理解阶段和应用阶段。

（一）呈现

三种方法可以在呈现阶段由教师引出要学习的语法项目，分别是“通过对话创设情境”“动作演示法”和“利用简笔画”。下面我们首先用例子分别说明这三种方法在教授具体语法项目时的使用。

1. 通过对话创设情境

例 4-1 一般过去时

T：I watched a football match last night.Did you watch the game last night，SI？（教师板书）

S1：No.

T：What about you，S2？

S2：Yes.

T：How did you like it？

S2：Not bad，1 think.

T：But 1 didn’t quite enjoy it.（教师板书）

例 4–2 虚拟语气

（学生看了一场新电影）

T：Did you go to see the new film u“Broken Arrow” yesterday afternoon，SI？

SI：Yes，I saw the film with my classmates.

T：How did you like the film？

SI：Exciting，very exciting.All of us liked it very much.

T：Tm sorry I missed it.If[had time，]would have gone with you.（板书 IBI 线句子）

2．动作演示法

例 4–3 现在进行时

T :(Holding a book in his hand)Listen and watch.What ami doing？ I am reading the book.(教师重复一遍，然后板书画线句子）

T：Would you please open the window，SI？ It's hot in the classroom.

SI：rd like to.（SI opens it.）

T：Is SI opening the door？ No，he isn't.He is opening the window.（板书画线句子）

3．利用简笔画

例 4–4 形容词比较级和最高级

（教师在黑板上画三个身高不同的人，分别取名 Tom、Jack、Mark，并准备红、黄、绿三支长短不一的铅笔）

T：Tom is tall.Jack is taller than Tom.Mark is taller than Jack.He is the tallest.

（教师重复一遍，然后板书，用彩色粉笔把比较级和最高级画线，引起学生注意）

T：The red pencil is long.The yellow one is longer.The green one is the longest.

（二）讲解

下面有三种方法可以用于讲解阶段，它们是归纳法、演绎法，以及归纳法与演绎法相结合的方法。下面我们将对其一一介绍。

1．归纳法（inductive method）

归纳法，简而言之，就是通过具体的现象总结出本质和规则。从语法教学的角度看，归纳法就是先让学生接触具体的语言现象，然后在此基础上总结出语法规则。采用归纳法教授语法，一般采取三个步骤：观察—分析和比较—归纳或概括。

2．演绎法（deductive method）

演绎法，简而言之，就是先理解规则，再举例验证规则。从语法教学角度看，就是先让学生接触和理解语法规则，然后再举例以验证语法规则。采用演绎法讲解语法主要包括三个步骤：提出语法规则—举例—解释语法规则。

演绎法常常遭到人们的批评，那是因为演绎法往往以孤立的方式来教语法，不太注重语言的意义，而且所做的练习仅是机械的替换或者变换练习。其优点是：一是它比较适宜学习动机强的学生；二是若所教语法比较复杂，演绎法可以节省大量时间；三是使学生比较擅长以精确度为衡量标准的考试。

3. 归纳法与演绎法相结合

在语法教学中，常常可以把归纳法和演绎法结合使用，先归纳后演绎，或者先演绎后归纳。

（三）练习

语法教学的最终目的还是提高学生的语言运用能力。所以对教师来说，如果有效地设计语法练习这个环节，组织学生进行有效的语言操练，无疑对学生语言能力的发展具有至关重要的作用。操练分为下列三种类型。

1. 机械操练（mechanical drills）

在这种练习中，学生的反应完全受到控制，学生不用理解意思就可以做出正确反应，如模仿、替换、重复等。这类练习的主要目的是熟悉、记住语言形式或结构。

2. 有意义操练（meaningful drills）

指学生的反应仍有一定的控制，但学生必须理解意思才能做出正确反应，如造句、改写句子、翻译句子等。这类练习的目的是理解语言形式或结构。

3. 交际性操练（communicative drills）

指学生根据自己所知做出反应，但反应形式仍受控制。然而，这种操练的控制程度比有意义操练更低，因此，它更接近人们的实际生活，有利于培养学生的语言运用能力。这类练习的目的是灵活运用语言形式或结构。

二、语法翻译法

语法翻译法最早出现于18世纪晚期的欧洲，距今已有三百多年的历史。早期的语法翻译法过分重视语言知识的传授，忽视语言技能的培养；夸大语法和母语在外语学习中的作用；教学过程比较机械，脱离语言环境。正因为此，从19世纪末至今，语法翻译法一直遭到批判和否定。在我们全面推行课程改革的今天，语法翻译法仿佛就是落后、守旧的代表和化身。然而，研究表明，教学方法效果的大小不在方法本身，而在教师是否善用。现今的英语教学受直接法的影响，强调让学生“用英语思维”，尽量减少母语的影响，似乎学好英语的前提就是忘掉母语。然而，“用英语思维”对绝大多数中国的英语学习者来说，只能是一个长期学习外语的结果。而在学习的过程中是很难做到的。完全不受母语的影响，从理论上思考，还是从实践上观察，都是不可能的事情。从某种意思上说，翻译法体现了外语学习的本质，外语学习是在母语环境中和母语教师指导下进行的学习。它的主旨在于通过目的语和母语之间语言形式的转换，达到两种语言之间信息交流的目的。因此，在一定条件下，教师在教学过程中借助学习者的母语来讲解词汇及语法规则，可以避免在直接法、交际法中可能会出现的学习者对语言知识的一知半解。教师通过分析、展现各种语法现象可以帮助学生建构系统的语法框架，使学生更清晰、更高效地认识语言的系统性。

三、简图呈现法

语法作为语言使用的规则，本身具有一定的抽象性。因此，有些语法项目很难用语言清晰地表达出来以使学生理解。在这种情况下，我们可以使用简图、画片、表演等手段使其形象化。

我们知道，对时间状语从句中连词的理解和选择是基于我们对主句和从句中两个动作的时间关系的判断。如果教师只是用语言去描述 while、when、as 三者的区别，学生会难以理解。比如，as 和 when 引导的从句既可表示某一刻时间，也可表示某一段时间，从句中的谓语动词既可以是短暂性动词，也可以是持续性动词。While 引导的从句通常表示一段时间，从句中宜用持续性动词作谓语。如果从句和主句都表示一个人的两个动作交替进行或同时完成时，则应用 as，可译为“一边……，一边……”。在这番描述中，教师就必须用到很多术语。由于学生的语言理解能力以及想象力都是有个体差异的，随着教师的讲解，在每个学生头脑中呈现的画面不统一，给时间状语从句的教学就会造成一定的障碍。如果教师设计出两个动作的对比画面，让学生“看”到一个统一的情景，并且配上思路的简图，学生就会很容易理解 while、when 和 as 的不同及相同之处了。

四、活动式呈现法

在活动式呈现法中，教师安排适当的活动，让学生通过活动的方式来感受和体验特定的语法知识。在运用活动式呈现法时，教师需要预测到学生可能会遇到的困难，并且在初始阶段，做出一定的示范。在学习介词的基本用法时，教师首先运用了全身反映法，即要求学生根据他的指令来完成动作。

五、交互式语法教学法

新课程标准强调语言交际能力，交互式语法教学的理念符合课程标准的要求。交互式教学理论认为学习是一个认知交互的过程，并强调个体与所知环境之间的交互作用。交互式教学为学习者提供认识、体验、实践目的语的机会、环境和条件，提倡合作学习、探索学习和体验学习等学习方式，其主要的实践性原则就是互动性。三种交互活动形式，即师生之间的交互活动、学生之间的交互活动和人机之间的交互活动。人机之间的交互活动指在语法教学的过程中，我们可以借助多媒体教室和网络通信技术的交互功能，建立师生合作和生生合作的机制，进行教学设计，为英语语法教学提供更广阔的空间。下面我们将详细说明师生之间的交互活动和学生之间的交互活动。

（一）师生之间的交互活动

师生之间的交互活动指教师和学生利用目的语进行有意义的交际活动，不仅交流信息，而且交流情感。教师不再是传统意义上知识的掌握者和输出者，而是帮助学生有效学习的促进者。

（二）学生之间的交互活动

在安排学生之间的交互活动时，教师应该根据一定的语法知识，创设一种真实而且自由宽松的环境，引导和组织学生运用所学的语法知识人情入境地进行交互的活动。

第五章　大学英语听力、口语、阅读教学

听力是一项重要的英语技能，如果不具备一定的听力能力，就难以用英语与他人进行正常的交际。口语是人们交流信息和传达情感的主要方式0在我国，对学生英语口语能力的培养主要通过口语教学来实现。阅读作为读者凭借其语言体验和思维能力对文本进行感知和理解的一种方式和途径，是人们日常生活中必不可少的活动。听力、口语、阅读都是重要的英语技能，相应的教学活动也一直备受重视。

第一节　大学英语听力教学改革

一、大学英语听力教学的原则

（一）激发兴趣原则

英语听力能力的提高是一个循序渐进的过程，而且听力学习是一项枯燥的活动，所以学生很容易“打退堂鼓”。如果学生迟迟看不到自己进步，那么他们就很容易失去对听力甚至英语学习的兴趣。对于任何教学和学习活动而言，兴趣都是至关重要的。因此，有效激发学生对听力学习的兴趣十分重要。在进行听力教学之前，教师要了解学生的兴趣所在，即学生喜欢何种听力活动，对哪些听力材料感兴趣等，教师以此为依据来选取相应的教学方法，以激发学生的学习兴趣，调动学生的学习积极性，保证听力教学的顺利开展，提高教学效率。

（二）情境性原则

学生在进行语言学习的过程中通常需要与周围环境进行有效的互动，这样学习会更加有效果。学生也只有在自然、舒适的环境下，才能同环境产生相应的互动，并获得真实的语言体验，进而真正提高听力能力。因此，听力教学必须遵循情境性原则。良好的课堂氛围不只需要教师的努力，更需要教师和学生共同营造。良好的氛围是在教学活动发挥作用的前提下，师生双方的需要得到充分的满足后出现的一种心境和精神体验。只有在舒适、自然的课堂氛围中，才能更好地创建一种与学生所学母语相接近的自然语言习得环境。

（三）综合原则

英语各项技能之间是互相联系的，要想提高学生的英语听力水平，就必须重视听力与其他几项技能之间的关系，把输入技能训练与输出技能训练有机地结合起来，以提高学生的综合英语水平。

具体来说，在听力教学中，教师可以采取以听为主、听说结合、听读结合、听写结合和视听结合的方式对学生进行综合的听力训练。这样不仅可以丰富听力活动，还能活跃课堂气氛，培养学生的自主学习意识，使学生在轻松的氛围中提高英语水平。

二、大学英语听力教学的新方法

（一）任务型教学法

任务型教学法即通过让学生完成听力任务来锻炼其听力能力，同时完成教学目标。在任务型教学法中，任务的真实性尤为重要．只有保证任务的真实性，才能切实、有效地培养学生对听力学习策略的应用能力。一般来说，听力过程中的任务主要包括六种，分别是列举型、排序与分类型、比较型、问题解决型、分享个人经验型、创造型。下面就具体介绍任务型听力教学法的实施步骤。

1. 听前阶段

听前阶段主要是准备阶段，即教师通过各种方法，如预测、头脑风暴法、发现活动等，帮助学生确立听力目标、激活背景知识，并让学生对相应的语言形式、功能进行训练，帮助学生建立新图式或激活头脑中已有的图式，以更好地理解听力材料。

2. 听中阶段

听力理解过程需要学生集中注意力认戏听资料，以便灵活处理各种语言信息。听中阶段是任务型听力教学过程中的关键阶段，这一阶段也是教师最难控制的阶段。在此阶段，为了保证学生顺利完成听力任务，教师可以组织学生进行形式多样的活动，帮助学生学会使用听力技巧、听力策略，训练学生的信息理解和听力技能运用能力，以更好地理解和记忆材料内容。

3. 听后阶段

听后阶段的主要目的在于巩固所学知识，此阶段的重点在于测试学生对听力材料的理解，而非考查学生的记忆。因此，在这个阶段，学生应该根据教师提出的各种任务，如听后说、听后写、听后填表等方法，通过完成多项选择题、回答问题、做笔记并填充所缺失的信息、听写等方式评估听力效果，达到巩固听力信息和技能的目的，同时为日后的英语学习奠定基础。

（二）微技能教学法

听力能力的培养需要借助一定的技能．听力技能是听力有效进行的基础和保障。因此，在听力教学中，教师应注意向学生介绍一些常见的听力技能。

1．猜测词义

猜测词义是听力微技能教学的重要方式。在听力实践过程中，听者很难完全听明白材料的每一个词，此时就可以通过上下文进行词义猜测，从而更加顺畅地理解材料内容。在听力实践过程中，切勿一有生词就打断思路，应该从整体听力活动入手，综合使用词义猜测技巧，保证听力活动的顺利进行。

2．抓听要点

抓听要点也是一个有效的听力技能。交际是交际者在交际目的的作用下进行的言语活动，在听力教学中教师应该教授学生抓话语要点的方法，在会话中注意信息的侧重，听主要内容、主要问题、主题句和关键词，学会略听无关紧要的内容。

（三）基于学习策略的教学法

学习策略就是学生在听的过程中采用的各种策略。基于学习策略的教学法体现了以学生为中心的教学原则。教师在采用这种教学法前，必须了解听力学习策略的主要内容，如此才能有效地将其融入自身的教学过程。具体来说，学生的听力学习策略主要包括以下三个。

1．元认知策略

（1）计划

学生在进行听力练习前，首先要对听力活动的目标、过程、步骤做出规划与安排，因此教师可以为学生布置具体的学习任务，使学生明确听力的目的．从而为听力活动做好充分的准备。

（2）监控

监控是指学生依据学习目标，对学习计划中的学习进程、方法、效果、计划执行情况等进行有意识的监控。

（3）评价

评价策略是学生自我检查、自我反省的过程。学生进行自我检查，反思学习的过程和成效，并据此适当调整学习计划和学习方法，能更有效地提高听力水平。学生可以定期或不定期地进行评价活动，如可以在完成某一阶段的学习任务后，对自己学习计划的完成情况进行客观、全面的评价。通过评价，学生不仅可以看到自己的进步，又可以分析自己未

能完成听力任务的原因，并找出解决问题的方法。

2. 认知策略

认知策略涉及很多方面，如根据上下文、语调、主要句重音和语篇标志来推断词义；通过识别关键同和关键句来把握主题；记录重要的人物、时间、地点、数字等细节信息；有意识地将学生已有的社会文化知识和已有的语言基础知识与所听语言材料联系起来。

为了让学生更好地掌握、使用认知策略，教师可以创设一些听前活动，这样既可以激活学生已有的、与主题相关的图式，又可以传授一些与听力材料有关的背景知识和词句方面的语言知识。同时，教师要让学生明白句子的重音对表达语言意义的作用，知道如何找句子的关键词、主题句．如何就已经理解的内容进行合理的推理等。

3. 情感策略

情感策略也是不容忽视的重要策略，因为学生在学习过程中的情感状态会直接影响其学习行为与学习效果。所谓情感因素，既涉及积极情感，也涉及消极情感，前者主要包括学习过程中的兴趣、动机、自信、意志力、态度等，后者主要包括焦虑、内向、害羞、胆怯等。对教师来说，要充分发挥情感因素的积极作用，从而激发学生的英语听力兴趣，使之积极地参与课堂教学活动，提高教学与学习效果。学生一旦遭遇一些不利的情感问题，如自主学习策略实践的程度不够、听力的自我效能低等，教师应该及时地运用正确、积极的心理情感策略来帮助学生克服这些问题。

第二节　大学英语口语教学

一、大学英语口语教学的原则

（一）循序渐进原则

与听力技能一样，口语水平的提升也不是一朝一夕的事情，需要经历一个逐步的提高过程，因此无论是学生练习口语还是教师进行口语教学，都要坚持循序渐进原则。例如，教师在设置教学目标时要遵循循序渐进原则，注意难度适宜。过高的目标会给学生带来过多的心理压力，过低的目标难以调动学生的积极性与兴趣。因此教学目标既不能过高也不能过低。

再如，在大学阶段，学生通常来自全国各地，很多学生的英语口语表达会或多或少地受方言的影响。对此，教师首先应仔细分析学生的语音特点与发音困难，进而为学生纠正发音提出建议与指导，使学生按照由易到难的顺序，从语音、语调、句子、语段等层面逐渐提高。

（二）互动性原则

口语练习本身是一件很枯燥的事情，长期的枯燥练习很容易减弱学生对英语学习的兴趣和积极性。因此，口语教学应坚持互动性原则，多让学生进行互动和交流，这样学生便能够在互动练习中不断保持兴趣，逐渐提高口语表达能力。

为了让学生多进行互动，教师可以在教学中采取多样化的教学方法。具体来说，教师可以根据教学目标和教学内容采用不同的教学方法，如设计情景对话、唱英语歌曲等，给学生创造更多交流实践的机会。同时，教师可以充分利用学校的教学设备，如录音机、多媒体等让学生观看图片、画面以及听原味的英语，使学生接触地道的英语，进而有效地培养学生的口语能力。总之，多样化的教学方法可以调动学生的学习积极性，促使学生之间的互动，显著提高教学的效率。

（三）鼓励性原则

学生在口语练习中很容易出现焦虑情绪，出现不自信、害怕出错而不敢开口等现象．对此教师要坚持鼓励性原则，多鼓励学生，对其多多表扬，树立其口语表达的自信心。

鼓励学生并使他们大胆说英语是口语教学中一项很重要的原则，因此教师应为学生创设更多有意义的语境。在这样的语境下，学生不会担心受到嘲笑，从而更好地进行口语练习。针对一些口语基础较差的学生，教师可考虑采取“脚架式”的教学方法，使教学策略与学生的状况相一致。

（四）课堂教学与课外活动相结合原则

一直以来，我国的英语口语教学活动都特别注重课堂教学，而忽视了课外活动。实际上，课外活动是课堂教学的继续和延伸，与课堂教学密切相关。因此，教师不仅要注重课堂教学，而且应该注重课外活动，为学生创造条件，指导学生在不同场合运用所学的语言材料进行正确、流利的口语操练，如组织英语角、英语演讲比赛、英文唱歌比赛等，让学生通过这些课外活动复习、巩固与提高所学的知识，培养学生说的兴趣。

（五）科学纠错原则

学生既然开口表达，难免会出现各种错误，小到语法错误，大到语言组织混乱，出现这些问题是非常正常的，教师应该客观对待。如果教师急于纠正学生的错误而打断学生的交流，不仅会打乱学生思路，还会打击学生的自信心，增加学生的恐惧心理，进而失去说的勇气。因此，教师不必急于打断学生的对话，可以在学生结束对话之后采用一定的纠错策略，对不同学生犯的不同错误进行区别对待，根据不同场合及不同性质的错误进行分别处理。这样不但不会损伤学生的自信心，反而能使学生改正自己的错误，提高自己的口语能力。

二、大学英语口语教学的新方法

（一）文化导入法

文化导入法即在教学中导人文化因素。具体来说，由于每种语言都处于不同的文化背景中，因此需要结合文化来理解语言的具体含义。教师在口语教学中可以进行总结归纳，通过在教学中导入英语文化来锻炼并提高学生的英语口语表达能力。文化对比法和教师引导法是文化导入法的两种有效方式。

1. 文化对比法

英汉两种语言存在各种各样的差异，了解这些差异有助于学生在口语表达中更好地提升自己。具体来说，在口语教学中，教师可以首先向学生传授有关中西方文化的各种差异，然后指出学生在交流中容易犯的错误，并表明这些错误正是由于不注意中西方文化差异造成的。在反复对比和接受中，学生就能掌握英语和汉语及中西方文化之间的差异，并在以后的交流中多加注意。此外，学生通过了解不同文化的差异能更加尊重不同文化的风俗与习惯．并形成正确处理语言与文化关系的能力。总之，文化对比法是一种行之有效的口语教学方法。

2. 教师引导法

教师在口语教学以及与学生的交流中，应当时刻注意进行有效的引导。特别是在学生产生交际障碍时，教师要及时进行启发性的引导，在帮助学生解决困难的同时充分尊重学生的主体性地位，激发学生学习和运用语言的思维。

（二）创境教学法

口语训练只有在一定的情境中进行才能真正发挥作用，锻炼学生的口语能力，因为人们的交流总是发生在一定时间和空间内的。所以，教师一定要注意口语教学中情境的重要性，把其实的语言情境引入口语教学，让学生在真实的环境下学习口语，这样学生的表达才会更加地道。一般来说，教师可以通过下面两种方式创设情境。

1. 角色表演

角色表演是深受学生喜爱的口语练习方式，大学生往往活力四射，对表演有天然的兴趣，因此教师可以根据学生的这些特点，组织角色表演活动。教师可以让学生自行分工和排练，然后进行表演，满足学生表演欲望的同时，锻炼其组织协调能力、团队合作能力等。表演结束后，教师不要即刻评价，最好先让学生从表演技巧、语言运用等方面发表一些建议，然后再进行总结和点评。

2. 配音

配音也是一种很好的锻炼学生口语表达能力的活动。在配音练习中，教师可以选取一部电影片段，首先让学生听一遍原声对白，在听的过程中教师可以适时讲解其中一些比较难的语言点；其次，让学生再听两遍原声并要求他们尽量记住台词；最后，教师将电影调成无声，要求学生进行模仿配音。

教师在选择需要配音的电影时，要注意遵循以下几个原则。

（1）语言发音要清晰，语速要适当，以便学生模仿

有些电影虽然很优秀，但是角色说话语速过快，对英语水平要求较高，学生在配音时很难跟上，这就很容易打击他们的积极性。

（2）电影的语言信息含量要丰富

有些电影尤其是动作片，虽然很好看，学生也很喜欢，但是这类电影往往语言信息较少，不适合进行配音活动。

（3）电影应当配有英语字幕，最好有中英双字幕

如果没有字幕，教师可以要求学生提前将台词背下来，如果学生对电影情节比较熟悉，也可以不背。

（4）影片内容要尽量贴近生活

由于影片大多和人们的真实生活很贴近，语言也贴近生活，因此配起音来相对容易些，更重要的是能让学生学以致用，让他们真正体会到学习英语的实用性。

（三）移动技术教学法

在现代社会中，移动通信技术为人们提供了一种丰富、生动且不受时空限制的信息交流方式。在教学领域中，越来越多的学者开始关注如何充分利用移动通信技术的优势，将其与口语教学进行有机结合。在大学英语口语教学中采用移动技术教学法可为学生的口语练习提供全方位的支持，增加学生与英语的接触机会，并实现课内与课外的相互连接。具体来说，移动技术支持下的大学英语口语教学包括以下几个步骤。

1. 课前自学

在课前，教师对本单元的文化语境、相关知识点进行综合考虑，并据此制作长度适中的音频或视频短片，通过播客（Podcast）传送给学生。学生通过移动设备取得音频或视频文件后，可根据自己的实际情况选择适当的时间、地点进行自主学习。在这一过程中，学生应完成相应的选择题或录音形式的口语作答，这有助于教师了解他们的学习情况。通过课前活动，学生能有效激活已有的背景知识，并事先进行充分的口语练习，从而降低焦虑、害羞等带来的负面影响。

2. 教师讲解

在课前自学阶段，学生已经对相关内容进行了自主学习，对知识点已有所熟悉，因此此时教师的讲解可主要集中在一些重要的词汇、句式与语法项目上。此外，教师可在讲解过程中再次为学生播放音频或视频资料，从而使学生将所讲知识与语言材料结合起来进行理解。

3. 课堂互动

课堂互动灵活多样．可采取学生互动、师生互动等形式，旨在引导学生在具体语境中对语言进行灵活运用。需要注意的是，教师在设计互动活动时应坚持由易到难、由浅入深

的原则，将机械性练习与灵活性练习、创造性练习与半机械性练习、高难度练习与可接受性练习相结合。课堂互动能创造愉快、轻松的学习氛围，为每位学生提供参与机会，有效弥补大班上课的缺点，使一些害怕开口的学生也敢于开口进行英语交流。

4. 课后的移动式合作学习

课堂教学时间是有限的，只能引导学生对新知识进行初级的认知与练习.要想在其实情境中对语言进行更深层次的运用，则必须依靠课后的时间。教师可以依据本单元的主要内容与知识点，为学生安排开放式的真实任务，以此来引导学生通过合作进行口语交际，使他们在探索语言运用方式的过程中扩展知识，并在发现问题、分析问题、解决问题的过程中培养创新思维。

为保证每位学生都可以顺利完成任务并在完成任务的过程中有所收获，教师可以以学生的课堂表现为依据进行分组。具体来说，教师可用短信的方式通知学生分组情况与具体任务，使他们的合作学习得以顺利开展。学生在完成任务的过程中可充分利用移动技术进行沟通，使学生之间、师生之间保持信息的通畅。学生还可将自己的任务上传给教师，教师可在阅览后进行及时回复并给出适当建议。

第三节　大学英语阅读教学

一、大学英语阅读教学的原则

（一）循序渐进原则

在阅读教学中，教师应当坚持循序渐进原则，从阶段和目的出发，对阅读效果反馈、阅读任务确定、阅读方法选择等因素进行综合考虑，对学生的阅读速度进行调整，使其达到张弛有度。具体来说，教师在英语阅读教学的起始阶段应将学生对阅读材料的理解作为重点，因此可适当放慢阅读速度。随着英语阅读教学的不断深入，学生在词汇量扩充、语法知识的增加以及语感提升方面都会逐渐取得进步，那时教师可让学生在阅读过程中加快速度。

（二）培养语篇结构意识原则

在大学英语阅读教学中，教师要注意给学生讲授不同文体的不同组织形式，也就是文体的结构与语篇的组织形式。不同的文章其结构形式存在很大差异，就说明文来说，学生首先要认识到说明文主要用以解说事物、阐明事理，通过解释概念来对事物的特征、本质以及规律进行说明，给人提供各类科学知识。对说明文的概念特征了解之后，在阅读中就要对事物的解说、事理的阐明给予特别关注，从许多重要的概念中形成被说明事物的总体印象，接着再利用次要的概念对这一印象进行补充，使事物在脑海中的形象更为具体和丰富。总之，就是从语篇角度出发，强调段落结构，从整体上对文章进行把握，便于获取总体信息。

（三）层层设问原则

在阅读教学中，教师会提出各种问题让学生回答。提问有助于激发学生的学习兴趣，提高阅读动机，同时能让学生集中注意力听教师讲课。但是，提问不能盲目进行，需要讲究一定的原则和策略，即坚持层层设问原则。教师在提问题时要注意体现一定的层次性，所提问题应由易到难、由浅入深，使学生通过回答简单的问题获得自信，在回答较难的问题时更愿意开动脑筋、积极思考，挑战自我，获得成功。如此一来，学生便可在教师的引导下逐步提高阅读理解的能力。

二、大学英语阅读教学的新方法

（一）文化导入法

在口语教学中，我们介绍了文化导入法，在阅读教学中，其也是一种行之有效的方法，且在阅读中导入文化知识相对更容易。文化导入可以通过以下两种方法进行。

1. 介绍文化差异，激发学生阅读兴趣

众所周知，兴趣是促使学生积极学习的直接内动力，当学生对所学内容感兴趣时，就会投入全部精力专心学习。因此．教师可采用适当的方式来激发学生的阅读兴趣和热情，调动学生的积极性，使学生获得文化知识，提高阅读水平。其中，在阅读教学中进行英汉文化差异的介绍和分析就是一种培养学生英语学习兴趣的有效方法。

需要注意，教师在向学生介绍文化知识、比较英汉文化差异时，不应局限于课本所提供的材料内容，而应突出课本内容，向学生讲解更多的与课本材料相关的文化知识，使枯燥的课文讲解变得生动活泼，这样才能最大限度地激发学生的学习兴趣，使学生在轻松愉悦的氛围中习得英语语言知识。

2. 培养学生的文化意识

在具体的学习过程中，学生虽然已经具备了一定的词汇知识，也拥有了一定的阅读能力，但是对于一些阅读材料理解起来仍然非常吃力，这主要就是因为文化知识缺失造成的。虽然教师在教学中也灌输一些文化知识，但学生对此不重视，认为文化知识的学习并不是阅读学习的重点。为了切实提高学生的英语阅读水平，提高学生的阅读乐趣，教师有必要培养学生的文化意识。

（二）语块教学

语块是语言中频繁出现的语言结构，由多个词组成，它的形式和意义比较固定、没什么变动，出现的语境一般比较固定，在词汇和语法方面能够发挥一定的功能，人们可以从整体上进行记忆、加工、储存和提取。语块理论认为，语块是英语的基本语言单位。

语块的特点主要表现在以下三个方面：一是稳定性，英语自然话语中有 80% 由各类板块结构组成，变化的灵活性相对较小。二是自主性，不同语块之间是相对独立的。三是扩容性，语块具有相对完整的意义，不像单个词语那样孤立，已远远超出了词汇搭配的范围，扩大到句子甚至语篇领域。

有些学生认为，掌握语法、词汇及阅读技巧的并没有帮助自己明显提高阅读效率。实际上，外语学习者永远无法达到和本族语者同样的水平，因为本族语者的语言知识表现为语块，而不是分析性的语法规则。语言学习者若缺少足够的语块，语言能力就受限制。在英语阅读教学中运用语块理论，就是既改善输入又提高输出。

以语块形式阅读可以提高阅读速度。一方面，语块把多个有美联的小组块变成一个大组块，扩大了短时记忆的容量，减少了信息加工的时间，提高了阅读速度；另一方面，在快速浏览标题、首尾段以及各段首句时，有意识地注意语篇中不同功能的语块，也可以提高阅读速度。教师可以先浏览全文以对文章大意有一个大致的掌握，然后引导学生学习陌生语块以扫清障碍。学习陌生语块不仅是学习词汇本身，而且是学习语法结构和与其语境相关的语用功能。以语块形式阅读，可以帮助学生进行整体理解，从而提高阅读速度。

（三）批判性阅读教学法

1. 批判性阅读的一般步骤

顾名思义，批判性阅读教学法十分强调对学生批判性思维能力的培养。在具体的阅读教学过程中，要求学生对文本进行更高一层次的理解，不仅理解表面文意，还应涉及释义、评价技能等层面。同时，批判性阅读教学还要求学生能够辨别重要信息和非重要信息，能够明确区分事实、观点等。此外，还有一些阅读材料所传达的内容不仅仅局限于上述层面，甚至在文章的叙述中会出现信息留白，此时，借助于批判性思维就要对作者的言外之意进行推断，填补语篇的信息空白，进而得出符合文章逻辑的结论。

一般来说，进行批判性阅读需要经历以下几大步骤。一是预习文本。通过预习文本来获取与文本话题相关的背景知识。二是确定阅读的目的，并决定文本的组织结构。三是提出问题，对问题进行审视、理解。四是同义转译并对作者的观点进行归纳。五是对作者的背景进行考察并分析作者背景与阅读材料中一些观点间的关系。六是确定作者的目的、态度。七是将所读到的观点与其他观点相联系。八是撰写与所读内容相关的文章。九是对读者关于某话题的背景知识进行评估。十是同别的读者针对阅读材料中的观点进行探讨和分析。

批判性阅读并非是对所读内容进行简单、机械地记忆，而是用批判性的思维学会在阅读过程中提出问题，寻找各种假设，并在此基础上进行分析综合，对作者所传达的要点有明确的认识。批判性阅读就是采用淘金式的思维，对文本进行动态解读和信息再造。

2. 批判性阅读教学法的具体应用

（1）读前讨论

读前讨论的环节也是质疑与设疑的过程。在阅读文本之前，教师应有意识地引导学生

根据教学内容标题、信息词、关键词等有限的信息对阅读的内容进行预测，并在其知识储备中对主题有关的信息点进行快速搜索，对先前与该主题有关的经验进行盘点，然后对这些相关信息进行认知整理、归纳设疑。

需要注意的是，阅读前的设疑不应太过于复杂，应将时间控制在五至八分钟左右。提问的方式也最好应采取派对式、师生问答式以及自言自语式等。

（2）读中任务

阅读过程也是分析与解惑的过程。具体来说，在阅读阶段，教师应适当地引导学生带着这些所预测的疑惑与期待通读全文并了解文章大意，确定文章的论题和结论，并运用海绵式的方式来寻找结论线索，采取淘金式的思维方式对作者的观点进行解读。

此外，在阅读过程中，教师还应鼓励学生借助于上下文的线索以及自己已有的相关图式来猜测和推断文章中不熟悉的词汇、句意。并对存有疑问的部分进行深入分析和自我解惑。对于阅读材料中的一些无法理解或不能接受的观点提出质疑。教师可以将这些问题写在黑板上组织学生进行讨论。在具体的讨论过程中，具体应采取哪种形式应根据所提问题的多寡以及复杂程度来定。例如，可采取全班集体讨论、四人小组或两人派对等形式。

在运用批判性阅读教学法进行教学时，教师引导学生进行发现、提出、分析、解答问题都应围绕着培养学生的批判性思维这一目标来实现。

（3）读后练习

读后练习既是总结与写作过程，也是学生对知识巩固和发展的过程。由于阅读课上的讨论往往会受到时间的限制，要想将阅读过程中遇到的所有问题都讨论透彻不太可能，因而这就需要学生在课后针对一些感兴趣的问题进行独立、深入地思考。这一阶段的总结和写作是将批判性思维加以内化的非常有效的手段。教师还可以借助布置家庭作业的方式使批判性阅读在课堂之外得到很好的延伸。

此时进行写作可以根据实际情况变换写作体裁，如采取写小评论、读后感、小报道以及阅读日志等形式。

（4）整体回归

传统的阅读教学环节最多包含上述三个，但批判性阅读教学还十分重视阅读结束后的整体回归，即批判与反思环节。因为要想检验下阅读过程中是否真正获取了信息、在理解深度和认识角度上是否到位，思考问题以及思想表达是否正确，就需要借助于评价和反馈来实现。从这一意义上来看，写作并不是阅读的结束，而恰恰是回归的过程－批判性阅读教学法的最后一个步骤就是整体回归。也就是批判和反思。

第六章　大学英语写作、翻译、文化教学

大学英语教学的内容基本可分为两个方面．即知识教学和技能教学。对于英语学习者而言，这两个方面是同等重要的，缺一不可。英语写作与翻译作为英语技能的重要构成要素，是每一位英语学习者都应该给予高度关注的。另外，英语学习者要对中西方文化差异有所认识，不断增强跨文化意识，增加语言使用的规范性和准确性。在大学英语教学中，教师要运用多种方法对中西方文化差异进行区分和讲解，让跨文化意识内化为学生的自觉性能力，提高学生应用语言的能力。为此，本章将针对大学英语写作、翻译、文化教学理论及改革展开分析。

第一节　大学英语写作教学

一、大学英语写作教学的原则

（一）以学生为主体原则

任何技能教学都应以学生为主体，写作教学自然也不例外。具体来说，教师在开展写作教学的过程中，应当尊重学生的主体地位，时刻以学生为中心。不过，要真正做到以学生为中心，并不是件容易的事。教师首先需要有效激发学生的写作兴趣，唤起学生写作的内在动机，这样才能真正体现学生的主体性。激发学生兴趣，使学生成为学习主体的方式有很多，其中小组讨论就是提高学生主动性的一种有效方式，具体可以采用提问式、复习式、反馈式、卷入式等活动进行。

（二）重视写前准备原则

坎贝尔（Campbell）认为，写作前有必要进行调研、搜集资料、积累材料、酝酿论点及分析问题等活动。积累写作素材既是重要的写作准备活动，也是培养写作能力的重要手段。为了让学生积累更多的写作素材，以便更好地培养学生的写作能力，教师要鼓励学生在阅读范文的基础上对一些词块、句子、段落等进行背诵。背诵有助于克服英语写作中的负迁移，产出地道的英语表达方式。地道的英语是通过一些固定而优美的句型和英语的习惯说法来表达的。学生之间的讨论在写作过程中也具有十分突出的作用。通过讨论，学生可以获得写作的素材。头脑风暴、对话题的讨论、构思等写前活动不仅可以减轻学生的写作负担，而且可以培养学生的写作元认知策略。

（三）交际性原则

写作虽然不像口语和听力那样具有明显的交际性特征，但是学生学习写作的最终目的也是进行交际，因此英语写作教学应遵循交际性原则。交际性原则要：求英语写作教学活动应满足学生的即时需求，以提高学生的实际交际能力。写作活动必须给学生交际的机会，并且使学生从写作交际中获得乐趣。在写前活动和修改活动中尽可能采用小组活动和同伴活动，增加学生之间的交流，如通过小组讨论等交流活动获得大堆素材，从而为文章增添内容，锻炼学生的思维能力。

二、大学英语写作教学的析方法

（一）体裁教学法

体裁教学法是随着体裁理论的发展而形成的一种新的教学法。体裁教学法将体裁和体裁分析理论运用于课堂教学，围绕语篇的图式结构开展教学活动。在英语写作教学中，体裁法的具体实施步骤和优缺点如下所述。

1. 体裁教学法的实施步骤

体裁教学法的实施具体可分为以下几步。

（1）范文分析

范文分析是体裁教学法的重要环节。教师通过范文介绍某一体裁，重点分析其图式结构。通过讲解范文的体裁结构、语篇结构和语言特点，突出与这一体裁相关的社会语境、交际目的的分析，让学生对此体裁有一个直观、全面的了解。在范文分析过程中，教师还可以向学生介绍和体裁有关的社会文化、历史、风俗习惯等背景知识。另外，为使学生对体裁有更好的理解，教师可以选择几篇同一体裁的不同文章，让学生分组讨论并分析这一体裁。讨论可以围绕以下几个问题展开：该体裁有什么语言特征和意义特征？该体裁相关的图式结构如何？该体裁的交际目的和社会语境如何体现？

（2）共同协商

分析完范文以后，教师需要安排师生互动、生生互动，实现写作前的沟通交流，为写

作提供更多的素材，明确写作思路。另外，教师可以让学生运用体裁分析的方法解析同一体裁的不同语篇，从而让他们通过实践将学到的体裁分析知识融会贯通。

（3）模仿写作

根据范文分析和共同协商的结果，教师协助学生完成这一体裁文章的模仿写作，其中包括阅读、研究、搜集和整理资料、写作等不同阶段。模仿写作并非简单地照搬范文，而是有意识地运用上一步骤中所获得的体裁知识，通过模仿把这些结构特点和语言特点转变为自己的知识。

（4）独立写作

学生选择一个题目进行研究，然后写出这类体裁的文章。此阶段是模仿写作阶段的延伸，教师可以给学生一个新的题目，让他们模仿范文体裁的特点进行自我创作，目的是让学生学以致用。

2. 体裁教学法的优缺点

体裁教学法在英语写作教学中的优点主要体现在以下几个方面。一是有助于学生掌握不同体裁的语篇交际目的、篇章结构和语言特点；二是有助于学生对语篇建立起正确的认识：语篇不仅是一种语言建构，还是一种社会意义的建构；三是有助于学生掌握语篇的图式结构，了解语篇的建构过程，从而理解和撰写某一体裁的文章。

当然，体裁教学法也存在一定的缺点。如果教师缺乏想象力和创造力，那么学生就会觉得这种教学方法呆板、枯燥。另外，由于体裁种类繁多，课堂教学不可能穷尽所有体裁，因此体裁教学法仍具有相当大的局限性。

（二）文化导入法

教师在英语写作教学中应多向学生强调文化因素的重要性，将文化背景知识融入教学过程。观察我国学生的写作可以发现，很多作文都存在重点不突出、黏着性差等问题。这些问题的出现很大程度上源于英语思维能力的欠缺，而英语思维能力的欠缺从某种程度上是因对中西方文化对比不深入所致。因此，在英语写作教学中，教师应有意识地引导学生对中西方不同的思维方式和特征进行对比研究，包括基本词汇文化内涵比较研究、深层文化对比研究、情景对话行为规则的研究等，帮助学生学习和掌握西方人组织篇章的思维逻辑，引导学生用英语思维模式来进行写作，从而写出符合语言交际规范的文章。这就需要学生用西方人的写作思维模式勤加练习，没有大量的练习，写作理论与技巧只能流于形式。学生只有勤写多练，才能发现和解决自己写作中的问题，不断将所学语言知识以及英语思维方式应用于英语写作实践中，逐步提高英语写作能力。

第二节　大学英语翻译教学

一、大学英语翻译教学的原则

（一）理论与实践相结合原则

在翻译教学中，传授学生一定的翻译理论知识是非常有必要的，这样能帮助学生系统地了解翻译这门学科，从而更好地进行翻译实践。同时，翻译能力的提高不是一朝一夕的事情，需要学生进行大量有效的实践活动。可见，理论的价值在于指导实践，脱离实践的理论是空洞的，教师在教学过程中必须注意将理论与实践相结合，注重知识系统的实践转换。例如，在有关旅游文体的翻译教学中，教师可以将语言中的一些文化现象通过具体的语篇翻译进行模拟演练，引导学生自主翻译，尤其对于一些个人的独创活动，如收集资料、实地考察、访谈等，要积极鼓励。总之，通过理论与实践的有效结合，学生发现问题、分析问题、解决问题以及与他人交流、合作等能力会有显著的提高，而这些能力对学生翻译能力的提高是大有益处的。

（二）循序渐进原则

学生翻译能力的提高不是一朝一夕的事情，而是一个循序渐进的过程。因此，教师在翻译教学中切忌操之过急、拔苗助长，要有耐心，帮助并引导学生一点点取得进步。例如，就语篇的内容来说，要从学生最熟悉的内容进行训练，一点点增加难度；就题材来说，要从学生最了解的入手。总之，要由浅入深、循序渐进，学生翻译起来才有信心，也才能逐渐培养起对翻译的兴趣。

（三）兼顾质量与速度原则

在实际翻译活动中，常常会有催稿很急的情况发生，如果翻译速度太慢，可能会完不成翻译任务。因此，在英语翻译教学过程中，提高学生的翻译速度是一个不可忽视的方面。教师在英语翻译教学中要让学生经常做课堂限时练习，如英译汉练习可以从每小时 200 个左右英文单词开始，以后逐渐增加到每小时 250 ~ 300 个英文单词甚至更多；汉译英练习可以从每小时 150 个汉字开始，然后逐渐增加。这样的练习可以让学生在有限的时间内学会有效地完成任务，逐渐提高翻译的速度。

二、大学英语翻译教学的新方法

（一）多媒体教学法

运用网络多媒体技术辅助英语翻译教学具有多方面的优势，对于培养学生的英汉双语翻译能力大有裨益。教师在英语翻译教学中要充分发挥网络多媒体的优势，将其灵活运用于教学活动。

例如，教师可以制作教学课件，建立翻译素材库。不过，网络多媒体课件的制作更强调资源共享、集体备课，仅靠个别教师是很难完成的。此外，制作教学课件需要注意以下几个问题。

1. 在教学内容方面

教师除了注重精讲，还需要注意多练。教师应该从教学大纲出发，通过集体讨论确定精讲的翻译理论和技巧，为教学提供一个框架。同时，教师要根据实际情况进行局部的更改和完善。另外，在具体的教学实践中，教师设计的翻译练习要保证题材、体裁多样，难度适中，并能够做到及时调整和更新。

2. 在教学方法方面

教师应该将课堂与课外相结合。课堂教学时间毕竟是有限的，加之教师的讲解会占据大部分时间，留给学生进行翻译练习的时间很少，因此课堂内外的讲练结合十分有必要。在练习的基础上，教师可以给予学生一些指导性的意见，引导学生归纳翻译技巧和方法。

3. 在教学建设方面

要及时补充、随时更新翻译素材库。教师要从大量的教学实践中归纳出理论，然后将这些理论上升为理性认识，再反过来对实践进行指导。此外．翻译的素材要与时俱进，且难度要体现层次性。

（二）重视中国古典诗词意境的传递

意境是中国古典美学的重要范畴，是指作者的主观情意与客观物境互相交融而形成的艺术境界，在西方文论里恐怕还难以找到一个与它相当的概念和术语。诗歌的思想内容与艺术形式的结合比其他文学样式更加紧密，有些诗歌甚至把诗的形式作为表现意象的重要手段。因此，诗歌的翻译必须兼顾内容与形式，做到形神兼似。那么，如何保持或再现原诗的美学价值，仅仅以英文散文或无韵诗的形式翻译中国的古典诗词显然是不够理想的。毋庸置疑，汉诗英译首先要传达原诗的“意美”，也可以说是诗的诗意、诗境。意境传译是一个原则，不容忽视。

意境的传递受许多因素的影响。既然是翻译，就一定会涉及原文和译文、译者和读者。意境属于美学范畴，译者的审美能力和文学再创造能力是影响意境传递的主观因素，而语言差异和文化差异则是影响意境传递的客观因素。

1. 译者的审美能力和文学再创造能力

译者的审美能力决定了译作的美感层次。文学翻译的艺术性强调了译者对原作的思想内容与艺术风格的审美把握，要求译者以再现原作的艺术美为旨归。因此，诗词翻译的过程可以简单表述为“感受美—体验美—理解美—表达美”。译者要再现或传递原文的意境，就必须能够感知原文的意境美，体验并理解这种美，然后在译文中再现或传递出来。

译者首先是原文的读者，需要细心品味文中之境，让自己如身临其境般去体验作者的审美情感，之后通过再创造将原文的意境传达给译文的读者。因此，译者要具备一定的文化修养和人生经历，如此才能比较全面、深刻地理解原作的意境，才能将译文读者带到原文的意境美中。

2. 语言差异和文化差异

翻译需要进行语言文化的对比研究，认识差异并寻求穿越差异的方法。就汉语和英语而言，二者属于不同的语言体系，这就注定它们之间的翻译不能完全对等。例如，中英文诗歌的互译就常常遇到难题，因为汉语的平仄和英语的十二音节诗句的韵律效果是不同的汉语是一种意境语言，三言两语就能出景、出情，情景交融。而英语注重逻辑分析，少了“虚”和“意”，更多的是“实”和“境”。

中国古典诗词的翻译并不是发生在真空中的，而是在两种文化传统的背景下进行的。中国古典诗词常常具有一词多义、象征性、审美意象和隐喻等特征，字里行间别有一番韵味和意境。要体会和理解其中的深意，需要读者具备一定的中国文化修养和文学功底，因此译者要向另一种文化背景下的读者传递原文的意境的确不易。

第三节　大学英语文化教学

在传统的大学英语教学中，为了培养学生运用英语的能力，主要开展的是脱离文化教学的语言教学。但语言与文化有着密切的关系，语言教学不应脱离文化教学，因为学习语言的过程实质上就是了解和掌握该语言背后的文化知识的过程。如果脱离了文化教学，培养出来的学生只懂英语知识，却缺乏真正的跨文化交际能力。随着英语教学改革的不断推进，人们开始意识到文化教学是英语教学不可或缺的一部分．英语习得离不开英语文化习得，二者之间是相辅相成的。文化教学的开展对于提升学生的语言能力、培养学生的文化意识、提高学生的跨文化交际能力十分有利。本节就来具体分析大学英语文化教学的改革。

一、大学英语文化教学的原则

（一）思想性原则

思想性原则是文化教学的首要原则，该原则要求文化教学的内容应是正确的、健康的，

要对学生思想道德品质的培养与精神文化的建设具有促进作用。因此，在组织文化教学活动过程中，教师应注意选取具有高度思想性的活动，寓德育于活动中，使学生在学习知识的同时接受思想教育。

（二）针对性原则

在传统的英语课堂教学中，教学大纲、教学目标、教学计划、教材等均是为全体学生设计的，学生所学的知识与技能基本相同。文化教学通常具有丰富的内容与多种多样的形式，可以弥补传统课堂教学的缺陷，做到因材施教。因此，为了将每位学生的潜能都发挥出来，教师应根据不同学生的特点采用不同的活动形式。

（三）分别组织原则

文化教学还应遵循分别组织原则，根据具体情况分别组织不同的活动。英语跨文化活动通常有大型集体活动、小组活动以及个人活动三种类型，其中小组活动最为常见。教师应结合学生的英语水平、个人兴趣将其分为不同的小组，如表演小组、会话小组、戏剧小组等，以使学生的个人才华得以充分发挥。

大型集体活动、小组活动以及个人活动相互影响、相互作用。大型集体活动的效果取决于小组活动的质量，小组活动的效果又取决于个人活动的质量。教师在组织跨文化活动时，应合理安排这三类活动的形式，使三者相互配合，最终提高文化教学的效果。

（四）及时总结原则

总结对文化教学来说必不可少。无论是哪种活动形式，在活动结束之后，教师都要及时进行分析与总结，发现学生所取得的进步与遇到的问题，找出问题的原因，为以后跨文化教学活动的开展做好准备。此外，总结的形式应依据具体活动而定。

（五）渐进性原则

英语学习并非一朝一夕就可以完成的，而是需要一个漫长的过程。教师应意识到这一点，在组织跨文化教学活动时坚持渐进性原则，即由易到难，先简后繁。在刚开始组织跨文化教学活动时．教师应给学生设置较为简单的活动。随着活动的逐渐开展，可采用各种不同的形式，并适当增加活动的难度。学生通过完成各种任务，能够增强自信，获得成就感。如果一开始活动的难度就比较大，学生很容易产生自卑心理，这显然不利于学生的身心发展。

（六）趣味性原则

根据克拉申的“情感过滤假说”，在传统的课堂上，由于教学形式、教材、课堂气氛等都存在一定的不足，学生的“情感过滤层”易于升高，容易产生紧张焦虑的情绪，这样他们接受可理解性语言输入时就没有足够多的空间。与之不同，在参加跨文化教学活动的过程中，学生的“情感过滤层”降低很多，便于对可理解性语言进行吸收。可见，保持趣味性对学生的语言学习非常有利。

文化教学应确保活动具有趣味性，具体体现为活动内容丰富、形式多样，富有竞赛性、娱乐性、创造性。教师应努力为学生营造英语学习的良好氛围，使学生在耳濡目染中提高学习效果。

（七）情感性原则

情感性原则要求教师在文化教学中做到以下几点。

1. 以情施教

教师为使情感与知识融为一体．应在授课时引入积极的情感，从而实现以情促知，达到情知交融。对此,教师首先要将自己置于积极的情感上,这样才能带动学生的情感积极性。

2. 寓教于乐

寓教于乐旨在让学生带着快乐的情绪参与课堂教学活动。这就要求教师能够预测和把握好一切变量，使学生乐于接受、乐于学习。值得注意的是，教师应当把调节情绪作为课堂教学活动的一个突破口，从而使学生的学习状态达到最佳的层次。

3. 移情

一个人对其他人或物的情感可以转移到与其有关的对象上，因此移情就是使学生在学习的过程中得到情感陶冶。就英语教学中的移情而言，一方面教师的情感会给学生的情感带来影响；另一方面，教学内容情感因素会对学生的情感造成影响，文章作者以及文章中人物的情感都可能感染学生，因此教师应注意引导学生体会文章作者写作时的情感，重视情感迁移，使学生在受到情感陶冶的同时学习语言知识。

（八）对比性原则

在大学英语文化教学中．教师需要遵循对比性原则，即不断引导学生将本土文化与英语国家的文化进行对比，从而分析二者的差异。语言文化间的对比并非简单的基于行为主义的对比分析假说，而应该基于认知心理科学理论，从正负迁移、推论、转换等方面对母语与二语、三语的迁移及彼此之间的相互作用进行研究，并对比其异同。对比性原则有如下几点意义。

1. 基于多元文化的背景特色

对本土文化、本族文化及英语文化等不同文化之间进行对比，有助于加深学生对英语国家文化的理解和认知，同时逐步了解英语国家的价值观、思维方式、生活习惯、人生观等。这不仅可以避免出现狭隘民族主义，也可以克服民族虚无主义，还可以提升学生的文化理解能力。

2. 通过对不同文化进行对比

学生可以将自己的文化带入英语国家文化中，养成文化思辨能力，辨别其中的可接受文化与不可接受文化。在文化对比中吸取不同文化的精华，在培养英语思维、提高语言交际能力的同时，能够培养自身的民族身份意识及文化自觉，克服“中国传统文化失语症”，提高跨文化交际能力。

3. 通过对不同文化进行对比

学生可以进一步加深对不同文化的理解．习得不同的语言文化知识，避免出现交际障碍，从而提高跨文化意识和交际能力。

二、大学英语文化教学的新方法

（一）背景讲解法

在进行语言教学时，对于相关文化背景知识，教师可以做一些说明介绍，这样能够帮助学生更好地理解所学材料。通常情况下，教材所选的课文都有特定的文化背景，有的是作者背景，有的是内容背景，有的是时代背景。如果学生忽略这些背景知识，他们将难以准确理解所学材料。

1. 听说教学中的背景讲解

在听说教学中，教师可以让学生先进行对话表演．从中听出他们已经了解了哪些文化知识，还有哪些部分需要介绍，再通过操练加强印象。例如，每个国家都有丰富的节日文化，了解各国节日的来历、习俗等有助于了解这个国家的文化。教师可以采用任务教学法，预先要求学生以小组合作的方式来查明节日的来历、习俗等，然后在课堂上陈述或表演出来。

2. 阅读教学中的背景讲解

在英语阅读教学中，学生阅读一般的英语文章难度不大，但可能对英语文章理解得不透彻。因此，教师除了要讲授英语基本知识，还应该引导学生学习与课文相关的背景知识。

3. 写作教学中的背景讲解

不同的文化造就了不同语言运用者迥异的思维方式。在运用英语表达自己的思想时，母语文化思维方式、价值观、语言修辞等都发挥着主要作用。由于中西方思维方式和表达习惯的巨大差异，导致两种语言在造词造句、谋篇布局上均有着不同的表现。

中国螺旋型思维造成的一种结果就是，不会直接切入主题，而是反复讲一个问题，最后再总结。西方的思维方式偏向于直线型，在英语段落结构上一般遵从从总到分、从概括到举例、从一般到具体、从整体到个体的形式。西方人撰写的论文往往在文章开头就表明态度．而且文章往往会有一个固定的中心论点，文章中的细节论述都围绕该中心展开。“螺旋式”的中文表达方式往往使以英语为母语的读者迷惑不解，甚至认为中国学生英语表达拖沓、主题不明确。因此，教师应该加强对学生英语写作思维的锻炼。

（二）影视欣赏法

影视作品涉及社会生活的方方面面．包含大量文化信息，是进行文化教学的有力途径。教师可以在课前备课时查找与英美文化知识相关的电视剧和电影，然后在课上通过多媒体放映出来。通过多媒体放映，使原本无声无形的文化知识以声像并茂的形式呈现在学生眼前，让他们对英美文化知识的了解不再仅仅局限于课本的文字和图片，而是有更加深入的了解。这不仅为学生提供了多种不同的文化背景知识，而且可以吸引学生的注意力，从而进一步提高学生学习英语的兴趣。

在欣赏影片的过程中，学生可以直观感受大量有声与无声、有形与无形的社会文化知识。正如一句谚语所说："一幅图画胜过千言万语。"电影就是这样一种让学生轻松愉悦地学习西方社会文化的手段。那些以社会变迁和发展为主题的纪录电影，其直观的画面与所要教授的文化内容一一呼应，使学生获得更真实的体验和感受，这比从书本上学的知识更难忘。

（三）文学渗透法

众所周知，英美文学中包含大量的西方文化内容，因而越来越多的教师利用文学渗透法来帮助学生学习西方文化。在我国，大部分高校已经开设英美文学课程，这对于大学生文学素养、文化素养的提高大有裨益。

在大学英语教学中开展英美文学教育必定能激发学生的学习兴趣，促进学生英语技能的提高。俗话说，兴趣是最好的老师，如果人们对某件事情产生了浓厚的兴趣，必将投入大域的精力进行研究。现如今，很多学生学习英语的目的在于考试过级或者出国留学，仅有很少的学生对英语有着纯粹的兴趣，因热爱英语而学习英语。阅读文学作品是充满乐趣的，如果教师能够在课堂中积极引导学生开展经典英美文学作品阅读，必然会带动一部分学生的阅读兴趣，让他们在感受异域文化的同时学习英语知识，在阅读的同时增加英语语感，促进学生对语言的掌握能力，进而一定程度上提升学生的人文素养。

著名英国诗人叶芝曾说过，文学作品是他最为重要的教育力量，是所有价值创造中最高的价值。鉴赏英美文学作品能够提高学生的个人品位，培养学生积极健康的人生观与价值观，从而促进学生的全面发展。英美文学教学对提升学生个人人文主义精神、跨文化的交际能力、语言文化修养有着重要的意义。英美文学之所以具有浓郁的国际语言文化魅力，原因就在于英美文学是从文艺复兴兴起到启蒙运动发展，再到浪漫主义和现代时期繁盛的作品，展现了英美两国人民反对专制和压迫，追求理想和民主自由的历史，带有强烈的英美文化符号。在大学英语教学中对英美文学进行鉴赏，可以培养学生的批判和创新思维，是一门必不可少的课程。英美文学的道德教育往往具有寓教于乐的效果，学生在学习英美文学的过程中会不知不觉地进行情操的陶冶和心灵的净化，英美文学经典作品以一种细腻和尖锐的方式处理人所面对的伦理问题和困境，对自我价值和人生进行了深入的思考，对大学生成长和伦理价值观构建具有重要的意义。

一提到英美文学课程，很多人认为是英语专业的课程，其实在大学英语教学中英美文学课程是一门必修课，然而在实际教学中，很多大学由于英语课时安排较少，不能开设英美文学课程。不仅如此，长久以来大学仅重视对学生英语技能的培养，忽视对学生英语素养的培养。文学作为一门重要的人文学科，在学生综合素养的提升方面有重要作用，对人的发展会产生潜移默化的影响，是需要长期的积淀才能发挥作用的课程。

在英语专业教学大纲中我们发现，文学课程的目的在于培养学生欣赏和理解文学原著的能力，逐步掌握文学批评的知识和方法，促进学生语言基本技能和人文素质的提升。所

以，英美文学教学不仅仅是语言教学的一部分，而且可以给学生提供一个阅读和思考的引导。教师应该不断鼓励学生进行个性化的阅读，培养独立思考的能力，这是学生形成批判性思维的重要步骤。对于英美文学而言，思想就是一切，教师在课堂上应该对文学作品中的思想进行解读，引导学生在语言学习的同时感悟人生，这也是人文学科的重要任务。

1. 利用英美文学教材帮助学生提升文化敏感能力

大学英语教材中的材料丰富、形式各异，有很多名篇佳作，教师在课堂上可以充分发掘这部分材料，引入作家概述、代表作品、创作风格、文学地位等基础知识。例如，在全新版本《大学英语综合教程》第三册的 The Last Leaf 教学中，教师可借此机会对欧·亨利进行简单介绍，并对其创作特点进行分析。再如，在第一册的 Public Attitudes Toward Science 教学中，教师可以借题发挥，对雪莱的著名科幻小说进行简单介绍，还可以延伸到美国作家哥特式小说代表人物艾伦·坡。在课堂教学中，教师拿出部分时间进行英美文学基础知识讲授，不仅不会影响教学进度，而且可以拓宽学生的文学视野，激发学生的学习兴趣。

英美文学课程教学在英语专业和非英语专业之间应该有所区别。在非英语专业的课程中，教材选择要格外认真，多采用短篇小说，要精选有典型意义的优秀英美文学作品进行赏析和学习。教师要注重对文学作品的语言特征进行分析，难易程度要适中，同时要选取有趣味性的作品，增加学生的阅读兴趣。例如，可对莎士比亚、雪莱、狄更斯等名家的作品进行赏析，也可以以专题的形式进行，着重对浪漫文学、希腊神话等进行分析。如果采用晦涩难懂的文学作品，就会使文学赏析课程变为文学知识或者英语词汇和修辞学习课程。英美文学作品重在赏析，让学生体会作品中的原汁原味，因此学生课前和课后的阅读必不可少。教师安排学生泛读和精读时一定要首先对作品进行分析，特别是对于精读部分的关键词和关键句进行精讲。

2. 在文学教学过程中提高学生的文化意识

要在大学英语教学中专门开设英美文学课程，必须增加大学综合英语课时量，专门选取一部分课时进行英美文学经典作品赏析，这门课程可以开设一学年，每周两课时，教师在上新课之前有目的地引导学生进行经典作品部分赏析阅读，并对经典作品提出引导性问题。在课前阅读时，学生根据教师所提问题查找相关资料，对作品的作者、写作背景、评价有所了解，阅读的这一过程也是对作者创作风格和语言特色进行了解的过程。在学生进行充足的准备之后，教师在课堂中引领学生进行积极讨论，讨论以小组讨论为先导，教师激励学生进行有个性和深度的讨论．激发学生文学批评的能力。这种教学是一种启发式教学，可以不断提升学生各个方面的能力，尤其是深入把握西方文化内容的能力。

3. 利用合适的教学方法提升学生的文化思维

教师采用理论和作品相结合的方式，在课堂中可以让学生通过角色扮演的形式改编话剧，如采用萧伯纳的作品，其作品多有冲突激烈的情节，也可以用电影配音的形式增加学生的课堂积极性和参与性，促进生生之间、师生之间的交流互动。

教师还可以采用专题讲座的方式对意识流作品福克纳的《我弥留之际》、后现代代表托马斯・品钦的《拍卖第49批邮票》、非裔作家作品如《野草在歌唱》、华裔作家作品如《女勇士》，甚至通俗小说家作品如《指环王》等进行系统的讲解和赏析，让学生更为深刻地体会文学作品的强大影响力。另外，可以采用英语诗歌朗诵比赛、英语文学翻译比赛的形式培养学生独立思考的能力。通过一个学年的学习，学生个人的文学素质和文化素养会在潜移默化中不断得到提高。

最后，在英美文学课程的教学中，对学生的评价可以采用多元化的考核方式，侧重学生对文学作品的赏析能力，并注重学生对英美文化知识的学习和掌握，因为单方面的基础知识测试已经不能反映学生的课程学习情况。教师可以采用课前设问、课中提问的方式进行考核，测试问题可以是对经典作品总体内容的把握，也可以按照学生在课堂中的表现酌情给分，考核成绩还应该包括考勤、英美文学批评小论文等。

英美文学以其独特的魅力在世界文学史上占有重要的地位。在我国大学英语教学中渗透英美文学知识，可有效丰富教学内容，能够让学生切实感受英美文化的内涵，感受英美文学作品的魅力，而且能够提高学生对英美文学的阅读能力和英语短文的写作水平，为提升学生的文学素养和综合素质打下牢固的基础。

第七章　大学英语的教学评价

教学评估是根据教学原则和教学目的，利用可行的评估方法及技术，对教学过程和预期的效果进行价值上的评估。教学评估是实施民主化教学的重要方式，对教学过程有着指导、鉴定以及制约的重要作用。

第一节　大学英语教学评估的类别与内容

一、英语教学评估的类别

根据不同的标准可以将教学评估分为不同的类型。根据评估分析方法的不同，可以将教学评估分为定性评估和定量评估；根据评估主体的不同，可以将教学评估分为自我评估和他人评估；根据评估功能的不同，可以将教学评估分为诊断性评估、形成性评估和总结性评估；根据评估基准的不同，可以将教学评估分为相对评估和绝对评估。

近年来，形成性评估、总结性评估和诊断性评估备受教育界的关注，下面就主要介绍这三种评估方式。

（一）形成性评估

形成性评估最初是由斯克里文（G.F.Scriven）提出来的，布鲁姆（Bloom）则把它的应用范围加以扩展，使之成为一种教学评估的类型。布鲁姆认为："形成性评估就是在课程编制、教学和学习的过程中使用的系统性评价，以便对这三个过程中的任何一个过程加以改进。既然形成性评估是在形成阶段中进行的，那就要尽一切努力用它来改进这一过程。"

形成性评估的目的是明确活动运行中存在的问题和改进的方向，以便及时修改或调整活动计划，最终获得更加理想的效果。

形成性评估的着眼点在于过程评估，它是对学生学习过程的全面测评，是对学生课程学习成果的阶段性评估，是对学生学习目标的阶段性测试，也是课程考核中的重要组成部分。课堂上采用形成性评估方式有很多，如访谈、座谈、测验结果的分析、对学生学习研究报告的评论等。形成性评估的工具有评估量表、课堂观察、成长记录袋等。

（二）总结性评估

总结性评估是指在活动后为判断其效果而进行的评估，又称“事后评估”。它一般在学期末或学年结束时进行，目的是评估学生是否已经达到教学目标要求，即确认达到目标的状态。具体来说，总结性评估在教学工作中的作用主要有以下三点：一是为学生评定成绩。二是预测学生在今后学习中成功的可能性并确定学生在后继学习中的起点。三是为学生提供学习反馈。

总结性评估的类型大致可分为选择性评估和建构性评估两种，选择性评估一般采用解释性练习的方式进行，以考查“知”为主；而建构性评估侧重考查学生“做”的能力，是对学生产出能力的评估，常采用论述题等表现性任务的方式实施。

（三）诊断性评估

诊断性评估是指在活动之前为使其计划更加有效地实施而进行的评估，因此也称为“事前评估”。

诊断性评估的目的是通过收集有关信息来确定特殊教育的对象、培养目标和方案。学生在学习过程中经常会遇到各种困难，如听不懂、注意力不集中等，偶尔也会受情感、家庭或社交方面的影响，如当天的心情、对老师的喜爱程度、与同学是否发生了冲突等。因此，教师应该先找到问题之所在，然后记录其发生的频率，最后找出解决问题的方法。一般来说，学生的学习情况不仅体现在测试的分数上，还体现在学生对某一主题的项目完成情况记载以及教师与学生家长的交谈结果上。

采用诊断性评估的方法，教师就可以对学生的知识掌握情况和能力有一个深入的了解，也能发现学生存在的问题及其性质、范围，进而能设计出满足学生需要的教学活动。课堂上要进行这种评估，可以采用多种方式进行，如课堂上对学生的简单提问与回答、精心设计的测验。

二、英语教学评估的范畴

教学评估包括评估者、评估对象和评估过程三个要素。这些要素不仅决定了评估的结果，还决定了评估的内容，即学生评估、教师评估、过程评估、管理评估和课程评估。下面就来具体介绍英语教学评估的内容。

（一）学生评估

一般来说，对学生的评估具体包括以下几方面的内容：学力评估、学业评估以及品德与人格评估。

1. 学力评估

对学生的学力评估是教学评估的重点之一。要做好学力评估，首先要了解学力的概念。所谓学力，是指学生在学业上达到的程度，包括两层意思：一是指学习者通过学习所达到的在知识、能力、技能技巧等方面的水平；二是指在现实水平上所具备的今后学习的潜力，即学习的实际可能性。

由此可见，学力是一种综合的素质和能力，“同人类观、发展观、教育观、学校观密不可分，受到时代与社会对教育与学校的要求的制约”。因此，学力的内涵以及学力观不是一成不变的，而是会随着时代的发展、社会的变化而不断地发生变化。但不管怎样变化，以下两点是不会变的：一是强调学力是对知识、技能的掌握，以此形成某种能力。二是强调学力是教育、教学的结果，注重学校、教育的作用，即学力的形成更多地依赖后天的学习和培养。

学力评估的目的是了解学生学习的状况及个体差异，为教学提供反馈信息，有助于教师对自己的教学进行适当的调整和改进，从而培养学生的综合能力。学力评估可通过采取多种方法进行，如标准学力测验、智力测验、实验法、观察法、评定法等。

2. 学业评估

学业评估是根据学科课程标准中规定的学习目标和学习内容而对学生的学习过程和成果进行的评估。它通常以测量为基础来展现学生的学习进展和学习成果，并据此做出价值判断，具有一定的补救、促进和协调功能。

学业评估可采取多种多样的评估方法，如诊断性评估、形成性评估、总结性评估、安置性评估等；可使用的测量工具也有很多，如诊断性测验、自我报告清单、预备性测验、成就性测验、教师自编的掌握性的测验或标准参照性测验等。在对学生的学业进行评估时，灵活使用这些评估方法和测量工具有助于全面评估学生的学习状况与结果。

学业评估实践的开展比较复杂，其中存在诸多矛盾和问题，尤其是对评估理念的把握和评估方法的运用，对教学评估造成了不小的障碍。为了使学业评估更加清晰明了，需要清楚了解学业评估的四种模式，即目标模式、主体模式、诊断模式、过程模式。

（1）目标模式

目标模式认为，学业评估就是要将学生的学习成果和教学预期目标进行对比。它将学校视为工厂，注重课程目标价值，通过终极性评估来为课程决策服务。

（2）主体模式

主体模式认为，学业评估是评估者与被评估者共同建构意义的过程。它将学校视为花园，强调学生的主体价值，通过自参照评估来为学生的自主发展服务。

（3）诊断模式

诊断模式将学业评估视为诊断教学成果并予以改进的过程。它将教室视为诊所，强调教学诊断的价值，通过形成性评估来改进教学服务的质量，提高教学成果。

（4）过程模式

过程模式的范围包括学生学习的整个过程。它将教学视为旅行，强调教学过程的意义和价值，通过过程性评估服务于学生的社会化发展。

3. 品德与人格评估

对学生的品德和人格评估是教学评估中的一个重要组成部分。学生学习英语的一个重要目的就是为自身的发展和社会发展做贡献。一旦学生的品德与人格不端正，就有可能对他人或社会造成危害。因此，英语教学评估也不能忽视对学生品德和人格的评估。

教师应注意从多个侧面采用不同方法进行全面、客观地评估，同时还要注意教学内容的科学性、思想性等对学生思想品德和人格的形成与发展所产生影响的测定与评估。

（二）教师评估

教师作为整个教学过程的引导者，其素质的高低对教与学的成果以及学生的成长都起着重要的作用。因此，对教师素质的评估也是教学评估的一项重要内容。对教师素质的评估一般包括四方面：教学工作素质、教学能力素质、政治素质以及可持续发展素质。

1. 教学工作素质评估

评估主要内容包括课堂教学质量、教学改革成果、教学研究论文、教学经验总结、学生学习质量等。

2. 教学能力素质评估

评估主要内容包括独立进行教学活动的能力、完成教学工作量的能力等。

3. 政治素质评估

对教师的政治素质进行评估，其主要内容包括：遵纪守法、工作态度、教书育人、为人师表、参与民主管理、政治理论水平、坚持四项基本原则、文明行为等。

4. 可持续发展素质评估

评估主要内容包括教学发展的潜能，自觉寻求发展的能力，自学能力，接受新理论、新方法、新技术的能力等。

（三）过程评估

当前大多数教学评估只关注对教学结果、学生学习成绩的评估，而忽视学生整体素质的评估。针对这一现状，从形成性评估中延伸出了对教学过程的评估。教学过程的评估指的是对师生双方通过教学而达到目标的情况进行评估。

由于过程评估发源于形成性评估，因此二者之间有许多相通之处，如都要求关注学生的发展和教学的整个过程。而在我国具体的教育环境、教育问题下，过程评估具有浓厚的中国特色，其对教学过程的评估也是对以目标为导向的形成性测量评估的一种突破。

（四）管理评估

管理评估有助于为英语教学管理工作指明方向。想要准确、恰当地对教学管理的质量进行评估，首先必须了解英语教学管理的概念。英语教学管理是指根据英语教学的规律和特点，计划、组织、控制和监督英语教学工作。英语教学管理评估就是对这一过程及结果的评估。通过评估教学管理，教师能够发现管理中的问题，并及时加强和改进管理工作。

英语评估教学管理的实施必须明确以下两项内容。一是教学管理评估包括的内容，如对第二课堂的评估、对学校及其下属单位教务管理方面的评估等。二是科学、合理的评估指标。一般而言，评估指标包括：教学规章制度、教学计划、教学工作的具体实施、教学检查、教务工作等。

（五）课程评估

科学、合理的课程设置有助于提高教与学的质量。因此，英语教学评估必然涉及对课程的评估。课程评估是对英语课程价值及功能的评估，主要有三个代表模式：斯塔弗尔比姆（Stufflebeam）的 CIPP 模式，泰勒（Taylor）的行为目标模式以及斯克里文（Scriven）的目标游离模式。

1.CIPP 模式

CIPP 模式以决策为中心，是一种将背景评估、输入评估、过程评估和结果评估结合起来的评估模式。

2. 行为目标模式

行为目标模式以确定目标为中心来组织教学活动和教学评估。行为目标模式下，预定目标决定了教学活动，教学评估的任务就是判断实际教学活动是否实现了这一目标、实现了多少，并通过教学反馈调整教学活动，以便以后能顺利地完成任务。

3. 目标游离模式

与行为目标模式不同，目标游离模式并不考虑目标，而主要通过检验方案的结果来判定价值。

第二节 大学英语教学评估的原则

当代英语教学评估要遵循一些原则，下面就来做简要介绍。

一、主体性原则

主体性原则包括学生在学习中的主体性和教师在教学评论中的主体性两方面。

（一）学生在学习中的主体性

学生是课堂教学活动的主体，英语教学的一切活动都应以促进学生的发展为目标。因此，英语教学评估应以学生的综合语言运用能力发展为出发点，要有助于学生正确认识自我、树立自信心，及时反思、调控自己的学习过程，从而促进综合语言能力的发展和提高。

（二）教师在教学评估中的主体性

教师是课堂教学评估的重要的引导者，教师在教学评估中的主体性主要体现在以下两个方面。一是教师参与课堂评估指标体系的制订。每位教师都必须清楚课堂教学评估的目标和要求，掌握评估的基本操作技能。二是教师必须掌握课堂评估的技巧，把课堂评估纳入正常的课堂教学之中，增强反思性教学研究。

总的来说，教师的主体性仍然是以学生为中心的。可以说，在各类评估活动中，学生都是积极的参与者与合作者。教师掌握课堂教学评估的方法、技能是为了更好地帮助学生认识学习现状、学习潜能以及自我评估对自身学习能力发展的意义，从而帮助学生在学习过程中积极、有效地进行自我评估，不断提高学习的自主性。

二、目的性原则

英语教学评估对学生和教师都有重要意义，因此应当遵循目的性原则，以便对师生切实有益。

从教师的角度来看，不同评估方式的预期目标不同，适用的范围也不同，因此教师对于各种评估方法的目的及其预期的效果应有所了解，只有这样，才能在诸多评估方式中做出正确的选择。另外，教师在选择时还应结合自己班级和课堂的具体情况，并且注意各项方法技巧的作用。

从学生的角度来看，对于教学评估的诸多方面都应该让学生有所了解，如教学评估的重要性、各种评估方式的操作和作用等，这样才利于学生的积极配合，保证教学评估的有效进行。

三、真实性原则

英语教学评估旨在为英语教学提供反馈，而反馈的信息必须真实，这样才能真正帮助教师和学生改进教与学的效果。因此，英语教学评估必须遵循真实性原则。

所谓真实性，是指在对学生学习结果的评估过程中，强调在真实生活情景下对学生的发展进行评估，在真实性评估中应该包括真实性任务、活动、表现或挑战。美国学者戈兰特?威金斯（Grant Wiggins）认为，真实性评估具有以下五个特点。

一是评估既可以是对学生学习结果的评估，也可以是对学生学习过程的评估。评估要凸显评估的诊断与服务功能，即为学生的学习提供有效的反馈和建议，而不仅仅是选拔与区分功能。

二是强调在现实生活的真实情景中，给学生呈现开放的、复杂的、不确定的问题情景

以及需要整合知识和技能的活动任务来对学生进行评估，评估重在考查学生在各种真实的情景中使用知识、技能的能力，而不仅仅考查学生对知识信息的积累与占有程度。

三是真实性评估承认个体差异，主张对不同的学生提供不同的评估策略，以适应各种能力、各种学习风格以及各种文化背景的学生。

四是在进行真实性评估前，必须制订好用以评估学生的“量规”或“检核表”。所谓“量规”，是一种界定清晰的、用来对学生的表现或作品进行评分或等级评定的评估工具。

五是评估通常被整合在师生日常的课堂活动中，成为教学的一部分。在真实性评估中，评估是师生共同的任务，学生不再是测验的被动接受者，而是评估活动的积极参与者，学生参与评估是学生学习的一种形式。

四、发展性原则

发展性原则指的是教学评估着眼于促进学生发展，侧重于观察和衡量学生的表现，着眼于促进教学水平的不断提高，激励教师转变观念，进行教学改革。

一方面，教学评估有检查、选拔和甄别的作用；另一方面，教学评估的基本目的是促进学生发展、提高和改进教学实践。因此，教学评估应该坚持发展性评估原则，也就是说，要以发展的眼光对主体的变化进行客观性的评估，重视对教学过程的评估，强调评估内容多元化、评估过程动态化以及评估主体间的互动等，从而最大限度地发挥评估的价值。

概括起来，教学评估的发展性原则主要有以下特征。

一是注重个性化和差异性评估。发展性原则要求评估指标和标准是多元的、开放的、体现差异的，对信息的收集应当是全面的，对评估对象的价值判断应关注评估对象的差异性，有利于评估对象个性的发展。

二是注重激发人的内在情感、意志、态度，强调个体的和谐和发展，提倡以人为本。

三是在重视指标量化的同时，更突出强调质性评估的作用，同时认为过于强调细化和量化指标很可能会忽视一些很重要因素的作用，如情感、态度和其他相关因素。

四是不仅关注教学过程中的静态、常态因素，更要关注教学过程中的动态变化因素，由师生之间情感等的交互作用而使得教学出现的偶发性和动态性。

五、效益性原则

英语教学评估要遵循效益性原则。效益性原则是指在单位时间内所取得的教学成果与所付出的物质代价和精神代价的比例，该原则有助于评估英语教学中的教学活动是否适宜。教学活动本身是为了完成相应的教学目标，每一个教学环节和相应的教学活动都是为了达到这个教学目标而存在的。教学处理方式不同，其效果和效率也存在很大的差异。因此，效益性原则就成为判定某些教学活动和教学环节是否恰当的一个重要标准。评估的效益性原则有助于激发教师的教学创造性，同时也是通过教学评估提高英语教学效率的重要方法。

六、过程性原则

英语教学评估的过程性原则是指教师要改变以往评估中过分重视总结性评估的倾向，把评估对象当前的状况与其发展变化的过程联系起来，并将一次性评估改为多次性评估。只有保证教学评估正常进行，才能使评估发挥出良好的作用。因为教学评估是监控学习过程的一种手段，以形成性测验为主，并不是简单的单元测验，不是期中、期末考试，也不是总结性测验，在进行时必须经常且要有规律性，使其成为一种过程的连续性，才能使得实施的效果得到保障。要落实这一原则，我们就需要将评估纳入正常的教学之中，使其对学生的学习和教师的教学真正起到实时监控的作用。

七、情感原则

人文主义心理学强调，要促进人的全面发展，必须使认知和情感两个方面有机地结合起来。以往的教育过多关注大脑的理性和认知功能，而忽视了非理性方面的发展，导致了“情感空白”。根据克拉申（Krashen）的“情感过滤”理论，人们在接受所输入的语言材料的过程中往往会受到其情感因素的影响和制约。如果他们有积极的情感，则情感的过滤作用就小，大量的“可理解输入”就会进入语言习得机制，并内化为他们的语言能力；如果他们的心理状态差，其情感因素就会对输入的语言材料进行过滤，阻碍语言材料的有效输入。因此，在英语教学评估的过程中，教师要考虑到学生的情感因素，善于发现学生的优点，让学生从评估中了解自己的发展状态以及个人的发展潜能，并从中体验进步与成功，从而增强学习的信心和进步的动力，提高学习效果。

八、多维性原则

教育教学是为了促进全体学生的全面发展，因此教学评估就要体现多维性，力求得到全面、客观的评估结果。对教育教学方式进行多维性评估，可以使教师的教育教学方式更加灵活多样，从而使课堂充满活力；对课堂教学进行多角度的评估，不仅可以使教师的思考更加全面，而且可以使学生的情感更为丰富；教师对不同学生的关注，可以使全体学生都能得到全面均衡发展。教学评估的多维性原则，实际上就是要求评估者要从多个角度引导教师关注学生的个性发展。

（一）评估方式的多维性

不同层面人员参与教学评估，可以从多个角度审视教学，从而进一步改进教学。

1. 教师要能进行自我评估

每一节课结束后，教师要反思自己的教学，总结这一节课教学的成功之处，找出问题之所在，及时对自己的教学策略、教学方案进行调整或改进，让自己获得更好、更快的发展和进步。

2. 教师要能接受学生的评估

学生直接参与课堂学习，有亲身的感受和经历，因此对课堂教学最有发言权。不管学生是否把对课堂教学的感受用语言表述出来，在心里都会对每一节课每一名任课教师进行评估。教师必须意识到自己的教育教学行为时时刻刻都在接受学生的评估，因此在备课当中应多站在学生的角度思考问题，设计教学行为。

3. 接受教学主管、其他教师以及家长的评估

由于不同的评估者自身的素质和背景往往不同，因而看课的角度和对课程的看法也会存在不同。让不同的人参与到对课堂教学的评估当中，可以使课堂教学得到更客观、更公正的评估，从而使授课教师得到更为全面的指点。

（二）评估内容的全面性

三维目标要求要有对知识与技能、过程与方法以及情感、态度、价值观的评估。教师往往重视前两者的评估，但容易忽略对看不见、摸不着的情感、态度、价值观的评估。实际上，教学过程就是育人过程，而第三维目标恰恰就是培养人的目标，更应该受到重视。因此，在英语课堂教学中要加强对情感、态度、价值观这一目标达成的评估。

九、反馈性原则

英语教学评估的反馈性原则和目的性原则是相辅相成的，遵循反馈性原则是为了更好地实现评估的目的。

（一）评估分类

在教学评估结束后，教师需要对评估中获取的信息进行分类综合，找到学生学习中共同存在的问题；然后在分析“双峰”现象、检查计划完成情况的基础上，制订下一步的教学或评估计划。

（二）及时把评估信息反馈给学生

通过评估反馈信息，学生可以对教师采用的这种评估方式有一个整体性的了解，同时了解自己在学习方面的不足和差距，从而促使教师和学生采取相应的措施给予改进与提高。因此，应该将评估阶段获取的信息进行分析整理之后及时反馈给学生，最起码应将部分信息反馈给学生，以避免学生对评估的不认同或反感。

（三）教学评估可进行适当量化，以此作为反馈的一种手段

Angelo&Cross 曾建议不对教学评估分等级，但也有研究发现，分级形式的评估能起到更加有效的作用。但在分级评估时，需要清楚的是，这样做只是为了更清晰地进行反馈，作为教师来说，不可以把它作为检验学生学习成绩的体系，而且也不能盲目采用分级量化的方式进行课堂评估，应该视具体情况来定。

第三节　大学英语教学评估的价值与功能

一、英语教学评估的价值

（一）完善教学过程

课堂教学过程是帮助学生达到一系列既定教学目标的过程，而教学评估则是课堂教学过程的有机组成部分。科学的教学评估有助于完善教学过程，具体体现在以下几方面。

1. 教学前的评估

教学前的评估既可以是一节课开始之前的评估，又可以是一个教学单元开始前的评估，甚至可以是一门课开始之前的评估。教学前的评估，其主要目的是明确学生是否具备即将开始的学习所必需的知识和技能，换句话说，就是要确定学生的学习准备情况。教学前的评估是进行教学活动的基础，直接关系到教学目标是否能够达成。一般而言，教学前的评估难度较低，同时评估的内容通常仅限定在学习应该必备的最基本的知识和技能上。

2. 教学过程中的评估

教学过程中的评估主要被用于监测学习进步，检测学习中的错误，并为学生和教师提供反馈，往往为形成性评估提供基础。教学过程中的评估不仅是监控学生学习进展最重要的手段，而且是进一步教学的基础。通常来说，这些评估涵盖的是事先确定了的教学内容，如某一章所包含的知识和技能。因此，实际应用中的形成性评估内容比较狭窄，而对于那些同样很重要的教学目标，如情感、态度、价值观等就很少涉及，这是在形成性评估中要注意的。

除了形成性评估在教学过程中具有重要作用之外，教学过程中的诊断性评估同样具有重要作用。在英语教学中，教师要善于发现那些在形成性评估中持续出现困难的学生，对这类学生必须采用诊断性评估来确定问题之所在，从而为学生的发展提供最有价值的建议，促进学生的发展。

3. 教学结束时的评估

在一节课结束时，或者是一个教学单元、一门课程结束时，教师往往要确定学生的预期学习成果是否能够达标。而为了获得这些信息，教师就必须使用相应的评估。一个教学单元结束后的单元测验，不仅可以为学生提供反馈信息，还可以在激励他们从事更有挑战性的工作、布置补偿性的作业、评估教学等方面具有重要作用。而教学结束时的总结性评估，如确定学生的学业成就或等级分数，则可以为分流、安置学生等提供相应的信息。因此，教学结束时的评估，既可以是形成性的，也可以是总结性的，甚至在有些时候还可能是预

备评估。但是，无论是哪一种评估，都是课堂教学的有机组成部分，能为教学的顺利进行、教学工作成效的提高以及师生的评估等提供及时、有效的反馈信息。

（二）促进师生发展

1. 对教师的意义

在英语教学过程中，教师不仅需要做出一系列的判断与决策，而且需要全面、深入地了解学生的能力趋向、学业成就、态度、价值观、学业潜能等，这就需要应用到相应的教学评估手段和教学评估技术。对于教师而言，教学评估有以下的意义。

（1）促进学生的进步

教学评估能够帮助教师了解学生是否取得了预期的学习进步。评判学生是否正令人满意地朝着预期的教学目标迈进，为是否进行教学调整提供信息，是教学评估的作用之一。可以说，能否及时促进学生的进步对于学生的发展具有重要作用。诸多研究表明，合理开发和应用教学评估能够有效提高学生的学业成就。

（2）有效地诊断学生的优势和不足

了解学生的优势和不足，不仅能够为教师进行有针对性的指导提供帮助，而且可以帮助教师确定在今后教学中需要解决的问题。另外，通过教学评估，教师还可以知道学生已经能够做什么，他们的学习准备情况怎样，以便为下一步的教学做好准备。

（3）评估自己的教学

教师可以根据学生在评估中的表现来评估自己的教学效果，帮助教师决定是保留现行教学方法，还是对现行教学方法进行修订，或者是采取新的教学方法。

（4）树立正确的教学观念，形成正确的教学行为

对教师来说，由于教学评估往往整合了有关教与学以及有关师生发展的新的理论成果，因此通过教学评估能够促使教师不断反思自己的课堂教学，在反思中改变自己的教学理念，并形成正确的课堂教学行为，不断提高自己的课堂教学水平。

2. 对学生的意义

对学生来说，教学评估能够促进他们更好地发展。课堂是学校教育的最主要的场所，课堂教学是学生发展最重要的阵地。课堂教学的效果可以说是教学成败的关键。因此，如何有效提高课堂教学的效果，成了众多教育教学研究者和实践者孜孜以求的目标。枯燥无味的课堂教学不仅不利于学生发展，而且还会降低学生的学习兴趣和学习欲望，从而对学生的发展起到某种抑制作用。而有效的教学评估，不仅可以真正确立学生在课堂教学中的主体地位，而且可以促进学生积极参与课堂活动，使得学生充分活动，形成良好的教学氛围以及和谐的师生互动关系。在这样和谐、融洽的课堂氛围中，学生才能更好地学习，得到更好的发展。

二、英语教学评估的功能

评估对英语教学极其重要，这与评估的功能密切相关。英语教学评估具有以下三项功能：

导向功能、预测功能和激励功能。

（一）导向功能

英语教学评估的导向功能可以使评估对象朝预设目标前进，主要体现在以下几方面。

1. 为教与学指明超前方向

教学评估具有一个导向的基本框架，这只是一般意义上的导向，超前评估的导向构想也是评估的一个重要构成。我们必须对这种超前导向的功能给予充分的重视，因为教学评估来源于教学实践，并落实在教学实践上，只有先于教学实践而发挥作用，才能真正发挥指导功能。否则，导向的作用就会大大降低。

2. 为教与学指明努力方向

评估的结果对教师的教和学生的学带来直接的影响。教学评估必须形成一个科学的体系，使评估为教师和学生确定全面发展的达成性目标，使教师和学生能够通过每个小目标的实现最终实现整体目标。这就意味着评估必须发挥正确的导向功能，使教与学沿着正确的轨道向前发展。

3. 引导教学朝国家教育发展方向前进

教学评估的导向功能能够引导学校、教师的教学思想能够与国家教育发展的方向保持一致。学校教育应体现国家的教育方针，根据国家对学生德、智、体、美、劳五个方面的要求来把握教学与评估的内容，使学校教育符合教育发展的趋势。这就要求学校必须具备正确的教育观、教学理念和正确的办学方向，必须意识到教学除了要教授知识、训练基本技能之外，也不能忽视对学生潜能的开发以及社会责任感的培养，促使他们成为独立的、有思想、有素质的人。

（二）预测功能

预测功能是指根据评估对象的现状来预测、调查、观察其发展趋势，获得尽可能多的数据和事实，据此筛选可供评估的因素并对其进行科学的分析和逻辑的推导。预测功能可以使评估效果得以最大优化，评估价值得以最理想化。

想要充分发挥评估的预测功能，必须充分掌握、整合、加工、分析评估对象的各项信息，对学生未来的发展方向进行预测，对学生的发展提供有价值的指导和意见。在此过程中，还应注意使用恰当的评估方法，从而实现预测的最大效应。

（三）激励功能

英语教学评估对评估对象具有激励功能，即评估能够激发评估对象的情感、斗志、精神。通过评估，学生能够获得自己学习方面的各种信息，并能够对这些信息进行分析和研究，从而发现学习中存在的问题并采取相应的措施加以改正，最终提高学习效率。教师也可以发现自己在教学中存在的问题以及学生学习上的问题，并做出相应的改进和指导。师生的这些改进、调整措施都是在评估的激励功能下产生的。由此可见，评估的激励功能可以促

进教师的教、学生的学，并最终提高教学质量。

具体来说，英语教学评估的激励功能表现在以下几个方面。

1．对教学管理的激励

英语教学评估能够提高教学管理的针对性和有效性，使管理更加有效。英语教学应重视质量管理，这样才能切实增强教学的效率。教学评估是衡量教学水平和教学工作是否达成目标的“尺子”。通过教学评估，校方能够检查教师把握和执行教学大纲，考查教师的教学能力、教学态度、教学改革与创新的情况等。通过对这些信息的收集、分析，可以发现教学管理中的漏洞和薄弱环节，为提高教学管理水平、改进教学管理工作、开展教学改革提供依据。

2．对学生的激励

英语教学评估能够及时而全面地反映出学生学习中取得的进步和存在的问题，刺激师生采取改进措施，为学生的学习奠定良好的基础。通过“教学或学习评定量表”的调查分析，教学评估所提供的教学信息对教师和学生都具有激励意义，除了能够使教师全面掌握教学信息外，也能让学生清楚地看到自己在学习中的表现，发现自己学习的情况与教学目标之间的差距，进而改进学习活动。

3．对教师的激励

教学评估能够为教师的教学改革决策提供必要的参考信息。通过这些信息，教师能够了解学生学习中的个别性问题和普遍性问题，同时掌握这些问题的性质、程度以及产生的原因。通过教师对学生的评估、教师对教学的自评、学生对学习的自评、学生对教师的评估以及其他教务人员对教师、学生的评估，教师和学生在教和学的过程中存在的问题、问题的程度及原因都能得到全面而准确地反映，这有助于教师有针对性、有目的性地调整教学内容和教学进度。英语教学评估一方面能够使教师了解教学中存在的问题，掌握产生这些问题的原因，进而改正不足，提高教学质量；另一方面还有助于教师利用各种评定量表了解学生的学习情况、在每一阶段的达标情况、在学习各项内容中表现出来的能力以及在班级中所处的位置，进而有的放矢地进行个别指导，因材施教。

第四节 大学英语教学评估运用技巧

英语教学评估除了需要遵循以上原则外，还要根据具体情况选取不同的评估技巧。

一、对学生的评估技巧

（一）档案评估

档案是组织或个人在以往的社会实践中直接形成的清晰的、确定的、具有完整记录作用的固化信息。对于学生档案，其在教学上的应用便是对学生进行评估。档案评估法可以将课程与教学同评估相结合起来，贯穿到日常的教学活动中去。

1. 学生档案的形式

学生的学习档案袋一般有两种形式：课堂记录卡与个人作品档案袋。

（1）课堂记录卡

学生在学习档案中可以收录课堂学习的重要资料，以便帮助学生及时了解自身的学习过程和学习方式。采用课堂记录卡的形式可将在课堂中发生的事情如实记录下来，客观地描述自己在课堂上的表现。课堂记录卡一般由学生自己填写，并标明具体时间，然后收集在档案袋里。

（2）个人作品档案袋

个人作品档案袋可以收录学生在学习过程中通过各种形式的实践活动所获得的收获和成果，便于师生及时了解。其内容可以是学生撰写的优秀小论文、获奖证书、他人对自己的评估以及自我评估结果等。此外，还可以将学生录音、照片 / 画、与同学的合作项目等收录到个人作品档案袋中。

2. 学生档案的收集

学习档案材料的收集方式有很多。如果决定了要进行学生学习档案评估，教师就应该在新学年一开始就设定一个总的计划，如使用学生学习档案的最终目的是什么，要收集些什么材料以及由谁来收集。一旦清楚了这些问题，收集资料活动的组织就容易多了。由于收集资料需要一个漫长的过程，只要坚持记录有关学生学习过程就可以了，因此教师就要培养学生的学习习惯——收集他们所有的东西一并找一个存放的地方——就是学生学习档案。

制作学生学习档案时，收集资料并不是一件难事，选择收集哪些资料则是极为困难的事。因此，学生应该先学会如何整理挑选出合适的资料放进学生学习档案中。通常教师会以学生的口头讨论开始。学生参照教师提供的优秀作业的标准和样本进行讨论，并口头反思彼此的作业。学生进行口头讨论时，教师要将学生谈到的问题进行归纳总结。当学生掌握了口头讨论的基本模式，并且会用现成的标准去评定他们自己的作业后，再转向笔头反思。笔头反思有助于学生从评估中学习，了解自己的优点和不足。同时，教师也能知道学生对自己作业的看法，当发现一些不恰当的看法时，教师可以做及时的提示与引导。当学生有能力评价他们的作品并且收集一定数量的作品后，他们就可以将挑选出来的作品收集到学生学习档案里。如果要学生建立一个写作档案，就需要选择如下项目。一篇重要的文章，并说明选这篇作品的原因以及完成的过程和感受；一篇满意的文章和一篇不满意的，并说明对两篇文章的思考。如果学生愿意还可以再加上对不满意作品的改进意见；一篇文章的写作过程；随便选一篇文章以及选它的理由。

3. 学习档案的制作

（1）读书笔记的制作方法

读书笔记是学生对所读书籍、文章的即时记录，坚持记录读书笔记，这有助于学生养成认真思考的习惯。在教学过程中，教师可以鼓励学生就所读内容发表看法。这不仅有助于学生了解文章、书籍的内容，培养良好的读书习惯，同时也有助于学生锻炼写作能力。

（2）阅读 / 写作档案的制作方法

每份档案都应包括要求的项目（required contents）、任意选择的项目（optional contents）以及评论（comments）。

（3）学生学习档案总结表的制作方法

学生学习档案总结表上通常包括：学生姓名；老师姓名；日期；学校名称；要求的项目，如阅读范例、阅读策略 / 写作范例、学生自评等；任选项目，如所读书单、内容摘要和评论、阅读成绩等。

4. 对学生档案的评估

完成学生学习档案的制作以后，就要检查学生所选项目是否符合档案要求，并对其进行评估。评估学生学习档案时应注意以下几个方面。一是档案是否整洁、易读。二是档案中的材料是否组织得好。三是档案中是否有具体范例。四是档案内容是否能够清晰、全面地反映学生一个阶段的学习成果。五是档案是否能够体现不同课程之间的联系。

（二）同伴评估

所谓同伴评估，主要是指通过学生之间的沟通与合作来实现评估。因此，沟通能力和合作态度是影响评估结果的两个重要因素。由于不同学生的沟通能力、合作态度有所不同，而且同学间彼此信任、真诚的互相评估也需要一定时间的培养，因此同伴评估不是一次就能实现的。在初次使用同伴互评的时候，教师应注意采取一定的策略来帮助学生执行评估活动。

当然，同伴评估也可以通过简单的活动来落实。例如，教师可将全班学生分成若干小组，每个小组完成一个任务。在这期间，教师应鼓励组中每个成员都积极思考，共同合作完成任务。活动结束后，教师要求每位小组成员都对自己和他人的贡献做出评估。

同伴评估不能盲目进行，必须遵循一定的规则。例如，学生在谈论自己的观点或发表评论时要有理有据，不能依个人主观偏好评论。教师可以让几个学生评估一个学生，每一个评估者都要根据被评估者的课堂表现写评语，评语的重点放在被评估者的优点及改进的建议上。然后，被评估者根据同学和老师的评语反思自己的表现并撰写总结，确定改进的目标。

（三）自我评估

现代英语教学强调对学生自主学习能力的培养，学生要对自己的学习负责，即要在日常学习过程中检测、监控自己的学习情况。因此，自我评估也是对学生评估的重要组成部分。

自我评估就是让学生通过积极思考自己在学习方面的问题，自己评估自己的学习情况。通过自我评估，学生可以正视自己取得的成就，发现自身存在的不足，从而自我调控学习进程，培养对自身学习的信心和责任感。

在进行自我评估的过程中，教师的任务主要有两个：一是根据评估目的制定自我评估表，引导学生进行自我评估；二是通过与学生讨论他们的自评实施过程与结果，能够了解学生的学习态度，也能使学生清楚地认识到自己的学习情况。

（四）专门调查

1. 问卷

问卷是评估者向学生提出一系列的问题或情景，要求学生回答有关问题来获得所需信息的评估方法。问卷法通常用于评估学生的兴趣、态度等。为确保问卷调查结果的真实性，问卷的设计、发放、回收及分析都必须科学、简洁。

2. 访谈

访谈又称“座谈”，是指评估者通过与学生进行面对面的交谈来获取所需信息的评估方法。访谈时，评估者可以提出结构性的问题和非结构性的问题。所谓结构性问题是评估者事先确定好的一批问题，无论哪位同学回答都是同样的问题。非结构性问题则是围绕中心目的的提问，随着访问的发展状况，确定特别的问题。

（五）观察

观察是指通过有目的、有计划地观察学生在日常学习中的表现并加以记录，从而对学生的学习情况做出全面评估的一种方法。观察作为评估英语教学行为和技巧的最基本的评估工具被广泛地应用。所有语言信息收集的方法都可以被认为是在特定情况下使用特殊方法来了解学生学习的行为、态度或策略。

观察分为正式和非正式两种。所谓正式观察就是采用标准化的观察方法；非正式的观察则是对学生某一方面行为规范的观察。观察可以随时进行，但也需要按照系统的方法进行，以保证其客观性。

（六）学科成绩测验

学科成绩测验即我们通常所说的语言测试或考试，是最常用的评估学生学业的技巧。与其他评估方式相比，语言测试具有高效、便捷的特点，量化的考试成绩易于在学生之间进行横向比较，从而为教学提供有益的反馈信息。考试的适用面也较广，通常用于判断学生知识、技能的掌握水平及其他方面的发展状况。此外，由于考试的答案较为固定，因此评估的结果也相对较为公正。考试主要可以分为两种：标准化考试与课堂测试。

1. 标准化考试

所谓标准化考试，是指采用现代教育技术对学生的英语能力进行测量并符合严格规范要求的大规模考试。标准化考试通常是专门的机构或组织设计、组织和实施的，具有科学

性较强、质量较高、控制较严、费用较高的特点，主要适用于大规模的教学评估。标准化考试的目的是提供一种公认的客观标准，通过对学生语言运用的抽样检查确定学生的实际语言能力，其通常跨地区甚至跨国界，涉及大量的考试。我国非英语专业大学英语四、六级考试就是一种常模参照、标准相关的大规模标准化考试。

2. 课堂测试

课堂测试是教学中最为常用的评估方法，可以评估学生一个教学单元、一学期或一学年教学目标的实现情况。课堂测试的主要形式是笔试，一般由教师组织、设计和实施。传统的课堂测试采用闭卷考试，新时期的课堂测试法要改变传统的考试内容和方式，将对学生知识和能力的考查有机结合起来，将开卷考试和闭卷考试有机结合起来。课堂测试主要应注意以下两个方面。一是要强调实体的真实性和情景性，便于学生形成对英语学习和使用的领悟能力、解释能力和创造能力。二是要强调学生解题的过程，尽量减少客观题，增加主观题和开放题的比例。不仅要重视考试结论，还要重视结论得出的过程。

需要指出的是，尽管学科成绩测验的结果比较客观、公正，但任何考试都不能完全真实地反映学生学业成就的整体面貌。因此，我们要用辩证的眼光来看待学科成绩测验，既不能全盘否定，也不能将其视为黄金法则，当成衡量学生学业的唯一方法。

二、对教师的评估技巧

关于对教师的评估，这里主要介绍对教师授课质量的评估技巧。首先要根据教育目标要求制定出科学合理的评估指标体系，然后系统搜集教师授课活动的有关信息，并据此分析和判断教学质量，最终为改进教学工作、提高教学质量提供依据，指明方向。评估教师授课质量的具体方法有很多，最常使用的是以下三种。

（一）调查

上述我们介绍了问卷和访谈等对学生的评估方式。事实上，调查不仅可以评估学生的学业，还可以同时评估教师的授课质量。问卷和访谈也是调查法最常用的对教师的评估方法。通过调查法可了解特定教师在一段时间内的教学情况，多用于专门鉴定教师的综合教学水平的管理性评估。

（二）分析

分析是通过对教学工作进行定性分析来评定教师授课质量的，一般没有专门的评估标准，而是依靠测评人员的学识和经验进行评估。分析可以分为他评和自评两种方式，其评估结果以定性描述为主。

分析的优点能够突出主题或主要特征，且简便易行；其缺点是主观性较强，规范性差。因此，分析适用于以改进教学工作为目的的日常教师授课评估，不适合规范的、管理型的教师授课质量评估。

（三）综合量表评估

综合量表评估十分注重教学活动的具体分解、对信息化处理和将标准进行统一，因而是一种比较精细的数量化的评估方式。它具有标准具体化、结果准确率高、评估人员主观干扰较少的特点。

三、对教材的评估技巧

教材是教学活动中最基本的和最重要的资源，也是教学过程的重要组成要素，因此对教材的评估很重要。评估课程材料通常需要涉及的方面有：课程原理、计划、标准、教学辅导材料、教师指南、教学计划和教案等。教材的评估标准主要包括合理性和可行性。为了落实课程教材的评估，必须实现标准的具体化。由于关于课程教材评估的标准是大量的，所以在实施时，应根据对象的特点、目的、材料形式及适用领域，加以选择和重组，同时还应确立每一指标的加权方法，并兼顾数量和品质两方面。

具体来说，常用的课程教材评估的方法包括观察、实验和专家判断等。

（一）观察

在课程评估中使用观察，主要是用于了解教学运作过程、实施过程，确认课程实施的困难及目标达成度，了解课程产生的非预期结果，并确认资料收集的效率。观察可采用事件记录、查核、系统观察和非结构性观察等方式和技术。

（二）实验

实验是将课程方案当成实验方法加以操作，再处理产生结果，进而对课程材料做出判断的一种方法。

（三）专家判断

专家判断是利用专家的权威性、中立性及说服力，运用其知识和专长来提供对课程材料的意见和判断。收集专家的分析判断意见，可采用调查法、送审法、会议法以及内容分析法等。

四、其他实用评估技巧

（一）电子化评估

基于计算机开展的电子化评估是随着计算机和互联网技术发展起来的一种新型评估方式。由于计算机具有运算速度快、自动化程度高、信息吞吐量大的优点，将教学评估和计算机网络相结合具有很大的优势：能够大大简化评估的操作，提高评估的效率和效度；使过程评估的理念得以贯彻落实，解决过程评估中出现的一系列问题等。

计算机网络的普及对电子化教学评估的发展和完善起到了极大的促进作用。目前，在部分经济发达的地区，计算机网络已经成为课堂教学的重要工具，这也为开展电子化评估

提供了基础。

（二）缝补性评估

缝补性评估也是一种教学中的评估方式，是指利用缝补性文本来评估某个任务。这种“缝补性”文本的产生主要来源于“反思笔记”。这种评估方法产生和分享学生在进行一个项目的过程中的信息，同时最后结果的产生也以这些信息为基础。通常情况下，设计、使用缝补性文本的过程一般包括以下环节：布置任务；明确要求；提出注意事项；开始进行；过程中实时评估与反馈。

（三）研讨式评估

研讨式评估是集中体现课程、教学与评估整合的一种典型的质性教学评估方式。它是把学生在“班级参与”和“课堂讨论”中的表现作为学生表现评估的一部分。

研讨式评估的操作步骤如下。第一，明确教育教学结果。第二，选定研讨采用的文本。第三，教师提出一个起始问题。第四，选择记录研讨过程的方式或设计简明的记录表。第五，以多种方式完成评估。

这种问题研讨可以采用多种方式来实施，如可以把它作为毕业学业以及结业作业的展示，也可以作为课堂评估的一部分。无论采用哪种方式，都要确保问题设计的巧妙性，且具备一套与之配套的、标准的评估准则。

目前，我国的研讨式评估还处于引进摸索阶段，主要适用于对学业成绩的评估，但对于学生能力发展的评估具有十分重要的借鉴意义。此外，该评估方法使课程、教学和评估有机地融合在一起，这种思路也是当前各种质性评估方法的一种共同趋势。

第八章　大学英语选修课程和第二课程建设

第一节　大学英语选修课程建设

新世纪的大学教育十分重视人的素质教育，注重人的全面协调发展和可持续发展。“厚基础、宽口径、强能力、高素质”是当今人才培养的目标，也是大学人才培养的主要目标。大学英语选修课是我校课程体系中不可或缺的重要组成部分，它相对独立、灵活多样，真正反映教与学的供求关系，反映了当前社会进步和职场变化的现状。加强大学英语选修课建设，不仅有利于学生完善知识结构，扩大知识面，发展学习兴趣和个性，培养应用性和创新性人才，而且有利于学校从教育观念、课程设置、教学内容与方法、师资队伍和教学管理等方面推动整个教学改革，成为教学改革的重要组成部分。

一、大学英语选修课程建设的必要性

（一）选修课程的含义

要明确选修课程的含义，首先要了解选修制度。正式的选修制度由美国教育家埃利奥特（C.W.Eliot）于19世纪60年代在哈佛大学确立和推行的。选修制度是个性化教育、个性化课程的有机构成，是支撑个性发展的必要条件。个性化教育是尊重个性，发展个性的教育，它要求教师一方面尽可能发掘每一个学生潜在的可能性，另一方面又承担起塑造学生成为社会出色角色的长远目标。“学会选择”是个性化教育、个性化课程的基本宗旨，学生根据自己的动机、兴趣和个性特征选修适合自己发展需求的课程。因此，构筑个性化

教育、个性化课程体系是选修制度的重要组成部分。

选修课程是指依据不同学生的特点和发展方向，容许个人选择的课程，是为适应学生的个体差异而开发的课程。选修课程的出现，打破了单一的必修制，有利于人才的培养。从课程价值观看，选修课程与必修课程具有等价性，二者拥有同等的价值，没有主次之分。必修课程的“公平发展”理念给每一个学生平等的受教育机会，而选修课程的“个性发展”理念给予每一个学生适合的个性化教育。必修课程与选修课程相互渗透、相互作用，构成一个有机的课程体系整体。选修课程不是必修课程的陪衬，它是具有相对独立性的课程领域。

（二）大学英语选修课程建设的必要性

在古代和近代社会，世界各国普遍采用全必修的课程制度，即只有必修课，没有选修课，所有学生都必须学习国家规定的完全相同的课程，没有选择余地。这种课程制度与当时的经济发展水平是相适应的。但随着时代的发展，这种整齐划一的课程体系逐渐暴露出很多弊端，很难适应社会发展的需求。大量开设选修课，实行必修课和选修课相结合的课程体系是课程改革的必然趋势。必修课适应学生的共同需要，为学生打下牢固的语言基础；选修课程适应不同学生的个体需要，发挥各自的优势，因材施教。

1. 社会发展的需求

随着社会的发展，经济国际化、全球化和人才多元化的趋势日益明显，而目前高等教育所培养的人才缺乏国际竞争力，不仅会对我国高等教育国际化进程，及提高我国高等教育的国际竞争力带来影响，更重要的后果是由于缺少具有强国际竞争力的人才从根本上会影响我国综合国力的提高，进而从整体上影响我国的国际竞争力。因此，打破单一的全必修制度，开设选修课成为迫切的时代要求。

2. 体现“宽口径、厚基础、强能力、高素质”的人才培养模式

人才培养中选修课程占总学分 40% 左右，由多个专业方向模块选修课、通识选修课和任意选修课程构成。学生根据社会需求和个性发展需要，至少选择一个方向模块学习。任意选修课是对学校所有课程的补充和延伸，既能反映学校特色，也能多方面满足学生个性发展的需要。在学校人才培养体系下，大学英语课程任意选修开设英语高级技能课程，扩大了学生的知识面，体现了学科的交叉和融合。通过大学英语各种选修课，学生的英语实用交际能力大大增强，提高了人文素质，便于培养出更多复合型、创新性人才。

3. 调动学生自主学习的积极性，有助于教师改进教学方法和教学内容，提高教学质量

学生可自主选课，主动了解各课程要求和自身需要；学生可自主选择教师，主动了解教师的情况。教师可以看出自己的教学效果与课程的吸引力大小，以便教师及时改进教学方式方法，更新教学内容，提高教学质量，同时，调整、淘汰不适应学生实际需要的课程。学生从被动学习转为主动学习，其主体意识、个性、兴趣和潜能得到更大发挥。

4. 实现从单纯追求升学和通过考试向增强职业技能和专业发展等多元化需求的转变

英语作为一种工具，在国际政治、经济、科技、文化交流等领域越来越显示出它的重要性。大学基础英语教学仅教授一般的语言知识和技能已不能满足社会需求，必然通过更深化、更专业化、更实用化的大学英语教育，以满足实际交往的需要，达到与实际工作以及社会需要接轨的目的。

5. 提高了英语综合应用能力

压缩必修课程学分，增设选修课程门类，学生从自己的兴趣特长、认知风格、专业需求、心理特质、人格特征等诸多因素出发，在满足限定的基础水平的前提下选修适合自己的课程。这样不仅语言水平获得提高，而且在学习语言的过程中获得了一些语言应用技能和比较宽泛的知识。选修课教学打破了过去为了语言而教语言、语言与思想相脱节的传统教学模式，将培养语言技能与学习相关领域的知识结合起来，两者互为补充，相得益彰。大学英语选修课是一种学习语言的理想模式，培养了学生英语综合应用能力。

二、大学英语选修课程建设措施

本着因材施教，体现素质化教育和个性化教育的思想，完善大学英语选修课程建设，激发教与学的积极性，体现“以用促学，以用导学”的原则，鼓励学生开拓知识面，突出能力培养，在遵循和追求英语教学普遍规律的前提下，整合并修订出适应《大学英语课程教学要求》的不同课程设置及课程教学要求，将综合语言类、语言技能类、语言应用类、语言文化类和专业英语类等必修课程和选修课程进行有机地整合，从而确定了大学英语选修课程，包括大学英语预修课程、大学英语通识选修课程、大学英语任意选修课程、英语专业辅修课程和部分专业英语、双语课程等。

（一）选修课程设置层次化和多样化

学校把成才权交给学生，尽可能开设更多的大学英语选修课程供学生选择，以便尽量满足学生不同的学习需求。层次化是指开设适合不同语言水平和能力的课程，与新《课程要求》的“一般要求”“较高要求”和“更高要求”保持一致，让不同英语水平的学生都能选修适合自身水平的课程。多样化则指开设一些不同类型的课程，有强化语言基础方面的预修课程，有社会需要方面的应用性英语课程，有个性培养方面的个性化课程，还有素质培养方面的文化素质和人文素质提高课程。通过以上这些课程建设，学生既能获得更多知识，又能提高英语语言技能和跨文化交际能力。

（二）自主选择选修课程、听课方式和选择教师

学生在教师指导下，根据自身学习能力、需要和兴趣，自主选择大学英语预修课、大学英语通识选修课、大学英语任意选修课、英语专业辅修课程和部分专业英语、双语课程。学生可根据培养计划在每学期开设的各大学英语选修课程中自主选择，也可按有关规定全

程听课、部分听课和免听等修读方式在一定条件和范围内自主选择教师听课。因此，学生可依据个人情况，选择自己需要的课程、上课时间和任课教师，实现学生自主选课。

大学英语课程除新生入校第一次选课采用手动选课方法外，其他学期均实行网上选课与手工调整相结合的选课方法。全校性大学英语选修课打破过去按年级、院系统一排课的固定模式，鼓励不同年级、不同院系的学生在同一个课堂上课，鼓励学生设计符合自身特点的个性化学习计划。学生可以在学校规定的时间内，依据培养计划和大学英语选修课程的开设具体安排，在网上自主选择自己的选修课程。

（三）选修学分与学费挂钩

选修课按学分收取学费，学校应尽可能提供多的大学英语选修课程供学生选择，使学生在打好英语基础的同时，有更多提升自己的机会；学生可根据自身专业发展需要和个人兴趣爱好选择自己真正喜爱的课程，体现了把成才权交给学生的思路。

（四）建立学生选课导师制

为了全面有效推行和实施选课制度，更细致地对学生实施因材施教，帮助学生了解学校学分制，宣传介绍选课课程，制订切实可行的个人发展计划，减少选课的盲目性，建立学生选课导师制。新生进校后参加学科导论学习，了解学科性质，制定四年学业规划和将来的择业规划。学生明确了各自的学习目标，有利于学生从四年整体规划角度去选课，避免了学生在低年级段选课多，占用太多学分，高年级段没有足够的学分去选修相应课程的现象。除此之外，每学期选课之前，各学院教学主管部门召集学生，引导学生正确选课，以确保学生合理选课。

（五）压缩大学英语基础课学分，增加学生选修学分

根据教育部颁布的《大学英语教学大纲》，基础阶段的大学英语课是必修课，学生一定要完成 4 个学期 16 学分 280 学时的大学英语学习。如果还要贯彻《大纲》的“四年不断线”的思路，在第五到第七学期开设选修课，大学英语所占学分太大，在当前培养方案总学分不变甚至减少的情况下，选修变得不太可能，学生已没有精力选择更多应用提高阶段的选修课。因此，一个学生在大学英语基础阶段的必修课中已用完了所有英语的学分，势必会影响基础阶段后的英语选修课选修，学生要么放弃选修机会，要么牺牲其他专业课选修，这就更加重了专业课和公共课的矛盾。

（六）开设大学英语预修课程

一方面，随着中学英语教学要求的不断提高，学生英语入学水平不断提高；另一方面，随着高校扩招，使得一部分英语基础不好的同学进入高校，学生入校英语水平差距很大。大学英语教育对象出现明显的两极分化现象，部分学生基础英语较差，另有部分学生来自边远农村，中学阶段缺乏足够的听说训练。专业为这部分同学设置大学英语预修课程，与大学英语基础阶段学习同步，以帮助他们尽快提高基础英语水平。

（七）打破传统的“大学英语”和“英语专业”课程设置界限的束缚，学生在基础阶段可修读大学英语通识选修课

学生在修读必修课《大学英语》和《大学英语口语》的同时，可选修面向全校所有学生常年开设的通识选修课，这样既能提高自己语言知识，又能提升自己的综合素养。学生可以根据自己的水平和需要，任意选择，决定把英语提高到什么程度，决定发展哪种能力。每学期面向全校学生开设的大学英语通识选修课涉及导论型、经典著作导读型、专题研究型、学习方法与技能型四大类，以学习方法与技能型为主。

（八）专业英语和双语学习，实现了英语学习的终极目标

专业英语选修课是基础英语阶段有效的延续和加深，专业英语选修课可扩大学生专业视野，提高英语水平，完善自身知识结构，增强日后就业的竞争力。专业英语和双语教学是大学英语教学的重要组成部分，也是大学英语教学的自然延伸。培养学生具有运用英语解决本专业跨文化交际问题的能力，是大学英语教学的根本任务，也是英语学习的终极目标。这个层次的学生已经有了一些专业知识，再学习专业英语就不至于给他们造成不必要的心理焦虑，而且还能使语言知识与专业知识结合，这样做不仅可以满足学生的需求，还有助于提高学生的学习兴趣。

专业英语教学是指除英语、日语、德语等外语专业外其他各专业学生，在完成学校规定的大学英语基础阶段教学后，结合本专业英语文献开展的课程教学活动。由相关专业教师任教，文科类学院确有困难的由大学外语部教师任教。专业英语课程性质为专业模块选修课程，全校非英语专业结合本专业学科特点，须至少开设一学期，占 2 学分，36 学时，部分涉外专业如国际贸易、物流、法学等开设专业英语两学期。

总体来说，对于专业外语和双语课程设置，不单是各院系的事，也不单是外语教学部的事，只有把两个教学单位结合起来，进行优势互补，才能达到理想的效果。

（九）开设英语辅修课程，培养应用能力强的创新性人才

为更好地发挥学校综合性大学的优势，调动学生学习的积极性和主动性，拓宽学生的知识面，培养适应性强的具有创新精神和创新能力的复合型人才，学有余力且不影响主修专业学习的学生在学好主修专业同时可以修读英语辅修课程、辅修专业、辅修双专业和双学位。取得辅修资格的学生，可以根据每学期的开课计划选课修读，也可以参加学校单独组织开设的辅修班。取得辅修资格的学生，完成辅修专业教学计划规定学分后，可获辅修专业证书；修完双专业教学计划规定学分，在获主修专业毕业证书同时可获双专业证书；完成双学位教学计划规定学分且已获得主修专业学位证书者，经学校学位评定委员会审核通过后，可获双学位证书；获得辅修课程 10 学分及以上，或通过学院围绕某一技能或行业证书考试要求而组织的辅修课程，可获辅修课程学习证书。

三、对大学英语选修课程建设的思考

（一）规范教学管理

颁布的《大学英语课程教学要求》强调教务部门要建立完善的教学管理文件。各门选修课应有明确的教学目标、课程描述、教学安排、教学内容、教学进度、考核方式等。教学管理文件包括学籍和学分管理、教学考核规范、学习成绩和学习记录、考试试卷分析总结、教师授课基本要求以及教研活动记录等。除此之外，教师应编写并及时更新课程介绍及其他选课指导信息，供学生选课时参考。

（二）转变教学观念，加快师资队伍建设

大学英语选修课程是基础阶段课程的延伸和发展，是对基础阶段大学英语课程学习的补充和完善。随着全面素质的、创新型的高级专门人才需求的增长和课程设置的更新，教学主管部门和教师应转变教学观念，重点培养学生综合运用英语的能力。外语教学重心从语言知识结构转向功能需要，从孤立的语言形式转向社会环境中使用的语言形式。因此，教师应转变教学观念，单纯的大学英语必修课程已无法满足知识积累的需要，开设门类众多的选修课程是必然的选择。

众多选修课程的设置需要一批高素质、高水平的教师队伍。选修课程要求教师不仅具有基础的语言知识,更需要有传授语言所负载的政治、经济、文化、科技等领域的知识。因此，大学英语教师要改善自身的知识结构和综合素质，提高教学质量。

（三）重新定位教学模式

传统的外语教学模式中教师是教学的主体，学生处于被动接受状态，其学习的效率和积极性受到极大的限制，影响教学效果和学习效率。利用现代信息技术和校园网络资源，实现“课堂精讲，网络博览”的形式，确立了以学生为中心的教学模式。新的教学模式应以现代信息技术，特别是网络技术为支撑，结合传统的课堂教学模式，不断地充实大学英语教学内容和改进教学形式，促进学生认知能力、实践能力和创新能力的提高，使大学英语课堂教学与网络教学有效地结合，使大学英语的教与学朝着个性化和自主学习的方向发展。

（四）加快选修课教材建设

教育部公布《大学英语课程教学要求（试行）》修订稿，指出大学阶段的英语教学要求分为三个层次，即一般要求、较高要求和更高要求。在这一背景下，针对大专院校非英语专业本科生大学英语选修课教材急需开发。选修课教材建设在选修课程建设中至关重要，目前选修课很难寻求合适的教材。在这种情况下，教师可根据以下原则自编校本教材或选用合适的教材，确保学生学有所获。

以教育部颁发的《大学英语课程教学要求》为指导，并根据开设的语言技能类、语言应用类、语言文化类和专业英语类等选修课程的教学需要来选用教材，从而确保不同层次的学生在英语应用能力方面得到充分的训练和提高。

以“以用促学，以用导学”为原则，语言难度应该低于英语专业的同类教材。注重学生自主能力和合作能力的培养。教材每个单元的板块设计上，应注重教师精讲材料，教学完成教材内容的1/3，学生自主学习和合作学习占2/3。

知识和技能相结合，以技能为主，应结合课程内容多为学生提供说与写的机会，以提高学生的文化素质和跨文化交际能力。专业内容和语言知识相结合，语言和文化相结合。专业英语类教材应将语言知识和专业内容结合起来，以专业学习来促进学生英语能力的培养。语言文化类的选修课教材应以语言为载体，开阔学生视野，培养学生的跨文化交际能力和批判性思维能力。

（五）结语

在大学英语教学中开设选修课是与时俱进，顺应外语教学发展方向的必然要求和产物。合理的选修课程设置是提高英语综合能力的关键因素之一。大学英语选修课在教学模式、教学内容、教学评估和教学管理模式上的不断创新和改革，打破了过去为了语言而教语言、语言与思想相脱节的传统教学模式。大学英语系列选修课将培养语言技能与学习相关领域的知识紧密结合起来，提高学生的语言综合运用能力，增强了人才市场的竞争力，满足了我国经济和社会发展的需要。

第二节　大学英语第二课堂建设

大学英语第二课堂是相对于正规的课堂教学而言的，是学校在完成教学计划、教学大纲规定的教学活动后，引导和组织学生利用课外时间开展的各种英语学习活动。这些活动为学生提供了丰富多样、较为真实的语言运用环境，指导学生开展自主学习，为第一课堂学生主体教学和小组活动提供先期准备，丰富课堂所学内容，培养学生语言综合能力，提高其写作能力，构成课内初识、课外巩固运用的相互渗透的、有机的、立体的大学英语学习模式。第二课堂教学是整个教学活动中非常重要的一个组成部分，第二课堂和第一课堂是相辅相成：后者为前者奠定了坚实的基础，前者又有力地促进了后者质量的提高，使之得到充实、丰富和发展。第二课堂是第一课堂的有效补充和延伸。

一、大学英语第二课堂建设的重要性

大学英语的教学目标是培养学生英语综合应用能力，特别是听说能力，使他们在今后工作和社会交往中能用英语有效地进行口头和书面的信息交流，同时增强其自主学习能力，提高综合文化素养，以适应我国经济发展和国际交流的需要。由于学校与学校之间差异较大，同一学校内学生之间的英语水平也参差不齐，加上学生对英语的需求也不同，统一模式的第二课堂教学难以达到《大学英语课程教学要求》的目标和满足不同学习者的学习需

求，因此，各校开展大学英语第二课堂教学势在必行，可以从以下几个方面看出建设大学英语第二课堂的意义。

（一）第二课堂符合语言学习的客观规律

大学英语第二课堂为学生提供了自主建构、情景融合、交互合作的极大可能，是学习主体认知发展的客观需要。传统的大学英语第一课堂上，由于教学时数有限（一般每周4学时），教学内容多（除了要完成《大学英语读写教程》和《大学英语视听说》这样的主干教程外，还要完成《大学英语阅读》《大学英语写作》《大学英语语法》等辅助教程），教学模式主要以教师讲授、学生被动接受为主，是典型的以教师为中心，缺乏师生间和生生间的互动。众所周知，学习不是知识简单地从外到内的单向输入，而是创造性的处理和转换，是学习者原有的知识与一定的情景下的新信息相互作用的结果。换句话说，要学好英语，学习者必须在特定情景下主动参与、积极实践、不断积累、持之以恒，不断实现“输入—理解—内化—输出”这一信息加工过程。第二课堂创设的学习场景加大了学生的语言输入和输出量，非常有利于学生主动获取和建构知识，然后学以致用，从而实现了以学生为中心，将大学英语教学从单一的“知识传授型”转化为“综合思维能力训练型”，在弥补第一课堂输入量有限的同时，为学习者提供了大量输出的机会，让学习者在实践中检验第一课堂学到的内容，最终内化这些知识。

（二）大学英语第二课堂能充分整合英语学习资源

21世纪以来，全国普通高等院校大规模扩招，民办院校和第三批招生院校相继问世，使得大学英语教学中的问题日渐突出，如教师教学负担增加、大学英语学习资源不足、教学场地满足不了需求等。同时，随着教改的不断深入，各校办学的自主权逐渐扩大，不断推出大学英语教学改革措施，如削减大学英语必修课的学分（有的高校已经将大学英语学分减少至6个学分）、减少大学英语学时（有的高校已将大学英语必修课程的学时减少至180个学时，在第一学年完成后第三学期不再开设大学英语必修课）、调整大学英语的教学内容。与此同时，社会对毕业生的英语水平的要求不但没有下降，而且还在不断提高。由于大学英语第二课堂具有开放性、多维性、分层性等特点，它不断地给学生提供听、说、读、写、译等方面的演练机会，不管是大一新生，还即将步入社会的大四学生，只要他们有兴趣，随时都能抓住机会把自己浸泡在语言环境中，充分利用课堂以外的资源，真正实现《大学英语课程教学要求》建议的“保证大学英语学习四年不断线”。

（三）第二课堂能有效地培养学生的自主学习能力

在校大学生是国家建设的生力军，培养他们的自主学习能力是人才培养目标的重要环节，这关系到国家综合国力的强盛，是国家发展战略部署的核心。自主学习是指主动、自觉、独立的学习，它与被动、机械、接受式的学习相对。自主学习不仅有利于学生提高学习成绩，而且是个体终身学习和毕生发展的基础。自主学习涉及三个方面：一是对自己的学习活动的事先计划和安排；二是对自己实际学习活动的监察、评价、反馈；三是对自己学习活动进行调节、修正和监控。自主学习的关键之处是学生成了学习的主体，学什么、怎么学、何时学、在哪儿学都由学生自己决定。由于第一课堂的教学内容、教学模式、教学进度、评价方式有一定的程式，这样的大班教学难以满足每个学生的学习需求。相反，丰富多彩的第二课堂能满足绝大多数学生的学习需求，参加这样的活动不但能激发他们的学习兴趣，更主要的是还会不断地推动他们往前奔跑，使他们不断超越自己，最大限度地挖掘出自己的潜力。

（四）大学英语第二课堂能培养学生的协作精神

随着社会的不断发展，人们越来越重视情商（EQ）的培养。在人际交往中，与人相处和沟通能力是情商的重要体现。大学英语第二课堂的组织者和参与者都主要是学生，教师在这一系列活动中只起着牵头和引导作用，该活动的最大受益者就是参与者——学生。第二课堂的具体实施过程从三个方面锻炼学生的协作能力。首先是策划阶段，牵头的学生要与教师和校方沟通，讨论活动的主题、形式、经费预算等；其次是策划阶段结束后，进入组织阶段，牵头的学生要考虑寻求其他学生的帮助，要一块讨论活动的细节问题，只有精诚合作，相互理解和配合才能确保活动的顺利进行；再次是一切准备妥当后，进入活动的实施阶段，大量的学生以参与者身份参加进来。由于参与者是自愿的，他们是从心底里喜欢这些活动，为了确保自己最大限度地受益，他们都会竭尽全力地彼此配合，让这些活动在轻松愉快的氛围中进行下去。

（五）大学英语第二课堂是素质教育的重要阵地

我国实行改革开放政策以来，大学英语教材建设历经多年的积累，经过三个阶段的发展，取得了丰硕的成果。不容置疑的是，不管教材编写得如何好，由于是面向一个班的学生授课，教材内容、教学模式、课堂氛围等环境因素极易让部分学生处于焦虑、畏惧及逃避等心理状态。而第二课堂活动不但能帮助学生在轻松愉悦的环境中，扩大学生的英语词汇量，掌握英语语言知识，拓展语言技能，了解英美等国的风俗习惯，还能帮助他们涉猎世界文化、历史、地理等领域的知识，了解人文、社会科学知识，进一步提高其文化修养。大学英语第二课堂具有时间和空间选择上自由、方式灵活多样等优越性。它通过提供大量实践的机会，使学生接近自然语言环境，在实际运用过程中，掌握所学的语言知识。这在一定程度上能弥补教材在内容和形式上的局限和单一，为跨文化交际能力的培养和建构立体的知识架构打下基础。

（六）大学英语第二课堂是大学校园文化建设的重要形式

校园文化是学校发展的灵魂，是凝聚人心、展示学校形象、提高学校文明程度的重要体现。校园文化对学生的人生观、价值观产生着潜移默化的深远影响，而这种影响往往是任何课程所无法比拟的。健康、向上、丰富的校园文化对学生的品性形成具有渗透性、持久性和选择性，对于提高学生的人文道德素养，拓宽同学们的视野，培养跨世纪人才具有深远意义。大学英语第二课堂活动是校园文化建设的重要形式之一，它以介绍外语文化、

提升学生英语综合运用能力为目的，实现了第一课堂与第二课堂之间的联动，创造了外语学习的真实情景，形成了外语学习的生态链，帮助学生在英语学习中不断飞跃，使他们的英语学习之路越走越宽。

二、大学英语第二课堂建设的内容

大学英语第二课堂是第一课堂的延伸，给学生创设了英语学习氛围，它具有开放性、综合性、灵活性、兴趣性和自主性等特点，各校可结合自身的特点，围绕听、说、读、写、译等语言技能开展大学英语第二课堂建设。

（一）英语广场

一般称之为英语角。以前参与者不多，组织者也就找个不太大的场所供大家交流。由于口语交际能力日渐突出，参与学生越来越多，这一“角落”也就搬到了“广场”上。英语广场的形式虽然不拘一格，话题能时时更新，但组织者可以学期为单位加以安排。同时，在组建专门的英语广场指导教师队伍时，可组织以英语为母语的外籍留学生担任兼职辅导老师。为了吸引更多的参与者，可将广场角分为初级区、中级区和高级区等，每个区设置不同的主题。例如，初级区的主题可以教材为基础，讨论教材上的环境问题、教育问题、代沟问题等，刚入门的大学生也有交流的话题，不至于只被动地听，缺乏互动；高级区可讨论时事和社会热点问题，如当前的大学生就业、公益事业等。

（二）语言能力展示

丰富多彩的英语竞赛活动，使学生有充分展示自己才华的舞台与机会。各校可统筹安排，开展听、说、读、写、译方面的竞赛活动，如英语口语大赛、英语笔译和口译大赛、英语辩论赛、英语写作比赛、英语短文背诵比赛、英文歌曲比赛、英语故事会、英语词汇大赛、英语阅读大赛等。这些比赛除在全校范围内开展外，还可在不同的群体中举行，如以专业、年级、二级学院为基础。校内的这些大赛能激发学生的表演欲望和学习兴趣，使他们从中发现不足，互相总结交流，共同提高。同时，还可以发现尖子，为培养高层次人才和高级别赛事做准备，如 CCTV 演讲赛、全国大学生英语竞赛、全国大学生英语写作大赛、全国大学生翻译大赛等。

（三）英语语言文化节

学校可为学生设立一个英语节日，以充分体现学生在学校的主体地位和主人翁角色。一年举办一次历时四周左右的大学英语文化节，给学生搭建一个展现自我、展现英语综合运用能力的平台，开展英语歌曲、英语戏剧、英语话剧、英文诗歌、英语演讲等表演活动。该活动由大学英语文化节组委会牵头，各院系根据学生人数选拔一定量的优秀节目参加汇报演出。要尽可能多地让学生参与进来，营造出良好的英语学习氛围，使学生的英语听说水平在特定的环境中得到检验、锻炼和提高，真正把大学英语文化节办成大学生自己的节日。举办大学英语文化节时，可考虑让英语专业学生推出一定数量的节目，一是展示英语专业学生的英语语言综合能力，二是供大学英语学生进行比照，让他们了解自己的优势，看清与专业学生的差异，进而勾勒出下一步发展的蓝图。

（四）英文影视赏析和教学片

为了迎接教育部组织的本科教学评估，各高校相继加强了硬件建设，现在的大学英语教学一般都能在多媒体教室进行。换句话说，普通教室都可以用来播放英文影片，为影视赏析提供了便利条件。外语影视不但能够提供丰富的文化、社会背景，造就一种亲临其境的课堂氛围，它还通过创设真实、生动的语言环境，使学生接触到原汁原味的表达形式，引导学生恰当使用语言素材，而这些是传统教学形式很难全方位实现的。除了播放学生感兴趣的英语原版影视外，也可以安排《走遍美国》（American Album）这样的教学片，使学生不仅能够扩大英语语言的输入量，还能增进对英语国家的文化和社会风俗习惯的了解。

（五）英语晨读

英语晨读不仅给学生创造了良好的锻炼口语、培养语感、增强用英语思维的机会，还可促进学生的身心健康。为了坚持晨读，学生必须养成按时就寝、按时起床这一良好的生活习惯。为了更好地开展晨读，除了要给学生提供便于晨读的场所外，还应该尽可能多地给他们提供读的资源，而不是单一的教材。因此，各校需要加强晨读资源建设，如演说名篇、经典美文、小说名段等。

（六）英语讲座

大学英语第二课堂的内容丰富，相应的讲座也应该是多维度、多层次的。新生进校后，他们迫切需要的是如何转变英语学习方法方面的讲座；影视赏析前，可以引导学生了解影片的背景、电影脚本的语言、电影对白的部分难点和句型；那些在备考大学英语四、六级考试的学生急需的是应试策略方面的知识。同时，学生除了是这些讲座的听众，也可以成为主讲人，如可以邀请交流学生介绍他们的国外生活感悟，邀请大学英语四级、大学英语六级、托福、雅思等考试的高分考生介绍他们的学习经验。

（七）大学英语无线广播发射台

为了更好地开展大学英语听力教学，各高校都建有无线发射台。只是不少学校的利用率低，除了期末考试和大学英语四、六级考试外，平时很少使用。实际上，我们除了可通过该发射台播送大学英语听力材料外，还可播送经典的英文歌曲、经典英文电影对白、朗读英文美文、教师和学生的访谈等，介绍英语国家的社会、文化、科技、教育、历史、地理、哲学等知识。同时，也可以利用发射台播放从英语广播电台录制而来的节目，如 VOA 和 BBC 的对外广播节目，这些节目发音准确且地道，内容极具多样性，生动时尚，为学生提供了很好的学习例证。

（八）自主学习中心

英语的学习与使用离不开语言环境，特别是真实的语言环境。基于网络的大学英语自

主学习中心，无论从“视觉环境、听觉环境”，还是从“心理环境、情景认知环境”等方面，都可以为英语教学与学习创造新的环境。大学英语学习中心是现代教育技术与大学英语教学改革的产物，它越来越受到学生的欢迎，因为只要学生登录系统后，就可以置身于较为真实的英语语言环境，模拟学习现场，开展有效的学习。大学英语学习中心内容丰富，资源齐全，能满足个体学生的需求，是第一课堂强有力的补充。

（九）大学英语课程网站建设

利用学校校园网创建大学英语学习平台，在该平台上不仅可以通过教学公告、课程说明、课程大纲等节点介绍本校大学英语教改和课程要求，让学生心中有数，还可通过名家点津、学法指导、自主听力、口语天地、阅读演练、写作导航、模拟试场等节点给学生提供大量的自主学习资源。学生可以通过该系统的师生交流平台提出自己在英语学习中遇到的问题，等待教师通过网络给予的解答。学生也可以根据自己的实际情况，选择适合自己的学习时间和地点进行学习，使用平台上丰富的学习资料，从而调动了学生进行第二课堂学习的积极性。此外，学生通过网络提交的作业，教师在网上阅读后如果不满意，还可以让学生重做，直到满意为止。这种通过网络布置作业、上传学习资料、批改作业、查看学生的学习进度、网上测试成绩，并以此进行评估的学习模式，给老师和学生节省了大量的时间和精力。

（十）习作和译作汇编

学语言光听不说，光读不写，是学不好的。现在，有不少学生只知道戴着耳机听英语，埋头读英语书，却不开口练着说英语，也不开口朗读名篇、名段，还不动手做笔头练习，写英语文章。只有语言的“输入”（通过听、读吸收语言），却无语言的“输出”（通过口头和笔头表达思想，应用学到的语言），是学不好语言的。为了鼓励学生多写、多译，多给他们创造用英语的机会，应定期开展写作或翻译大赛，将优秀的习作或译作汇编成册。同时，可将这些优秀的习作或译作挂在本校的大学英语课程网站上，供其他同学赏析。

（十一）英语答疑

学生在英语学习中肯定会遇到这样或那样的问题，如果不解决，势必会影响后续阶段的学习，因此，开展大学英语答疑就势在必行。从我们开展答疑的情况可以看出，学生学习英语的积极性非常高，他们不但会询问如何记忆单词、如何学好语法等一般性问题，还会了解如何根据自己的实际水平选择大学英语选修课程、如何有机地融合听、说、读、写、译等语言技能。答疑能帮助学生消除疑惑，让他们少走弯路，增强他们学好英语的信心。

（十二）校报英文版

每所大学的校报报道的主要是自己学校在过去这周刚发生或即将发生的事情，具有相关性、时效性、可读性、信息量大等特点，是全校师生密切关注的出版物。我们在过去两年内尝试推出了校报英文版，主要采用双语模式，报道的内容是中文版没涉及的。由于这种互补型校报报道的都是师生关心的、涉及本校的大事，在师生中产生了较大影响，收到良好的效果。

（十三）英语寝室

英语寝室与课堂教学互动这一教学模式是浙江工商大学依据《大学英语课程教学要求》，基于克拉申（Krashen）二语习得理论和交际教学法教学原则，结合英语教学实践设计的一种大学英语教学模式。该教学模式强调以学生的语言实践活动为中心，把大学英语课堂教学与学生自主学习能力结合起来，以提高大学生英语综合技能，特别是语言交际能力。课堂教学与英语寝室在该模式中是有机的统一体，教师布置英语寝室口语作业后，督促学生在寝室预习课文、讲英语，下次上课时在课堂上先检查寝室作业完成情况。同时，指导小组定期帮助学生组织举办各类英语赛事，如英语演讲赛、辩论赛，使课堂教学与学生的寝室英语活动产生互动。在这一新型教学过程中，第一课堂教学与英语寝室相互结合，相互补充，相互促进。

三、大学英语第二课堂建设原则

第二语言习得理论认为，学习外语和提高外语应用能力的一个重要方面就是充分利用课外时间进行实际应用性的实践练习。课内教学与课外实践练习的比例至少应为 1 ： 4。充分利用好课外时间，进行有效的课外活动是提高英语应用能力的重要途径。由于大学英语第二课堂建设内容没有明确的范围，校与校之间学生的英语水平也存在一定差异，因此，各校的课程建设措施不尽相同。下面我们讨论大学英语第二课堂建设的基本原则。

（一）以学生为中心，满足个体需求

《大学英语课程教学要求》明确指出，大学英语课堂教学要以学生为中心，作为第一课堂延伸和拓展的第二课堂，学生更应处于中心位置。英语对每个大学生来说，其重要性各不相同，彼此的学习重点自然不一样，国际贸易专业的学生重点在于提升自己的口语交际能力，水产专业的学生主要是为了阅读英文文献。此外，大学生自身英语学习能力和英语实际水平也存在较大的个体差异。因而，第二课堂的英语教学应善于捕捉学生在英语方面的不同学习需求，为学生提供多元化、多层次、多维度、多结构的教学服务，确保第二课堂设置充分体现个性化，给学生充分展示自己的空间。

（二）以群体参与为导向，开展大众化服务

大学英语第二课堂以丰富的内容、不同的层次满足个体需求的同时，千万不能忽视它的大众化服务功能。换句话说，我们开发大学英语第二课堂活动时，首先要想到该项目能否让众多的学生参与进来。主要原因有三：一是目前的教学班人数普遍在 40 人以上，繁重的教学内容使得第一课堂以教师讲授为主，学生缺乏实践机会，因此，大家都迫切需要在第二课堂上将第一课堂所学知识付诸实践，检验并固化自己的知识，提高自己的语言应用能力；二是英语是一门实践性很强的课程，需要大量的练习活动才能学好，而大量的练

习又主要依靠人际互动，比如积极参与第二课堂活动，把自己置身于真实的语言环境中；三是通过参加群体活动，学生可以提高自己的情商，掌握人际交流策略，增强协作精神和责任心。

（三）以营造真实语言环境为目标，突出实践性

第一课堂的重点在于传授知识，帮助学生打牢语言基本功，教师不可能组织和开展深度的语言交际活动。我们开展第二课堂教学，就是帮助学生将书本知识应用到实践中，让他们在使用英语的过程中掌握所学知识，进而培养他们的语言运用能力。因此，第二课堂英语教学活动要在形式上力求新颖，围绕听、说、读、写、译开展的各种实践活动，创造真实的语言环境。只有在强调实践性的基础上，第二课堂才能有效地与教学结合起来，学生的英语综合运用能力才能得到真正提高。通过第二课堂开展实践教育的方式是多样化的，各项活动应能覆盖专业知识、事业发展、社会认知、为人处事、日常生活等学生个人提高发展的方方面面，这样对于提高学生的业务素质、人文素质、思想素质才会有促进作用。

（四）以兴趣为出发点，坚持适度原则

大学英语第二课堂是辅助性的教学活动，组织者和参与者主要是学生，这些活动旨在提升学生学习英语的兴趣，激发他们的求知欲和探究热情，让他们从第一课堂的“接受者”变成第二课堂的“积极参与者”，让他们在参与过程中慢慢掌握英语。因此，设计这些活动时，绝对不能太复杂，对学生的英语水平要求也不能太高，要确保参与者都能有所收获，即实现克拉申（Krashen）提出的 i+1 原则。其中，i 是学生现有的水平，i+1 是将要获取的信息，或将要达到的语言水平。换句话说，我们设计的所有大学英语第二课堂活动，可以分层次，照顾不同水平的学生，但都要确保学生在尽力跳的情况下能摘下树上的“苹果”，确保他们每次都能有所收获。

四、大学英语第二课堂建设的保障措施

大学英语第二课堂是一项系统工程，涉及学校的多个部门，需要群策群力和各方面的重视、参与。要使各项活动取得实效，必须建立保障措施，充分发挥学校相关部门的指导和监督作用，发挥学生社团和学生的主体参与作用。

（一）加强领导，组织协调

大学英语第二课堂建设事关全校大学英语教育质量，涉及外语学院、教务处、学工部、团委、计财处、各二级学院等多个部门。例如，集中视听资料，开放听力自习室、录像室；开放计算机室，实行学生网络自学、教师网络辅导答疑等一系列工作都需要相关部门的配合，需要投入大量的人力、物力、时间和精力。为此，各级领导应对该活动给予充分的重视和支持。应成立大学英语第二课堂领导小组，可由主管教学的副校长或主管学生工作的副书记担任组长，成员应该包括上述部门的领导。每个学院（或系）应该有一个的牵头人，负责指导本学院学生会和团委组织学生参加活动。外语学院可成立大学英语第二课堂指导

小组，该小组由一名组长和若干名成员组成，负责专业方面的指导和把关。

（二）经费到位，保证运转

英语是一门工具性课程，对学生后续的职业发展有较大影响，因此，学校领导应高瞻远瞩，充分认识到大学英语第二课堂的独特作用，加大对大学英语教学的政策倾斜，增加大学第二课堂的投入，将大学英语第二课堂纳入常规教学工作范畴，给予经费支持。同时，学校应主动牵线搭桥，争取社会上教育机构、社会团体、企业的赞助和支持，尤其是那些事业有成的校友的支持。经费是否到位，到位多少，将直接影响到大学英语第二课堂教学的质量。

（三）民主选题，有的放矢

大学英语第二课堂的规划要考虑学生的主体参与性，以及能否激发绝大多数学生的英语学习兴趣，取得实际的效果，达到本校人才培养目标。不管是采用某项教学模式，还是开展某项教学活动，事先都可通过问卷调查或访谈进行调研，征求学生的意见，根据学生的兴趣与实际需要安排取舍，做到民主选题，有的放矢。把开展什么活动的决定权交给学生，才能激发他们的参与积极性，才能保证他们在参与的过程中掌握有效的学习方法和学习策略，只有这样，这些活动的价值才能得以实现。

（四）分工协作，科学管理

大学英语第二课堂指导小组一般在年初或上一年年底制定出该年度的活动计划，但由于大学英语第二课堂教学具有开放性特征，除了常规活动外，一些偶发活动也很有举办价值。例如，国际性会议、国际性竞赛、贸易洽谈会等大型活动都需要志愿者担任翻译。要在短时间内组织学生顺利完成这些任务，只有依靠精细的分工协作和科学管理。由于大学英语第二课堂指导小组成员有明确的分工，分别负责诸如英语研究与辩论、口译、戏剧表演等具体活动。负责该项活动的成员要非常熟悉自己这一版块参与人员的英语水平，做到有活动就能召集到合格的参与人员。

（五）责任到位，多级评价

任何活动的顺利完成都离不开事先的合理规划，过程的认真管理和监督，事后的恰如其分的总结和评价。大学英语第二课堂这一全校性活动涉及多个部门，活动内容丰富，时间跨度大且相对分散，如果没有合理的监督和考核，很难取得预期价值。我们可以制定不同的考核措施，对参与该活动的部门或人员进行考核。在二级学院层面，可将大学英语第二课堂建设成绩作为一个考核指标，与师资队伍建设、宣传工作、学生工作、本科教学、研究生教学专项指标同等看待，分出 A、B、C 三个等级后给予各学院相应的奖励；在教师层面，对那些付出大、成绩显著的大学英语第二课堂指导教师，学校不但应承认指导工作量，评审职称时还应该给予倾斜；在学生层面，那些积极参与大学英语第二课堂、且取得优异成绩的学生，评优或评奖学金时应有优先权，同时，学校在某些第二课堂活动项目还可以

设置学分，以吸引更多的学生积极参与。

我们一直在强调学生在大学英语第二课堂活动中的主体性，但是也不能忽视教师在该活动中的介入作用。因为中国学生从上幼儿园开始，在学习过程中一直有父母在身边指导和点拨，进入大学后，他们普遍存在学习自主性和自我管理能力不强、学习策略和认知能力需要提高等问题，此时，教师就应该在第二课堂活动中充当好设计指导者、组织协调者、评价和促进者的角色。教师的介入有助于建立师生间畅通的交流渠道和融洽关系，对在参与第二课堂活动中遇到困难和挫折的学生，教师可及时帮助他们确立正确的认知归因，修正自己的学习策略。

在建设大学英语第二课堂方面，每个高校都有丰富的教学资源，关键在于如何发挥各部门和教师的积极性，让他们转变观念，加强组织和管理，加大挖掘和开发力度。多维度、多层次、多结构的大学英语第二课堂教学可全面培养学生听、说、读、写、译等语言能力的立体系统。它可以使大学英语教学逐渐从结构主义过渡到交际功能主义，从以教师为中心逐渐过渡到以学生为中心，从词汇、语法教学逐渐过渡到主题教学，重视学生英语能力的全面发展，使学生在用中学，学中用，提高英语学习的动机和兴趣，培养自主学习能力。

第九章　大学英语教材建设和课程资源建设

第一节　大学英语教材建设

一、大学英语教材的发展历史

（一）新中国成立后至 20 世纪 60 年代前

新中国成立初期，我国并没有公开出版的大学英语教材，各个高校的英语教师负责为本校的学生编写英语讲义。20 世纪 60 年代，新中国成立以来的第一份教学大纲试行草案才问世，该大纲主张英语基础知识的学习要结合专业来进行。在该大纲的指导下，编了新中国成立以来第一套影响力深远的大学英语教材，即《高等工业学校英语》，还针对文科非英语专业的学生编写了教材《英语》，在当时也颇具影响力。当时的教材遵照教学大纲试行草案的要求，着重展开语法教学和课文句型分析，强调锻炼学生的阅读理解能力，较少顾及学生其他方面英语能力的培养。

（二）20 世纪 60 年代至 20 世纪 80 年代中期

20世纪60年代后，我国人民学习英语的热情有所激发。在此背景下，20世纪80年代，《大学英语教学大纲（草案）高等学校理工科本科四年制试用》问世，这份大纲明确了英语学科在高等教育中的重要地位，对当时的公共英语教学提出了明确的要求，极大地改观了当时公共英语教学散乱无章的状态。大连海运学院主编的教材《基础英语》就是在这份大纲的基础上编写的，后续随着与国外交流合作机会的增多，许多新潮的英语教材相继被开发

出来，这一时期的大学英语教材跟第一阶段的英语教材类似，主要还是培养学生的阅读能力，但是同时也开始关注听说能力和写作能力，阅读能力的培养也从强调语法分析转移到获取有效信息方面。

（三）20 世纪 80 年代中期至 20 世纪 90 年代中期

随着英语教学水平的提高，学生语言交际能力的提高受到了越来越多的重视，这时期的教学大纲明确提出分级教学，并主张组织相应的国家级考试考核学生的英语水平。以这一时期教学大纲为指导的教材主要包括了《大学英语》《大学核心英语》等。这些教材已经开始尝试重点培养学习者的语言交际能力，全面发展学生的听、说、读、写、译能力，并设计大量的练习巩固基础知识。可以说，这一阶段的大学英语教材的教学目的在于培养学生具有较强的阅读能力和一定的听、说、写、译能力，使他们能以英语为工具交流信息。

（四）20 世纪 90 年代至今

20 世纪 90 年代以来，随着《大学英语教学大纲》的正式公布实施，大学英语教学步入了一个全新的阶段。在这个时期，许多优秀的大学英语教学教材纷纷涌现出来，比如《新视野大学英语》《大学英语》《大学核心英语》等，之前的许多经典教材也纷纷根据新大纲的要求做出了内容的调整和修订，教材编写迎来了百花齐放的新格局。这一时期的教材，其概念和内涵都有了极大的延伸，既包括了传统的书本教材，也包括了一些多媒体课件。这一阶段的教材更加重视培养学生的语言应用能力，以适应社会不断提高的用人要求。教材的编写者为了全面提高学生的语言应用能力，更加注重语境的创设，因此，编者更加追求教材内容的地道和原汁原味，更加强调教材知识的实用性、知识性和思想性。

同时受教学改革思潮的影响，教材的编写者也开始越来越多地关注学生的学习需求，教材编写从以教师为主体正在向以学生为主体过渡。

二、新建本科院校大学英语教材使用现状

在目前的大学英语出版市场上，群雄逐鹿，权威的出版社主要有：外语教学与研究出版社、高等教育出版社、上海外语教育出版社，也有一些一流大学的出版社，像复旦大学出版社、华东师大出版社等，各自都出版了一些比较优秀的大学英语本科教材。但是，这些教材大多都是根据一流院校学生的英语水平来编写的，不是很符合新建本科院校的办学理念和教学要求，不利于新建本科院校的人才培养工作。

另外，由于许多新建本科院校在大学英语教材的使用和建设方面缺乏规划，在选择教材时往往比较片面，与其他课程的沟通不太到位，没有考虑到本校各个方面的实际情况来拟定教材编写规划，或者考虑不够深入周全，导致出现课程难易度不均衡、内容重复等问题。

（一）教师教学方面

尽管目前权威出版社出版的大学英语教材的编写水平的确比较高，新建本科院校英语教师对于这一点普遍也比较认可，但也有教师认为目前所使用的英语教材还存在一些问题，

比如部分教师认为目前使用的英语教材偏难。目前，各新建本科院校有相当大的一部分学生的英语基础较差，英语水平参差不齐，所以在新建本科院校的英语教材中应适当增加一些基础性的知识，内容、词汇量等应当适中，要适合现在新建本科院校学生的水平。除此之外，在所使用的英语教材中，大都注重学生阅读能力的培养，对学生的沟通交际能力以及实用写作能力的培养重视度不够。

另外，在教学过程中很多教师除使用现成的英语教材以外，往往还花费相当多的时间在各种资源中查找有关材料，但有时这些资源中也并不一定有教师所需要的东西。此外，随着大学英语改革的深入，英语教材选用的素材也越来越新，涉及面非常广泛，但相当多的英语教师原来的专业以语言文学方向为主，对某些领域的专业知识知之甚少，这些都会影响到具体的教学效果。因此，在教材中补充比较充足的、适当的有关资料以满足课堂教学的需求是非常有必要的。

（二）学生学习方面

从各个渠道的信息来看，和传统本科院校的学生相比较而言，新建本科院校学生的英语基础和英语学习能力都相对差一些。这些院校的学生普遍单词量较小，语法基础大多也比较薄弱，一般只能进行非常简单的日常会话和交流，对英语国家的有关文化知识了解甚少,实际应用英语的能力也比较低。但与此同时,学生们对于提高英语水平的愿望非常迫切，希望学到与自己专业关联度大、实用性较强、难易度适中、内容丰富有趣的英语。对于目前使用的教材他们的不满意度较高，认为听力、口语练习较少；词汇量偏大；课文中的注释不够详尽，有些单词、语言点和内容不甚理解；内容比较陈旧，不太适用，涉及面比较窄，等等。

近年来，新建本科院校的教学基本上是跟随传统本科院校的模式。对于英语教学来说，不同的教学条件和基础决定了简单重复传统本科院校的教学模式是没有出路的。新建本科院校的学生有着自己的具体特点和需求，应该根据他们的需要，有针对性地选择或者编写出适合新建本科院校学生自己特色的英语教材。

三、大学英语课程建设中的立体化教材建设

（一）立体化课程建设和立体化教材建设的内涵

信息技术、多媒体技术和网络技术的发展非常迅猛，也为当代大学英语教学带来了新的发展契机，为此，各地的教育部门和出版行业都纷纷展开了对大学英语立体化教材的开发与建设。这里所说的立体化课程建设，就是指在信息化的教育环境下，将数字化的学习资源、虚拟化的网络空间与传统的课程资源及教学活动进行有机的结合，师生之间利用学校、课堂、网络、通信、生活实践等活动方式将知识学习、经验建构和社会体验联结一体的课程与教学过程。立体化教材建设是立体化课程建设的重要手段，立体化课程建设是立体化教材建设的必然结果，二者都是建立在现代信息技术基础上的。

大学英语立体化教材是在建构主义理论和现代教育理论指导下开展的多媒介、多用途、多层次的教学方案，是以传统纸质教材为基础的，主要包括传统纸质教材、电子音像教材、网络教程以及课程服务支撑平台等。相较于传统的纸质教材，立体化教材具有明显的教学优势，它极大地提高了信息技术和网络技术在大学英语教学中的利用率。创新式的教学环境和教学方法赢得了师生、家长的广泛好评，具有以下几个方面的优势：第一，交互性。立体化教材的实施，可以拉近师生之间的距离，师生之间、学生之间可以通过网络实现在线交流，顺畅地交流缩短了疑问解答时间，有利于开展协作式学习模式。而且目前发达的网络体系使得学生在学习时间、学习场所安排方面更加自由，学生学习的主动性大为提高，学生完全可以根据自己的学习情况和学习能力为自己制订学习时间表。第二，集成性。多媒体技术可以将画面、声音、文字形象地整合到一起，有助于为学生创设生动具体的语境。在真实生动有效的语境刺激下，学生的学习效率也会获得大幅度提高。第三，开放性。传统教材注重的是知识的复制性，而且教材内容比较陈旧，脱离了学生的生活实际，难以提起学生的学习兴趣。网络课程可以很好地弥补传统教材的这一缺陷。网络课程内容借助先进的网络技术可以实现定时更换，可以确保为学生提供新鲜地道的语言学习材料，满足学生的猎奇心理和学习需求，为师生之间就热点话题展开热烈讨论打下坚实的基础。

随着大学扩招，学生数量大幅上涨，学习水平差距也进一步拉大，面对有限的师资力量，面对大量不同学习主体的个性化学习需求，传统教材已经呈现出捉襟见肘的局面，而立体化教材可以很好地解决上述问题，由此可见，立体化教材建设是大学英语课程建设的必然趋势。

（二）立体化教材建设面临的现实问题与解决途径

立体化教材建设理念自 21 世纪被引入我国教育界后，多年来已经取得了长足的进步，并且硕果累累，但是与国外发达国家相比，还存在不少现实问题。

1. 观念和形式都较为落后，不能满足学生最新需求

目前，我国高校英语立体化课程建设主要采用的是纸质教材、光盘和网络学习大厅相结合的模式，而这种方式已经不能满足学生现阶段对教学的需求。随着信息技术的快速发展，人类已经步入了 5G 时代，对于现代的大学生来说，智能手机已经不再陌生，平板电脑等移动终端也是随处可见。以前比较普遍的基于计算机多媒体技术的学习模式已经不太适合现在学生的最新需求，越来越多的学生对基于移动终端的移动学习模式充满期待。但是目前的出版社和高校还鲜有推出类似的针对移动客户端的学习服务。国外教材出版机构在这方面做得就比较好，许多在线学习平台都

针对目前移动终端、智能手机系统做出了调整，比如 Course Connect 就迅速开发出了支持 Ipad 登陆的英语学习系统。麦格劳·希尔出版集团也在立体化教材中植入了大量的二维码，智能手机扫一扫就可以获得新鲜的语言学习材料。不少高校的学生还纷纷下载使用了语法训练、阅读训练、听说训练为主要内容的 App 客户端。可是这些形式的教材在我国高校校园中还极为少见，可见，我国得在数字媒介的推陈出新方面加大努力。当务之急，

校方和出版社应该联合起来，成立专门的调研小组和研发小组，通过分析，精确定位学生的需求，积极开发迎合学生需求的，基于云计算、移动客户端、二维码、手机 App 等的学习系统。

2. 有限的经费投入导致立体化教材的物质基础和人才配备都有所欠缺

从目前的情况来看，大学英语的立体化教材建设是一个庞大的系统工程，因为无论是直接从国外购买教材资源，还是自主研发符合学生需求的软件系统，或是进行师资培训都需要投入大量的经费。虽然我国教育行业 IT 投资的规模在逐年增加，但是与国外发达国家相比，这一比例还远远不够，而且大笔的经费被用到了硬件引入方面，在技术维护等方面的软件经费相对较少。重硬件轻软件，重技术轻应用的问题是我国高等院校普遍存在的一大问题。由于经费投入不足，导致校园网运行故障时有发生，科研教学都不可避免地受到了不稳定的网络连接的影响。由此可见，加大经费投入，重视软件投入和应用建设投入，加强立体化教材应用的外部条件建设，是大学英语立体化教材建设的关键。

3. 内容复制性严重，创新性不足

许多高校都积极引入了立体化教材，但是教学效果却没有达到预期效果。立体化教材的内容应该与教学模式和教学目标相匹配，应该是传统教材的拓展和延伸。但是事实上，当前许多网络教材仅仅是对课本知识的复制，创新性不足，极大地影响了学生的学习自主性和积极性，这也是许多学生不愿意参与网络学习的重要原因。虽然不少高校都规定了学生网络学习时间，但是由于内容重复性严重，许多网络教材习题就是书本原题，导致学生提不起学习兴趣。有些高校没有将书本内容直接复制到网络，而是引入了大量的在线测试题库，几乎涵盖了语法、发音、阅读理解、写作等各个项目，但是却没有加以精选筛选，大量的题目测试与教学目标背道而驰，极容易引起学生的厌学情绪，得不偿失。一些自制力较差的学生，甚至将网络自主学习当作了玩网络游戏、QQ 聊天的机会。还有些教师虽然将多媒体技术和网络技术引入了教学，但是无法有效组织教学，只是将多媒体技术和网络技术作为一种活跃课堂气氛的工具。由此可见，大学英语教材立体化建设还有一段很长的路要走，需要我们的教师在实践中不断摸索前进。

寻找迎合学生兴趣、满足学生需求的、地道的语言教材并不容易，需要耗费教师很多的精力。一直以来，我们高校的立体化教材建设主要是针对学生建立学习资源库，高校和出版社是否可以考虑为高校大学英语教师建立立体化的教辅资源库呢？也就是说通过建立教师资源共享的平台，让不同学校的教师、同一学校不同学院的教师可以在一起交流，共享彼此的教学资源，互相学习，互相借鉴，这样就可以极大地丰富教学资源。此外，我们也可以在网络学习系统中授予学生上传学习资料的权限，对于地道的有价值的学习资料上传者给予奖励，当然最好有教师负责审核这些教学资料，审核通过后再出现在学习系统中，供学生学习探讨。总之，就教师而言，提供新鲜地道的语言学习材料给学生，对教学过程进行创新，提升学生的学习兴趣和改善学习效果都是十分必要的。

4. 教材内容更新不及时，反馈机制不健全

大学英语的立体化教材应该是一个一体化的教学方案，内容通常应该包含主干教材、教辅资料和测试系统几个方面。出版大学英语教材的出版社在给付了这个一体化教学方案之后，提供的后续服务往往很少。比如，教辅资源更新很慢，也较为落后，导致学生学习动力不足，这主要是由于目前大学英语教材的订购方式导致的。传统的订购主要是经销商订购，出版社不直接面对高校师生，导致师生的使用反馈容易被忽略。但是近年来，高校教材订购的方式也在逐步改革，在订购教材方面，高校给了一线教师越来越多参与其中的权利。我们的教师也可以联合起来，就目前立体化教材中广泛存在的问题加以调研总结并与大学英语教材的出版社展开交流；而教材出版社为了赢得市场，也会越来越重视师生的反馈和诉求。只有建立及时科学的反馈制度，才能真正确保立体化教材的内容和质量向着师生的期望不断靠拢。

（三）大学英语立体化教材的前景预测

大学英语立体化教材经过了多年的发展，已经取得了比较大的成效，展望未来，立体化教材建设的前景是难以估量的。首先，随着信息技术的不断发展，迎合最新的信息技术，针对不同对象提供个性化的服务是将来发展的一大重点方向。比如可以针对不同学习主体、不同的学习水平、不同的语言习惯制订有差异性的学习内容等。其次，大学英语立体化教材的建设还需要与国外出版社展开合作，以实现共享学习资源的目的。与国外出版社进行战略合作，以共享教学资源，一方面，可以让学生领略到地道的西方语言表达，感受到西方的文化精粹；另一方面，国外先进的数字信息处理技术的引入也可以积极推进我国的教材立体化建设。我国的一些高校已经积极地与国外出版集团展开过合作，并取得了理想的实践效果，如北京大学出版社与美国著名的汤姆森学习出版集团（Thomson Learning）实现合作，出版了大学英语立体化网络教材。

综上所述，加强大学英语立体化教材建设对于激发学生的学习兴趣，开展自主学习和改善教学效果都有重大意义。但是不论是教学理念的革新、教育经费比例的加大、优秀师资力量的培养，还是学生自主学习习惯的培养，都需要很长一段时间，也就是说，在今后相当长的一段时期内，教材出版的形式仍然以传统纸质教材为主。我们必须认识到，大学英语的立体化教材建设是一个巨大的系统工程，我们不能贪大求全，必须循序渐进地进行。我们要努力从教学需要的角度出发去开发适合不同学习主体的立体化教材。同时，我们应该在教学实践中不断地反思，要认识到科学的大学英语立体化教材建设必须是与教学实践紧密结合的，要在学习国外教材建设经验的基础上，积极探寻一条适合我国的大学英语立体化教材建设之路。

第二节　课程资源的内涵及其分类

课程资源是课程内部的构成要素和运作条件，它不断地为课程及课程实施提供必要的物质、能量和信息，是课程和课程实施的坚实基础和重要保障。课程实施的范围和水平，不但取决于课程资源的丰富程度和拓展广度，更取决于课程资源的开发水平和利用率。没有宽阔而开放的课程资源根基，就没有动态生成的现代课程。从某种意义上讲，没有课程资源就没有课程的存在。可是，什么是课程资源？课程资源有哪些特点？如何建设大学英语课程资源？大学英语课程资源的开发与利用应该坚持哪些基本原则？大学英语教师作为课程资源的开发与利用主体，可以采用哪些可能的途径与方法？大学英语课程资源建设的基本原则是什么？哪些因素影响着大学英语课程资源的开发和利用？这些问题都迫切需要我们认真对待和探讨。

课程资源是相对于课程的一个概念。课程是按照一定的教育目的，在教育者有计划、有组织的指导下，受教育者与教育情境相互作用而获得有益于身心发展的全部内容。提到课程资源，人们会联想到学习资源、教学资源和教育资源。学习资源是指在教学系统和学习系统中，学习者在学习过程中可以利用的一切显现的或潜隐的条件。例如，教科书、语言实验室等学习资源是显现条件，而戏剧院、博物馆等非专门设计的学习资源或可利用的学习资源就是隐性学习资源。教学资源指那些为了有效开展教学而提供的各种可资利用的条件，既包括教材、案例、影视、图片、课件，也包括教师资源、教具、基础设施等。教育资源是人类社会资源之一，它包括自有教育活动和教育历史以来，在长期的文明进化和教育实践中所创造和积累的教育经验、教育知识、教育技能、教育资产、教育费用、教育品牌、教育制度、教育理念、教育人格、教育设施以及教育领域内外人际关系的总和。

课程资源又是指什么呢？课程资源的概念有广义和狭义之分。广义的课程资源指有利于实现课程目标的各种因素，狭义的课程资源仅指形成课程的直接因素来源。把课程资源是课程设计、实施和评价等整个课程编制过程中可资利用的一切人力、物力以及自然资源的总和，包括教材以及学校、家庭和社会中所有有助于提高学生素质的各种资源。据此可以把大学英语课程资源定义为：大学英语这门课程设计、实施、检查、评价等整个课程编制过程中可资利用的、富有教育价值的人力、物力和自然资源的总和，包括教材以及学校、家庭和社会中所有有助于提高学生素质的各种资源。其中，人力资源包括教师、学生、学生家长、社会人士等，也包括以英语为母语的国际留学生、外籍教师、外籍游客和在华外籍工作人员；物力资源包括教学过程中使用的教材、投影仪、教室，图书馆的藏书，学生开展自主学习的自主学习中心等；自然资源包括主要为特殊用途英语实践用的名胜古迹、自然风光等。

从包孕与被包孕关系来看，教育资源和学习资源明显比课程资源和教学资源所涵盖的范围要大；而学习资源被包孕在教育资源中，属于教育资源的一部分，课程资源比教学资源所涵盖的范围广一些，教学资源的范围最小。这种包孕与被包孕关系也能解释许多大学英语教师为什么把课程资源简单地理解为“教科书”，认为教材和教学辅助用书就是唯一的课程资源，忽视了其他形式的课程资源的存在，更谈不上开发和利用。这些教师一直奉行把“教科书”教好，严格遵循“教学大纲”和执行“教学计划”，周而复始地实施着教学。

课程资源丰富繁杂，随处可见。高效的课程资源建设和利用必须立足于有效的分类和管理。对于资源分类，不同的认识角度导致了不同的分类。

按照空间标准分类的校内课程资源指学校内部的课程资源，如图书馆、自主学习中心这样的场所和设施资源，教师、学生、校园文明建设这样的人文资源，第二课堂活动、座谈讨论这些与教学活动密切相关的活动资源。校外课程资源主要指学生家庭、社区乃至整个社会中能够用于教育教学活动的设施和条件，以及丰富的自然资源。校内课程资源是课程资源开发和利用的基础，是校外课程资源开发和利用的先决条件。校内和校外课程资源这种课程资源二分法随着互联网的出现遇到了问题。那些海量的网络信息既不能归为校内课程资源，也无法划归到校外课程资源，它跨两大类，只好将它单列于此。

按照存在形式划分的显性课程资源指那些看得见、摸得着的课程资源，如大学英语教学光盘、图书馆、语音实验室；隐性课程资源是指以潜在的方式服务于教育教学活动的课程教学资源，如奋发向上的和谐学习氛围、校风校纪等。显性课程资源容易开发和利用，对教育教学活动的影响很直接，而隐性课程资源的开发和利用需要一定的周期和付出较大的时间、精力，对教育教学活动的影响也较为间接。

按照物理特性和呈现方式划分的文字课程资源主要指教材这样的显性课程资源；实物课程资源有多种表现形式，与大学英语课程建设关系非常密切的有教学光盘、图书馆阅览室、语音实验室、同声传译室等；大学英语活动课程资源主要指为强化学生英语语言应用能力而开展的第二课堂活动，如朗诵大赛、演讲大赛、辩论赛等；数字化课程资源具有信息容量大、多媒体、网络化等特点。这些课程资源的利用能超越时间、空间、地点，而且快速、便捷，是学生开展学习的主要渠道，发挥着越来越重要的教育功能。

按照性质划分的自然课程资源主要以自然界为中心，具有“天然性”的特点；而“人工性”是社会课程资源的最大特点。

按照属性划分，课程资源首先分为物质的课程资源和非物质的课程资源两大类。物质的课程资源包括人力课程资源和物力课程资源，非物质的课程资源分为知识课程资源和思想课程资源。人力课程资源和物力课程资源在前面已经加以讨论，这里不再赘述。思想课程资源指一切可能参与教育教学活动中，影响课程活动的各类人员所具有的全部思想；知识课程资源指在设计课程时，可供选择的知识总和。

按照功能划分的素材性资源包括知识、技能、经验、活动方式与方法、情感态度和价值观以及培养目标等方面的因素，而条件性资源则包括直接决定课程实施范围和水平的人力、物力和财力，时间、场地、媒介、设施和环境以及对于课程的认识状况等因素。

从上面的论述可以看出，课程资源类型的划分反映了一种多维思考，丰富了人们对课程资源的认识，有利于强化课程资源意识，多渠道、多模式、多维度地创设大学英语学习机会。

第三节　大学英语课程资源建设的意义

一、有利于促进教师教育观念的更新

广义的课程资源概念带来了全新的课程理念，教材不再是整个教学活动的中心，教师对学生的评价也不再以学生是否掌握了书本内容为准，而是基于整个教学活动的课程目标完成情况。全新的教学模式和评价标准不管对教师还是学生都是一种挑战。对教师而言，整个教学设计过程和实施都围绕教学活动是否有助于课程目标的完成，除了关注是否完成了教材上的教学内容外，更要思考如何高效开发大学英语课程资源，培养学生的自主学习能力，引导学生完成课程目标。对学生而言，他们需要考虑的是在整个学习过程中学会了做什么，而不单单是考虑是否已掌握书本上的知识等。

二、有利于教师专业成长

接受新课程资源观熏陶的大学英语教师，不会再日复一日地重复使用相同的教材、教案和教学课件，他们会紧跟时代发展的要求，更新自己的知识结构，不断加强对教学内容、教学活动设计、课堂组织模式、课堂评价方式等进行反思，以改进自己的教学。同时，大学英语课程教学资源的不断丰富，使得学生的自主学习成为可能，兴趣和爱好驱动着他们对教材进行深度加工的同时，不断拓展自己的知识面，利用各种场合将课堂上所学到的知识应用于实践之中，使得自己的英语语言应用能力得到迅速提高。同时，学生大学英语学习的成功迫使教师加大投入，去深挖教材，研究语言学习规律，强化语言教学策略，以提升自己的综合素质，更好地服务于教学。

三、有利于提高学生的综合素质

传统的大学英语教材旨在帮助学生加强英语基本功建设，不管是文章的体裁、选材的主题、选材的长度，还是课文的难度都是面向大众化学生，不会关注学校与学校间学生的英语水平差异、同一学校间学生的专业差异、学生个体的学习需求等因素。丰富的、个性化、的课程资源的开发和利用不但是对原有教材内容的补充，也构成了第二课堂，与第一课堂开展联动，形成了较好的学习氛围，拓宽了学生视野，激发了学生的学习兴趣，最终促进学生思想、品德、行为、知识、能力和人格等的全面发展。

四、有利于大学英语课程开发

大学英语课程资源种类繁多,形式多样,开发和利用过程中必须进行有序化管理。同时,系统的大学英语课程资源建设工作量大，不是一两天能完成的，短则几个星期，长则一两年。因此，需要分工协作。由于该项工作能推进大学英语教师的专业化发展，教师们的付出不但能提高教学质量，随着时间的推移，还会产生浓厚的兴趣，不断地去深化这项工作，最终积累的资料越来越多，到一定程度，这些课程资源经过整理、加工、补充和完善，就形成了一门新的公共选修课程的雏形。于是，大学英语选修课程群又增加了一位新成员。

五、有利于培养学生自主学习能力

大学英语课程资源的开发与利用，主要以课程目标的达成为根本出发点，以学生身心的完整和谐发展为终极目的。传统的教学将学生局限在课堂这一特定的场所，课程资源以教材为主，没有充分唤起学生的学习积极性、主动性和创造性。在新课程资源观下的大学英语学习模式中，学生学习的时空范围得以扩展，可随意选择丰富多彩、形声具备、图文并茂的课程资源。学生成了学习的主体，他们自己决定英语学习的内容、时间、场所、进度、节奏以及学习质量的监控。从根本上改变了以往师生单向的知识传递方式，把“要我学好英语”转变成了“我要学好英语”，形成了全方位的、多元化的自主学习渠道。

六、有利于形成性评估的实施

检查课程建设是否达到预期目标需要依靠评估。因此，对课程进行全面、客观、科学和准确的评估对实现课程目标至关重要。它既是教师获取教学反馈信息、改进教学管理、保证教学质量的重要依据，又是学生调整学习策略、改进学习方法、提高学习效率的有效手段。长期以来，大学英语课程教学评估主要依靠终结性评估，注重结果；较少关注形成性评估，忽视了学习过程。《大学英语课程教学要求》明确提出要求，要加重形成性评估在大学英语课程评价中的分量。新的大学英语课程资源观不但改变了学生的学习模式，还更新了大学英语教师和相关管理部门的教育观念，通过课堂活动和课外活动记录、网上自学记录、学习档案记录、访谈和座谈等形式确保了对学生学习过程进行观察、评估和监督，为实施形成性评估打下了坚实的基础。

第四节　大学英语课程资源建设的策略

课程资源的多维度分类说明了课程资源的不同种类与存在方式、范围，进一步地证明课程资源建设的丰富性与灵活性，表明课程资源建设可采用多元化的策略，下面主要讨论四种建设策略。

一、教材取向的课程资源建设策略

目前，出版大学英语通用教材的一般都是国内知名出版社，像高等教育出版社、外语教学与研究出版社、上海外语教育出版社、清华大学出版社、复旦大学出版社。这些出版社具有多年大学英语通用教材的出版经验，拥有强大的教材编写队伍，除了推出纸质版学生教材外，还推出了配套的教师用书、学生练习册及答案、教师教学光盘，可以说对教师教学帮助极大。由于这些通用教材面向全国学生发行，不可能适合于所有学校所有学生，何况编写人员对《大学英语课程教学要求》有着不同的理解，选材也有着不同的偏好，而各学校有着不同的人才培养方案，因此，尽管这些知名出版社推出的教材本身已是经过筛选的课程资源，但是教师实施教学前还要充分调研本校学生的英语水平、学习动机、学习策略、学习方式、学习目标、学习计划，在此基础上对教材进行二次加工，透彻把握教材的重点、难点，将教材内容变为有利于学生发展的教学内容，寻找书本知识与现实生活和学生实际的联系，使教材的价值在教师的创造性使用过程中得到体现。

同时，教材的内容因人的知识结构和社会阅历不同，而存在不同的释解方式。换句话说，同样一篇课文，非英语专业一、二、三、四年级的学生会有完全不同的理解。如果要他们在教师帮助下对这篇课程进行深度挖掘，他们对教师提出的要求肯定会不同。因此，为了便于学生的自主学习，教师就要全方位地对教材进行加工、补充和拓展，衍生出大量的大学英语课程资源，辅助学生实现个性化学习。

教师在处理教材时，可以以“三化”为目标。一是内容结构化：力争建立要素明确、联结性强、概括性高、派生性强、亲和力大的知识结构，以利于学生自主处理信息，形成概念图式；二是内容问题化：根据学生心理发展特点确立学习层次，以有限知识点构建问题序列，采用“问题加解决方法”的模式，培养学生分析问题、解决问题的能力；三是内容经验化：尽量发掘和利用贴近学生、社会与现实生活的素材，使材料回归生活，实现教材由“素材文本”向“生成文本”的转化，注重体验学习。

二、学生取向的课程资源建设策略

高校的四大功能之一是教学，是为了培养国家建设的接班人和栋梁之材，所以一切教育教学活动的中心都应该是学生。大学英语课程资源建设中，以学生为取向的建设策略也显得异常重要。以学生为取向的建设策略主要涉及五个方面。

（一）关注学生的“知识类资源”

教学实践证明要基于学生实际水平开展教学，克拉申（Krashen）的“i+1 输入理论”也强调学生现有水平在知识摄取中的作用。教师设计的教学目标、选择的教学内容、安排的教学活动、实施的教学方法、采取的教学评估手段都要以学生的真实水平为基础，采用适当拔高的原则，确保能让学生努力就会实现学习目标，而不是一次次令学生遭受失去学习英语兴趣的挫折。为了辅助这样的教学，教师就得开发出相应的课程教学资源，帮助学生构建和完善自己的知识体系。

（二）关注学生的“情绪类资源”

学生的情绪类资源是学生学习的动力系统，主要包括学生学习的兴趣、爱好、动机、态度、信心、情感、焦虑、个性、习惯等。这些非智力因素虽然不直接参加知识的认知和建构，但它们对学习活动有着启动、导向、维持和强化作用，极大地影响着学习活动的效果。课程资源建设的目标之一应该让学生在学习过程中体验到成功，增强学生学好英语的信心，激发他们继续学习的积极性。

（三）关注学生的“问题类资源”

教学以学生获取知识和技能为目的。在实现这一目的的过程中，师生不断重复着“引发问题—提出问题—解决问题—引发新问题—提出新问题—解决新问题”这一循环。那些好奇、求知欲强的学生不但加快了自己积累知识、强化技能的步伐，还通过提问扩大了老师的教学内容，让老师去思考新的教学点，去重新组织教学活动。这些问题是课程资源开发的源泉，解决对策是教学经验的积累和创新思维的结晶。问题与解决对策强化了师生互动，加深了师生对文本的深刻理解。

（四）关注学生的“错误类资源”

外语是工具，是技能，是媒介，是行为，需要学生在干中学、在干中用，需要教师创设大量的语言使用场景，才能培养出学生的外语能力。这种能力包括寻找信息、处理和交换信息、处理关系、处理矛盾等语言交际能力，以及主动学习、自我发展、可持续发展等语言学习能方。这种实践论观点对英语学习具有极大的指导。不可否认，“在干中学”和“在干中用”不可避免地会出现一些语言失误或错误，有的甚至是严重的语言错误，但是出现错误和修改错误也是一个语言学习过程。由于错误有其潜在的价值，所以不必担心出错。错误的潜在价值表现在以下三个方面：一是错误是有价值的反面材料；二是错误给人们提出了新的认识课题，让人们去思考，去探究；三是因为错误是认识过程中的一部分，是不符合客观事实的认识，但在某些方面却可能有合理因素，错误中孕育着真理。错误和真理是一对矛盾，二者相互联系，相互依存。错误在一定条件下可转化为真理。

值得注意的是，学生出错时，教师要认真分析错误的来源，讲究纠错策略，在确保不影响学生的情绪和学习积极性的情况下，让学生明白错在哪儿，从而把学生引导到正确使用的道路上来。

（五）关注学生的“差异类资源”

不管是提倡人们要和谐相处，还是主张学习英语的氛围要融洽，突出的都是一个字：同。但是也不排斥“异”，因为“同”是发展的基础，“异”是发展的动力。学校学生众多，他们的生源地、家庭背景、社会阅历、英语学习的时长等都有较大的差异。为了消除这些差异，学生们相互争论和辩论。在这样的思想交锋过程中，学生丰富和发展了自我，使自己越来越成熟，考虑问题的角度越来越多，也学会了换位思考，增进了融洽相处的技能。课程资源是围绕学生开展的，不可能避开这样的“差异类资源”。

三、教学过程取向的课程资源建设策略

教学活动是教师根据一定的社会要求和学生身心发展的特点，借助一定的教学条件，指导学生主要通过认识教学内容从而认识客观世界，并在此基础之上发展自身的过程。教学过程是一种特殊的认识过程，也是一个促进学生身心发展的过程。在教学过程中，教师有目的、有计划地引导学生能动地进行认识活动，学生调节自己的志趣和情感，循序渐进地掌握文化科学知识和基本技能，以促进自己智力、体力、品德、审美情趣等方面的综合发展。具体的教学过程包括课前、课中和课后。

课前教师备课时，要充分研究教材，根据教材确定每个课时的教学目标和准备采用的教学模式、评价方式等。在准备过程中，教师不能全凭经验，必须查阅大量的材料，寻找大量的辅助材料，对教材进行扩展，以帮助学生深度理解课文内容。同时，要充分挖掘学生潜力，发挥学生自主学习能力，教师还必须增加主题相关、难度适中、阅读性强的扩展材料，供学生在课后学习，扩展他们的视野。教师精心准备的教学内容是否会被学生接受，接受了多少；在老师营造的教学环境里，师生互动、生生互动、学生与教学材料互动的情况如何，这些都是课堂教学生成的动态性课程资源。课后学生要进行大量的语言实践练习，巩固课堂教学内容。教师从学生的课后实践捕捉到的信息是改进教学的基础。例如，学生近期的大学英语学习进步如何？怎样创生使用教材帮助学生增强语言交际能力？妨碍他们交际能力提高的关键因素是什么？如何增强课堂互动效果？哪些课程资源是近期要开发和使用的？学生也可以不断总结自己的大学英语学习情况。例如，自己在哪些方面的能力还要加强，是口译，还是翻译？自己的学习策略是否得当？自己的学习目标是否偏高？师生这样的教学反思是下一步成功教学的先决条件，也是课后课程资源建设的基础。

第五节　大学英语课程资源建设的原则

大学英语课程资源建设是辅助大学英语教学的重要举措，是学生开展个性化学习的前提。在建设过程中应坚持以下原则。

一、“学生为中心”原则

所有大学英语课程资源的建设都是围绕学生的英语学习动机和兴趣而开展，为学生创造良好的学习氛围，为学生努力学好英语铺路搭桥。因此，不管是资源建设的决策和规划阶段，还是实施、检查和改进阶段，都要以学生的实际需求为出发点，不但要关注他们的知识类资源，还要关注他们的情绪类资源、问题类资源、错误类资源、差异类资源和兴趣类资源，尽可能让他们成为学习的绝对中心，成为知识意义的主动建构者，确保教材所提供的知识不再是教师传授的内容，而是学生主动建构意义的对象，媒体也不再是帮助教师传授知识的手段与方法，而是用来创设情境、进行协作学习和会话交流，即作为学生主动

学习、协作式探索的认知工具。

二、开放性原则

大学英语课程资源建设是一项长期的、系统的积累工作，随着教学改革的不断深入、社会的不断进步和教师专业化发展，已有的课程资源得到更新，新的课程资源得到添加，确保了课程的正常运转。在资源建设过程中，建设者要以开放的心态对待人类创造的所有文明成果，以开放的目光审视周围的事物。开放性原则包括类型的开放性和空间的开放性。类型的开放性指不管课程资源以什么类型存在，只要有利于教育教学，都可以加以开发利用；空间的开放性指课程资源的地域性差异，不管它们是校内或校外、国内或国外，只要能有益于学生知识积累、能力发展、技能提高，都可以加以开发和利用。知识经济是世界一体化的经济，资源的开放性原则是从地区到全球、从微观到宏观、从局部到整体，在不同层次上都要确立的一种基本原则。

三、前瞻性原则

大学英语课程资源的开发与利用是与学生需求紧密相连的，受现有的课程和现实社会的实际需求推动。但从发展的角度来看，课程资源建设还要与未来社会的发展联系起来。只有这样，才能够帮助学生更好地把握未来社会的一些发展趋势。因此，建设者要具有前瞻性思维，密切关注社会的发展动态，注意吸收当前重要的、有影响力的、处于科技前沿的一些素材，在此基础上开发出对学生来说真正有用的课程资源，对学生加以引导，让他们逐步接受这些新东西，为学生以后的终身学习与可持续发展打下坚实的基础。

四、经济性原则

在大学英语课程资源开发中，要力主用尽量少的投入开发最大量的课程资源，即实现低投入、高产出。经济性原则涉及经费、时间、空间和学习四个方面。经费的经济性指花较少的钱，甚至不花钱，开发出可以服务于学生的大学英语课程资源，如从互联网上提取本校可以使用的英语资源；时间的经济性原则指立足于现时，开发那些适于当前大学英语教学的课程资源，不能等待更好的时机，否则就错过了最佳学习期；空间的经济性原则是指能就地开发的，就不要舍近求远，同时也指课程网站的容量。学习的经济性主要指以兴趣为导向，开发那些能激发学生学习积极性的课程资源。

五、适应性原则

内容丰富、形式多样的网络资源为开发大学英语课程建设提供了便利的同时，也给开发和利用带来了一定的难度。迫使人们思考开发什么、以什么形式开发、开发到什么程度等问题。建设大学英语课程资源的目的是为了更好地服务于大学英语教学，无论在内容还是功能上都要充分考虑教育的需求，要遵循适应性原则，使教师、学生和其他教育工作者能方便及时地获取所需信息，实现资源的利用价值。因此，在筛选资源时，建设者必须了解用户需求，进行需求分析，即结合实际情况，从更加专业的角度对用户提供的需求信息进行科学的分析和表述，确定用户的需求热点和需求方向，做到量身定做或按需供货。适应性原则在大学英语教学中体现为要依据学生语言水平确定语言内容，依据学生年龄特征确定资源形式，依据学生认知基础选择资源范围，依据教学与学习需要确定开发主题。除此之外，大学英语课程资源建设不但要考虑学生的共性情况，更要考虑特定学生的具体特殊情况。

六、优先性原则

社会的快速发展，科技的突飞猛进，国际合作和交流日益频繁，使得学生需要学习的内容日益增多。同时，知识更新速度加快，更新的周期缩短，使学生的学习远非学校教育所能包揽。很多知识,尤其是书本以外的知识,学生只有依靠社会这所无与伦比的“学校”了，把自己融入社会之中，在与他人的交流过程中，抓住一切机会充实自己。因此，大学英语课程资源开发和利用时，必须在可能的课程资源范围内和充分考虑成本的前提下突出重点，优先开发那些学生迫切需要的、能直接服务于学生的课程资源。

七、规范性原则

随着大学英语教学改革的不断深入，日渐突出了学生在课程学习和资源利用方面的主体地位。学生是知识的建构者，用什么资源，以及怎么用的问题主要由他们自己决定，教师只起着“搭支架”的作用。传统模式下，教师、学生和课程资源这三者中，教师起着主导作用。而现在不管是师生间的互动、学生间的互动，还是学生和资源间的互动，教师不再是权威，只是引导者和参与者，学生都起着主导性作用。涉及与资源互动时，由于学生自身水平有限，社会阅历不多，对资源中的某些瑕疵，甚至是错误可能鉴别不出来，可能出现摄入错误的内容，妨碍英语学习。因此，建设课程教学资源时，建设的内容一定要经教师严格审核和把关，确保资源的规范性、客观性和科学性，确保资源没有观点和语言层面上的错误，不会误导学生或让学生产生歧义。

第六节　影响大学英语课程资源建设的因素

课程资源的开发与利用不仅涉及教学观念、教学方法等主观因素的转变，而且受到很多客观因素的制约，比如地区经济发展水平、学校教学条件、学生家庭经济承受能力等。下面主要讨论制约大学英语课程资源建设的一些关键因素。

一、学校决策

20 世纪 90 年代和 21 世纪初，读写能力一直是大学英语的教学重点，在应试教学思想

的指导下，各校在大学英语四、六级过关率方面进行攀比，甚至把它作为教师考核的目标。在这种背景下，各校加大了某些方面的大学英语资源建设，如教师学历达标、图书建设等。同时，教育部组织的本科教学评估期间，为了获得评估“合格”或“优秀”，各校积极引进高素质的大学英语教师，建设了功能较为齐全的大学英语自主学习中心和语音实验室等，从侧面加强了大学英语课程资源建设。近年来，由于高校新生英语水平逐渐升高，有的大学已经开始削减大学英语学时，压缩大学英语学分，分流大学英语教师，调整大学英语教师考核标准，这些都极大地妨碍了大学英语课程资源建设。

二、课程目标

课程目标指某门具体课程实施后期待的学生学习结果，它具有导向功能、控制功能、激励功能与评价功能，是课程设计和课程实施的重要依据。由于课程目标对课程资源的开发具有导向性，加上课程资源开发的深度和广度是一个人为因素，如果课程目标较高，开发的课程资源就会很丰富；反之，就会很贫乏。课程资源的开发和利用是课程设计和课程实施的重要环节，其开发水平与课程实施效果密切相关。课程资源的丰富性和适切性程度决定着课程目标的实现范围和实现水平，而课程资源的开发和利用又受到课程目标的制约和影响。

三、课程类型

21 世纪教育部推出《大学英语课程教学要求》后，各高校根据本校的实际情况，重新确定本校的大学英语教学目标，并以此为基础设计了大学英语课程体系。该课程体系不仅包括传统的面授课程，还注重了基于计算机 / 网络的大学英语课程开发，形成了集综合英语类、语言技能类、语言应用类、语言文化类和专业英语类等必修课程和选修课程为一体的大学英语课程体系，确保了不同层次学生在英语应用能力方面得到充分的训练和提高。该立体化课程体系中的课程对课程资源的需求差异较大。例如，传统的面授课程主要以纸质版教材为主，辅之以出版社提供的配套光盘和网络课程，二次课程资源开发的需求力度就不大。而像《英美影视赏析》这样的选修课需要的资源模态就完全不一样，不但要有电影的脚本，还需要影片，如果电影改编自名著，还需要使用原著。

四、课程资源对经费投入的需求

大学英语课程资源异常丰富，有不同的属性和呈现方式。最原始的、数量最大的是大学英语教材和参考图书，最容易开发的也是文字材料。但是，由于英语是一门实践性很强的课程，大学英语教学质量受到猛烈攻击的原因之一就是长期以来注重读写能力的培养，忽视了学生交际能力的提高，尤其是口头交际能力的提高。仔细分析就会发现，读写能力的培养和口头交际能力的提高对教学资源的需求差异很大。口头交际能力的培养需要小班化教学以增加学生的锻炼机会，这是对人力资源的需求，尤其是外教；需要熟悉大量的语言应用场景，如机场、超市、游乐中心等，一般院校无法确保学生亲临现场，只有借助于教学磁带或光盘，这是对物力资源的要求。这些资源的经费投入远大于以培养学生英语读写能力这一教学目标所需要的资金。

五、教师的课程资源开发能力

教师是课程资源开发的主体和基本力量，教师的能力、风格和课程哲学观等都会影响课程资源的开发。教学经验不是很丰富的教师，对教材的依赖就会大一些，他们开发的课程资源主要以知识为中心；而教学经验丰富、课堂教育能力强、善于沟通的教师，能随时从与学生的互动中捕捉学生在学习需求、学习动机、学习方式、学习能力、学习风格等方面的信息，加以利用，就可开发出相应的课程资源。在教学风格方面，注重知识传递的教师多半以文字类课程资源开发为突破口；而注重通过开展课堂活动，调动学生学习英语积极性的教师开发课程资源时，会把重点放在图文并茂、形象生动、气氛活跃的资源上。课程资源的开发和利用也会受到教师课程哲学观的制约，具有不同课程哲学观的教师选用课程资源的多样性会出现差异。把课程作为学科的教师，会侧重于开发文本型课程资源；把课程作为学生的学习经验的教师，会开发以学生为价值取向的课程资源，关注学生的知识需求、情感需求和问题需求等；把课程作为师生间对话的教师，会大量开发和使用动态的课程资源。总之，在课程资源的开发过程中，教师会根据自己的能力、风格等加以考虑开发何种课程资源，而课程哲学观则潜移默化地影响着教师对课程资源的选用

六、学生特质

学生的英语水平和学习条件具有很大的差异。新生进校时，英语高分有 140 分以上的，也有刚及格的（90 分）。在学习英语的动机方面，有为应付课程考试拿学分而学的，有为出国或求职而学的。在学习目标方面，有的定位在提高英语口语能力，有的却是为了提高读写能力，还有的是强化英语的综合运用能力。在学习主动性方面，那些为学分而学的学生多半是被动的学习者。在学习风格上，喜欢与人交往的学生希望几人在一块学习，有学习氛围；而喜欢安静的学生则属于独立型学习者，更倾向于独立学习，不想有人打扰。因为学生是教育的主体，课程资源开发的最终目的是促进学生的发展，而上述这些特质决定了资源开发和利用不能是一个模式，所以大学英语教师要有针对性地去开发适应学生知识、技能和背景的大学英语课程资源，必须在学生的“最近发展区”内选用相应的课程资源。由于大学英语学习群体过于庞大（一般院校的在校生都在 15000~20000 人之间），要完全照顾到每个学习者的需求有一定的难度。因此，学生特质也是制约课程资源开发的一个因素。

七、大学英语课程资源建设应注意的问题

尽管学校上下都意识到大学英语课程资源建设的重要性，但这项工作涉及的面广，建设的周期长，建设过程中需要处理好以下几个问题。

（一）树立正确的资源观

课程资源观是人们对课程资源的态度和看法。课程资源观直接影响教学人员和管理队伍认识、开发课程资源的积极性和创造性，影响课程资源开发的进度、广度、深度和效果。正确的课程资源观对教师开发课程资源起着导向、维持和监督作用，是影响课程资源有效开发与利用、课程目标的达成、教学计划得以实现的关键因素。大学英语教学和管理队伍庞大，需要上下齐心，统一认识，加强课程资源建设，为学生学好大学英语创造条件。

（二）处理好课程资源建设与课程改革的关系

任何课程改革都必须得到课程资源的支持。如果没有足够的课程资源，学校、教师和学生都归会处于需求得不到满足的局面，教学过程就难以坚持下去，更谈不上实现教学目标了。因此，为了确保大学英语课程改革的顺利进行，学校和外语学院必须进行统筹，对全校大学英语课程资源建设进行统一规划，把大学英语课程资源建设纳入大学英语教改计划中。除了设立建设队伍外，还应该分期划拨专款。校院两级教学督导定期检查课程资源的建设成绩，达到预期建设目标后再划拨第二批、第三批建设专款。

（三）注重合理开发课程资源的主体

由于对课程资源认识不足，课程学者和专家一直是课程资源建设的主体，大学英语教师参与的力度不够，学生、学生家长和其他社会力量作为课程资源开发主体的作用还没有得到充分的认识和发挥。尤其是学生，他们作为课程资源建设的受益者，应该认识到自己要具有课程资源开发的强烈动机与愿望，在为完成课程目标的过程中，脚踏实地去开发课程资源，重视自己的学习体验与获得。大学英语第二课堂这一模块是学生施展才能的天地，是他们积极参与课程资源建设的主战场。

（四）加快大学英语教师科研成果的课程资源化步伐

高校的科研成果作为科研的产出和结果，既是高素质教师的标志，衡量学校水平的杠杆，也是社会评价机构学校进行排名的重要指标。科研成果对学生的影响主要是通过转化为课程资源实现的。研究表明，每 10 篇有较高学术水平的论文，以其为基础大约可向学生提供一门新的课程。在 Nature 和 Science 发表的一篇论文，以其为基础便可新开发一门课程。大学英语教师基于认知语言学、语料库语言学、应用语言学、二语习得等方面的研究成果虽然没有这么强大的功效，但是它们完全可以直接服务于学生，帮助学生掌握英语单词快速记忆方法，形成有效的英语学习和认知策略。

（五）加强网站建设

大学英语课程资源建设的总体目标是帮助学生学好大学英语，提升他们的总体素质。这一目标和大学英语课程的自身属性决定了课程资源建设主要侧重于文本、教学视频、课件等素材型资源。为了充分利用这些素材型资源，大学英语课程网站建设就至关重要，这是因为大学英语课程资源建设是为学生服务，建设效果体现在学生的利用率上。不管投入了多少的人力和物力，花费了多大的精力，如果建设后的课程资源处于静止状态，没有学生去使用，这也是一种资源浪费。

（六）加大人力资源建设力度

影响大学英语教学质量的因素很多，但教师是一个关键因素。以教师为核心的教育队伍建设和优化配置，始终是课程资源建设中具有决定性意义的环节。因为教师是内生性资源，可以能动性地产出比自身价值更大的教育价值，在课程资源建设中有着特殊的作用，所以各校一定要想方设法体现教师的主体价值，应当加大大学英语教师队伍的建设力度，为他们提供专业发展的机会，营造有利于他们开发和利用课程资源的时间、空间以及心理自由的环境。同时，人力资源建设也包括以英语为母语的外教、留学生、在当地工作的外籍人士、外籍游客，以及具有深厚英语功底的社会人士，这些人力资源都可以加以开发和利用，为学生的英语语言实践创设机会。

实现大学英语课程改革的远大理想需要相应的配套措施和支持系统，否则就只能停留在观念层面而不能转化为现实的教育效果。大学英语课程资源是达成大学英语课程目标的重要保证，合理、有效地开发和利用大学英语课程资源直接关系到大学英语教改工作的实施成效。加强大学英语课程资源建设不仅能培养学生自主学习能力，强化学生的语言技能，更能加强英语与其他学科间的联系，让学生以英语为工具获取专业知识。同时，大学英语课程资源的开发与利用涉及大学英语教学的各个方面，在课程资源的开发与利用过程中，一切活动要以有利于提高教师教学水平和学生学习效果为目的，全面提升学生的素养，帮助学生为跨入社会、融入经济建设做准备。

第十章　大学英语师资建设和教学团队建设

第一节　高校英语教师面临的挑战

一、教育信息技术现代化对英语教师的挑战

信息技术的飞速发展，将我们带入了5G时代，智能手机、平板电脑、无线WIFI让我们与网络的距离如此之近。在这样的背景下，利用先进的教育信息技术和网络技术开展教学就变得顺理成章，在线共享平等教育资源的"慕课"更是浪潮般席卷全球。这一教学背景对广大教师提出了许多新的要求，教师如何稳步提高自身技能，如何更好地利用现代化的教育信息技术，因势利导地开展教学工作，这是摆在广大教师面前的重大课题。

（一）信息技术对现代英语教学的影响

近年来，现代教育信息技术不断向现代大学英语教学的应用领域渗透，信息技术与英语教学的整合在稳步推进中。在信息技术的环境下，英语课和英语教师都被赋予了新的内容和新的特征。信息技术的飞速发展极大地改变了人们的生活和学习方式，尤其是为高校英语教学改革烙上了时代的烙印。

现代的英语教学的主要阵地已经不再局限于教室，学生英语学习所受到的空间和地域的限制正在被淡化，人类已经迈入了"慕课时代"。所谓"慕课"，指的是大规模在线开放课程，即：Massive Open Online Courses。"慕课"教学模式最早起源于美国，最初以远程视频教学为主要形式，其一经问世就引起了教育界的热烈关注。Massive体现了教学规模的庞大，往往涉及几万甚至几十万人；Open 强调开放性，全世界范围内只要有网络就可以参与课程学习；Online 强调学习的方式是在线学习，教育方式完全公开、公平和网络化。信息技术飞速发展和“慕课”时代的到来，带来的不仅仅是教学方式的变化，更多的是教学理念的变革。具体包括了如下几个方面。

1. 英语教学的信息渠道发生了变化

当下，信息传播速度和传统渠道都更加符合现代化教学改革的需求。比如，“慕课”利用互联网开展在线学习，可以提供给学习者丰富的信息量，信息发布速度更快而且形式多样，符合当前受教育者的心理需求。而在传统教学中，人们获取教学信息主要通过电视、广播、报纸等传统媒体，获取信息的方式主要是围绕教材展开，极大地依赖于教课者的经验，这种传统的教学方式受到场所和较长的时间域的限制，容易形成思维定式，正面临现代化教育信息技术的挑战和冲击。再如，现阶段的英语教学模式中海量的信息量不是单纯以文字的形式展现出来，其展现方式是多样的，可以是音频、图片、影像资料或者其他多元化表现方式的组合，有利于受教育者感受到立体的教学资源，有利于激发学习者的学习兴趣，帮助受教育者更好地提炼知识点，更好地快速消化知识。

2. 英语教学的运行方式发生了变化

现代教育信息技术的引入为高校英语教学改革提供了更多的选择和机会。传统的教学模式以黑板和粉笔为主要媒介，现代化的英语教学的展现形式得到了极大的拓展，网络视频、图片、文字都可以作为展现知识的媒介，极大地推动了教学手段的变革，还可以提高受教育者的教学体验，有助于激发他们的学习热情。另外，现代教育信息技术在构建和模拟语言情境方面也发挥着重大作用，可以有效增强学生的情感共鸣，帮助学生更好地理解知识点。最后，借助网络和信息技术手段，不同的学生个体之间可以广泛交流探讨，可以实现资源共享，可以网上作业、网上考核、网上获取毕业资格证书等，这些都极大地改变了当前高校教学的运行方式。

3. 青年学生的英语学习习惯发生了变化

随着信息技术的发展，人类迈入了 5G 时代，智能手机、平板电脑充斥着学生的生活，学生与互联网的距离几乎为零，几乎可以实现随时随地的联网，网络成为大学生生活必不可缺的部分。在这样的背景下，青年学生的学习方式也在悄然发生变化，他们越来越依赖于网络，越来越倾向于利用网络解决学习中的难题。尤其是英语学习，需要大量的阅读和练习，而通过网络平台，学生可以搜寻到许多新鲜的原汁原味的英语文章。信息技术的飞速发展，使得学生的学习习惯悄然发生改变，大学生不再被动等待教师安排学习任务，开始尝试选择自己感兴趣的英语知识和信息，这有利于提高学生的思辨能力和学习的自主性。

4. 师生的互动关系发生了变化

教育信息技术的发展，有效地改善了高校传统的师生关系，学生和教师之间，除了有面对面的互动外，还可以利用一些先进的电子通信技术展开互动交流，互动呈现出“键对键互动”的趋势。通过信息共享和随时沟通分享，有助于增进师生之间的了解，有效释放

师生之间的交流压力，有利于学生真实情感的表达。在传统的教学中，虽然我们一直强调营造和谐的教学气氛和融洽的师生关系，但是在教师面前，学生仍然难以摆脱拘谨，而新模式可以带来良好轻松的互动氛围，可以促进师生在尊重、平等的前提下良好的沟通交流和进行信息往来。

（二）信息化环境对教师的新挑战

1. 教师地位的变化

一直以来，传道、授业、解惑是教师最显著的标志。教师的功能就是把人类已有的知识经验传授给年轻一代，教师是学生信息的主要来源；同时，教师还需要扮演“严格的管理者”角色，成为学生集体的领导者和纪律的执行者。

在知识爆炸性增长的信息时代，浸没在知识海洋中的人，现有知识的量、知识的深度和广度都远远超出了大多数教师的领域，也远远超出了他们所能对学生获取知识的控制。在这种情况下，认为教师是知识的源泉，儿童是等待教师灌输知识和智慧的空的容器的观点在信息时代已经难以成立。相应的，提供信息作为传统教育方式的一个重要出发点，其重要性也明显降低，学生可以把一个只提供信息的教师看作但仅是另一种偏重语言形式的信息源，既不见得更可靠，也不见得更高效。

新时期,教师和学生要建立一种新关系,从“独奏者”的角色过渡到“伴奏者”的角色，从此不再主要是传授知识，而是帮助学生去发展、组织和管理知识，是去引导他们，而非塑造他们。教师的作用将更主要体现在学生自主构建知识过程中的引导，营造能调动学生学习积极性和自主性的学习氛围和背景。

2. 专业能力及教育教学技能面临挑战

在传统的教学中，教师的“授业”方法包括：讲授—学生被动接受，课堂＝教室，学生练习，考试等，教师总是把课堂局限于一定的时空里面（如 45 分钟的教室里）。而现在，随着信息技术尤其是互联网的出现，课堂可以延伸到家庭、社会，教师需要充分利用社会资源，培养学生自主学习、研究性学习的能力，比如可以利用网站、论坛、博客、播客、信箱、QQ 等多种方式，把学习需要的课件、文本、视频、音频文件等放进去，不分时间和地点进行教学辅导，咨询交流，这就需要教师掌握相应的信息技术，并且能够熟练应用。

在信息化条件下，教师的角色还将超越课堂和学校。随着社会信息化的深入，学校和家庭的分界线越来越模糊，教师将通过面对面以外的各种手段支持学生。教师必须学会通过虚拟的学习空间进行远距离的教学，如电子邮件、基于网络的讨论、计算机会议系统等。面对面教学的技能必须转化为一种数字化的环境。虚拟学习空间的出现，有可能把从未见过的学习者集合起来，学习者可以听到新的声音、接触到新的观点，他们的工作也会被介绍给真实的听众。

二、多元化课程给高校英语教师带来的挑战

（一）大学英语多元课程体系的建设背景

在社会各界的重视下，在众多学者和一线教师的不断努力下，大学英语教学情况有了极大的改观：整体的英语教学环境有了极大的进步和改观，学生对英语学科的重视程度有了明显增加，学习积极性和主动性都在不断提高；各高校都在尝试引入先进教学设备，优化教学条件。但是近年来高校扩招，生源激增，也带来了不少问题。学生数量的逐年递增，使得学生的英语水平相差也越来越大，这直接导致许多学生“吃不饱”的同时许多学生却感觉“不够吃”。越来越多的学生对当前的大学教学现状感到不满，不少学生都认为大学英语教学内容、方法都与高中教学有极大的相似性，他们迫于社会对用人标准要求的提高，纷纷转向社会英语培训机构，如新东方培训学校等。这一切都表明，大学多元课程体系的建设是十分必要的。

现代大学英语教学工作应立足于学科特点，针对不同的专业、不同的学生个体采取多元取向。教师应不断强化自身文化素养和专业素养，不断学习先进教学理念，尊重学生的个性需求，为学生提高自主选择和自主发展的机会。在评价体制方面，也要注重形成性多元化评价，淡化只针对期末卷面成绩的结果性评价。多元化的课程体系建设不是一蹴而就的，其建设过程依赖于主流的具有变革意义的学术思想的指导，离不开教师对教学过程及时的总结和反思、分析和比较，更离不开师生共同的交流探索。

多元课程体现建设之所以是科学的，合乎当前时代背景的，是因为其基础就是承认学生主体之间的差异性，强调通过丰富教学内容、活用教学方法、开展多元化教学评价以及特别的认知训练等来实现教学目标。学生个体之间确实存在明显差异，这是毋庸置疑的事实，而且我们本来就生活在一个追求个性、张扬个性、标榜个性的时代，学生的个性需求就更不应该被忽略。社会也不需要千篇一律的人才，需要的是个性存在差别，有所专攻，不同层次、不同类型的创新型人才。因此，不论是从学习者自我需求的角度，还是从社会需求的角度，建设多元化的课程体系都是十分必要的，必须因材施教，承认学生的主体差别，尊重学生的个性需求，针对不同学生有计划地调整学习策略和教学方法。

（二）多元化对传统教学理念的冲击

传统教学理念的核心是“教”，教师处于教学的中心地位，学生是从属地位。教师安排统一的教学内容，开展统一的教学策略，学生被动地接受知识，学习的主动性和积极性都受到极大的限制。多元化课程建设要求大学教师必须更新教学理念，要真正树立以学生为主的教学理念。在整个教学过程中，教师要做的不是以主导者的身份安排好一切教学活动，而是以引导者的身份帮助不同个性需求的学生找到最适合自己的学习策略，并引导学生对整个学习过程产生正确的认知和科学全面的评价，及时反思后调整状态自主自觉地投入英语学习中。及时转变教学理念，转化角色定位，是当前建设多元化课程的首要任务，需要我们广大的英语教师不断适应。

（三）学生学习水平差距越来越大，个性化需求也在悄然变化

多元化课程建设要求我们针对不同学生的个性化需求，采取不同的教学策略和教学手段，可见，多元化教学的核心因素是学生，一切教学设计都是围绕学生的个性化展开的。但是，近年来，各大高校纷纷扩招，生源数量激增，这直接导致学生学习水平差距、英语基础差距、个性需求差别越来越大。来自一二线城市的学生，获得了更好的教育资源，英语水平整体较高，学习时希望跳过一些基础语法、词汇、课文翻译等基础训练，希望将国外时事娱乐等新闻报道作为教学内容引入课堂；但是来自落后地区的学生，英语基础就表现得更加参差不齐，希望在大学教学中适当重复高中的一些英语知识点。可见，多元化教学要求广大英语教师，不能故步自封，不能再局限在自己传统的经验和认知上，要跟上时代的脚步，要多了解当下的学生特点。每一届学生都在悄然发生变化，教师要正视这些变化，并不断用先进的教学理念充实自己，尽快适应学生主体的变化。

（四）多元化教学对教师的专业素养提出了更高的要求

全球化发展过程中，英语教学也不可避免地呈现国际化趋势。不同学生个体虽然具体的学习需求有所不同，但是都认识到了英语国际化的这一趋势。学生普遍希望通过高校英语教学，可以提高自己的语言实践运用能力，能与外国朋友进行顺畅会话。目前，不少高校都建立了与国外大学的互助合作交流模式，邀请了许多国外的英语教师前来任教，这对本校的英语教师来说可谓是个巨大的冲击。作为高校教师，要走出国门，交流学习，在口语、听力、教学策略等方面都要有所提升，这样才能迎合多元化课程建设的要求。

（五）多元化教学对教师的科学技术驾驭能力提出了更高要求

为了满足不同学生差异化的学习需求，高校开发了许多新的教学模式，比如情境创设模式、电子交互模式、自主学习模式等，这些新的教学模式大多数都依托于现代化的科学技术，如多媒体技术、网络技术等。高校教师必须具有驾驭网络自主学习平台的能力，必须掌握利用互联网与学生沟通的技能，也必须具备借助网络技术、信息技术寻找教学资源、展示教学资源的技能等。因此，多元化教学对教师的科学技术驾驭能力提出了更高的要求。

第二节　培养有效教学技能应对教育技术现代化

一、传统意义上教师有效技能的定义和特征

教育信息技术的现代化发展悄然改变了学生的学习习惯和我们教学活动的运行方式等方方面面，作为教师，要想适应这种改变，就必须加强自我学习，不断完善有效技能。教师有效技能是现代教师职业素养的核心组成部分，国内外许多学者和专家都曾经就这个课题展开过大量研究，但是对有效技能概念上的界定，还没有一个统一的定论。一般来说，

教师的有效技能指的是教师在开展教学活动中，依照相关的教学理论，综合运用自身的教学体会、经验和专业知识，帮助和引导学生掌握学科知识和学科基本技能所采用的一系列的教学行为方式。教师有效技能是教师教学经验、教学知识、教学技能的综合体现，其具有以下几个方面的特点。

（一）教师有效技能具有个体性和实践性

教师的有效技能集中体现了教师多年来对本职工作的感悟、反思，是教师教学经验、教师理论知识、教学技能、教学领悟的集中体现，具有个体性和实践性。教师的有效技能充分体现出了教师个体的情感、智慧和执教理念，是教师从多年来的教学实践中摸索总结而来的，综合运用不但可以有效解决教学活动中遇到的难题，还是教师职业魅力的重要体现，直接影响到教师和学生之间的教学关系。教师有效技能会影响到教师对教学理论的认知、理解、选择和运用，直接关系到教师的日常教学行为。

（二）教师有效技能具有缄默性和内隐性

缄默性和内隐性指的是教师的这种有效技能很难通过文字、语言或者其他的形式说明和传播，它主要通过教师长期的理性直觉和不断摸索的反思获得。教师的有效技能，难以言传，可以意会，难以总结和陈述，但是却时时刻刻体现在教学活动之中。

二、教育信息技术现代化对英语教师有效技能的新要求

近年来，教育信息技术不断发展，信息技术与英语学科的结合更为紧密，在现代教育信息技术的影响下，英语教师必须不断提高自身的信息技术素养，有效结合传统教学方法，同时掌握信息技术环境赋予教师有效技能的新内容和新特点，才能展开高效的英语教学。

（一）信息技术与新时期英语教师的有效技能结合日益紧密

导入技能、语言技能、板书技能、课堂组织技能是典型的教师有效技能，下面将以这四种技能为例具体阐述现代教育信息技术如何与之有效结合。

1. 导入技能

导入就是引导学生进入教学的过程，主要起到激发学生思维兴趣和求知欲，形成学习动机等重要作用。传统的导入方法，主要包括问题导入、实验导入、图片导入等，近年来，信息技术与英语学科的进一步融合，英语教师开始尝试利用其他方式导入，比如用视频、音频、PPT 课件、计算机模拟情境等引导学生上网搜索整理相关资料。导入手段的丰富多彩，可以让教师根据自己的所长、学生的反应以及教学效果综合考虑选用哪种导入方法，使得教学效果更加有效，学生的学习兴趣和学习动机都能明显地加强。

2. 语言技能

语言技能是教师最基础的有效技能之一。教师主要用语言来展开教学活动，该技能与教师的教学经验以及语言表达能力有着密切的关系。信息技术对于语言技能的影响主要包

括两个方面，一方面，利用信息技术可以培养和提高教师的语言技能；另一方面，教师可以利用现代化的信息技术手段，以语言为载体来实现新的教学模式。比如，英语教师综合利用多媒体网络、语言实验室、扩音设备等展开教学，都属于此种情况。

3. 板书技能

传统的板书，我们并不陌生，教师用粉笔在黑板上洋洋洒洒罗列知识要点，要注意文字的清晰工整、版面的布局等等。随着信息技术的发展，教师和学生对于传统板书的依赖性越来越少，网页、网络课件、PPT 课件都是新型的板书形式，可以灵活地选择字体字号，灵活调整教学顺序和教学内容，对于教学效率的提高起到了极大的推动作用。

4. 课堂组织技能

组织课堂教学技能就是我们所说的课堂组织技能。传统课堂授课有三个要素，即学生、教师和教学内容，但是在教育信息现代化的背景下，教学媒体逐渐发展成了现代英语课堂教学必不可少的有机组成部分。教师如何使用教学媒体，使用何种教学媒体，使用多久，使用的频率，如何将教学媒体与合作学习等新型学习方式挂钩，等等，这些都体现着教师的课堂组织技能，这也是信息技术环境为课堂组织技能增添的新内容和新特点。

综上所述，信息技术已经与当前的英语教学紧密结合，并赋予了新时期英语教师有效技能许多的新内容和新特点。

（二）提高自身信息素养是英语教师高效利用信息技术服务于教学的前提

由于当前信息技术普及是大势所趋，社会和时代要求英语教师具备的有效技能已经被烙上了信息技术环境的烙印，可见，英语教师有效技能的培养必须以提高自身的信息素养为基础。信息素养具体包括以下几个方面的内容：

第一，能高效获取信息，具备甄别、选择有用信息的能力；第二，具备快速地归纳、整理、存储、提取信息的能力；第三，具备在现有信息技术上创造性地改造、使用的能力；第四，具备能够利用现代信息技术展开自主学习，并能利用其与学生自由交流的能力；第五，具备在复杂的信息环境中去伪存真，获得积极信息，引导学生分辨真伪信息，增强法律意识和社会责任感的能力。作为新时期的英语教师，要想培养有效技能，展开高效英语教学，就必须具备信息素养。信息素养可以内化为教师的教学技能，顺利推进教学工作的开展。

（三）传统与现代的教学方法相结合，才能有效提高教师技能

虽然目前许多教师技能的发挥都离不开信息技术手段，但是也不能忽略传统教学手段的应用，过多使用信息技术手段，可能会导致学生厌学情绪的产生。因此，教师在教学过程中，既要注意传统的语言技能、提问技能、导入技能的发挥，也要注意适时适量地引入微格教学、多媒体教学等信息技术教学手段。

三、教育信息技术现代化背景下英语教师有效技能的培养策略

（一）真正重视新时期英语教师有效技能的培养

新时期的英语教师有效技能，其内容和特点都已经被教育信息技术悄然改变。作为英语教师，首先要正视这种改变，要真正意识到新时期教师有效技能对于培养高效教学能力的重大意义。这种价值认知会直接影响教师自我学习和自我提高的动机和动力。每个英语教师都要认识到时代的变化，教育改革的变化，学生教学需求的变化，要认识到学习教师有效技能新内容、新特点的紧迫性。

（二）加强教学反思，不断提高教学效能感

反思在英语教学中扮演着重要的作用，美国著名学者波斯纳就曾一针见血地指出，教师的成长就等于经验和反思。经验的获取来源于日积月累地授课，而反思则要依赖教师的自觉主动。作为教师，要坚持撰写教学日志，要积极与同行教师展开交流和观摩，要定期和不定期地对教学效果、教学中有待改进之处以及同学们的意见反馈加以反思。反思和改良可以促使教师成长，不断提高教学效能感。所谓教学效能感，就是教师认为自己可以胜任教学工作的一种信念。这种信念支持教师以饱满的热情全身心投入教学中。在信息技术环境下，教师通过提高自身信息素养可以有力提高教学效能感，进而使得自身的有效技能得到不断提高。

（三）先“内隐”后“外显”认知方式展开高效学习

外显学习和内隐学习是一对相对概念，外显学习是指我们一般所说的有意识、有目的的学习，而与之相对应的内隐学习则被定义为无意识的，在与外界环境长期接触下积累了一些经验，并且受到这些经验的影响改变了原有的学习行为。外显学习和内隐学习是相互独立和相互影响的，学术界认为先内隐后外显的认知方式更科学，效率更高。比如，教师有意识地不断尝试学习新的信息技术应用，不断改进信息技术教学手段都是外显学习方式，而经常操作计算机或聆听其他老师的信息技术教学过程则是内隐学习。在内隐和外显认知方式的相互作用之下，教师的有效技能自然会得到提高。

（四）强化教育理论的学习，提高信息技术与课程的整合能力

信息技术并不是一把万能钥匙，并不能解决当前我们外语教学中面对的一切难题。信息技术从根本上来讲是无法替代教学艺术的，要使得信息技术得到高效利用，关键还是要看教师是否能够依据教育原则做出正确的决策。英语教师要进一步深入地展开对先进教学理论和教学理念的学习，在此基础上恰如其分地运用信息技术。只有这样，才能做到信息技术的活用，才能形成缄默性的有效技能。在信息技术与英语课程整合方面，作为英语教师，既不可以害怕信息技术，也不可以一味盲从信息技术，要全面看待信息技术，全面认知信息技术的优越性和局限性。要不断尝试利用信息技术设计教学活动、教师方案、布置作业、

与学生交流以及开展教学评价等，要在不断的实践应用中增强教师的有效技能。不少学校都认识到信息技术对高校教学的重大意义，但是在培训教师时却容易走入误区，仅仅就计算机技术本身展开培训。事实上，技术并非是信息技术教学的关键，真正的难点和重点应该是信息技术与课程的有效整合，也就是掌握信息技术环境下英语教师有效技能新内容的过程。

近些年来，信息技术得到了飞速发展，已经逐步渗透到了现代教育的各个方面，如何将信息技术与现代英语教学整合，从而提高英语教师的有效教学技能，是摆在广大英语教师面前的重大课题。在信息技术的环境下，教学活动的形式、内容都在悄然改变，教师的有效技能也被烙上了教育信息技术的印记。作为大学英语教师，一定要清醒地认识到这种改变，要致力于自身信息素养的不断提高。只有这样，才能在英语课程与信息技术整合的过程中找准自己的角色定位，才能积极发挥自己应有的作用，才能全面地推进大学英语教学活动的高效开展。

第三节　积极应对多元化课程的挑战

一、提高教师的专业素养和专业能力

大学英语多元化教学的开展效果很大程度上是由教师的专业素养和专业能力决定的。这里的专业素养和专业能力指的不单单是教师的教学技能和英语水平，同时也与学生的专业知识和技能有关。也就是说，教师要想开展好多元化教学，首先必须充实和提高自己，使自身具备与学生需求一致的知识和技能。这样一来，因为这些知识技能的共通性，师生关系会变得更亲近，教师就有机会可以帮助学生打破英语与专业方向之间的学科壁垒，促进学生英语学习的进步和专业技能的提高。教师专业能力的提高可以从两个方面来逐步实现。一方面，教师可以通过自学、攻读第二学位等方式掌握一些专业知识，有机会的话，教师还可以跟学生一起上课，去与学生专业对口的单位进行业务实践，等等，在增进知识的同时，拉近与学生之间的距离。另一方面，量身打造高端优秀专业的教师队伍。可以从一些在所需专业方面比较强的名校选取优秀的硕士或博士毕业生，及早地帮助这些后备力量制定职业生涯规划，也可以委托一流大学定向培养这些后备人才力量，量身打造兼具专业能力、英语能力、教师责任心的专业教师。

二、精确把握学生的需求

作为教师，只有了解学生的需求，才能采取有针对性的教学策略。精确把握学生的需求对于开展多元化教学是至关重要的。首先，虽然学生主体存在差异性，不同学生的个体需求也有很大的不同，但是却存在一个共同点，那就是都与社会的用人需求相挂钩。英语

是一门以应用实践为导向的语言课程，学生都希望通过语言学习熟练应用这门语言。除了对社会用人需求做出精准的分析以外，教师还应该结合不同学生的个性特点、学习特点来做需求分析，比如有的学生喜欢唱歌，引入英语原声电影和歌曲进行教学就可能取得良好的学习效果；有的学生喜欢表演，组织英语话剧表演可能更适合此类学生。总之，教师要根据社会需求和学生需求，做出精准的需求分析，从而“因需施教”。

三、从语言交际的角度出发选择教学资料

不少教师都反应我们目前使用的英语教材比较落后，学生学习的热情不高。比如目前我们广泛使用的阅读理解教材多出自欧美国家，虽然语言比较地道，但与学生的生活和将来工作实际偏离较远，学生提不起兴趣。这就要求我们的英语教师要在选择教学材料上下功夫。教师必须真正站在学生需求的角度，为学生提供以实际交流为目标的新鲜教材。比如，东南亚的一些外贸公司是我国对外贸易的主要伙伴，许多学习外贸英语的学生平时只接触到了欧美国家的语言体系，忽略了东南亚英语本身的地域特色，这就会影响学生以后的工作和交际。教师可以帮这类学生搜集一些有关世界英语变体的教学材料。在全世界范围内，说英语的国家有很多，要想满足全球沟通的需要，学生就必须了解语言多变体的特征。只有与学生生活贴近或者与学生工作需求贴近的教学材料，才能帮助学生建立学习兴趣，提高学习效率。

四、鼓励多元化主体参与到教学评价中来

在传统教学中，教学评价主要是教师来实施。但是多元化教学是以不同学生主体的不同需求为出发点的，在这种模式下，教师就应该尊重不同学生的评价权，珍惜每个同学对我们教学活动提出的意见。教师不应该是唯一的评价者，学生自己，同学之间都可以参与到教学评价中来，评价之后，教师还应该引导学生展开反思，鼓励学生根据评价结果自我督导，让科学的教学评价真正作用于我们的教学和学习。此外，教师要坚持动态的形成性评价，淡化结果性的评价，尽可能地降低评价结果的偶然性，使教师对学生的评价能真实、直接地反映学生的学习情况，对学生每学期的学习成绩建立起具有梯度的评价体系。

大学英语多元化课程体系的建设带给了高校教师许多新的挑战，对英语教师综合素质和教学能力提出了更高的要求，这一过程实际上就是驱动大学英语教师“自我拯救”的一个过程，但无疑也是鞭策英语教师成长和完善自我的动力。因此，教师应该把握机会，结合本校的办学条件、学生需求、教学资源等不断提高自身的专业水平和教育教学能力，以便因材施教，提升英语教学质量，为社会培养高素质的合格人才。师资队伍建设是一项长期艰巨的任务。各高校应制定政策，“外引内培”，建立教师专业素质可持续发展的平台，大力优化大学英语师资队伍。这一庞大而又复杂的系统工程，不可能一蹴而就，需要长时期的不懈努力和巨大投入。

第四节　大学英语教学团队的建设

一、高校教学团队的定义及内涵

教学团队建设是教育部和财政部联合发布的本科教学改革质量工程中的核心内容之一。所谓教学团队，就是以提高教学质量、推动教学改革、提升教师能力为根本目的的以团队协作形式出现的集体教育方式。近年来，教学团队建设的重要性已经成了教育界的共识，各大高校普遍认为有效的教学团队建设对深化高校教学改革意义深远，可以极大地提高教师队伍的教学水平，可以为社会培养更多更加优秀的综合创新型人才。

教学团队是教师的集合体，这个集合体有着共同的教学目标，有着明确的教学分工和教学责任，有主要的负责教师和领队教师。通过教学团队的建设，不同的教师个体之间能够实现优势的互补，他们互相配合为实现共同的教学目标而努力。教学团队核心价值的落脚点在于“教学”,这种组织具有其特殊性：一方面,教学团队要通过团队合作提升教学效果，为社会培养优秀人才；另一方面，教学团队还有育己的重任，就是说教学团队要致力于教师能力的提高和教师专业化发展，其是一个既育人又育己的专业性学习组织。

根据我们对高校教学团队的了解，不难总结出高效的教学团队应该具备如下几个特征：第一，要有共同的、明确的教学改革目标。教学团队的任务分配和分工合作都是围绕共同的教学改革目标展开的，教学改革目标是一切工作的主线，它最终的目的是为了提升教师能力和教学水平。高校教学团队依托于高校教学基本建设项目和课程群，将教学内容和教学方法作为改革的主要阵地，不断深化教学改革。第二，组织架构和组织规模的合理化。教学团队是个整体，参与其中的教师个体要在职称、学历、年龄、特长等方面形成合力的结构，在教学技能和知识结构等方面要形成良性互补，一般由教学经验丰富、组织协调能力较强的教授担任团队负责人，整体队伍在规模、结构方面均表现出一定的合理性。第三，要有团队凝聚力。在教学团队内部，要有明确的分工，团队成员都很明确自己的职责和整个团队的目标，互相协作拧成一股绳，形成团队凝聚力。第四，良好的发展趋势。通过一段时间的协作努力，教学成绩会有明显的提升，团队内部教师的能力也会有明显的提高，具体的建设项目也会呈现出良好的发展趋势。

教学团队的建设，对现代化的高校教学改革意义深远，对于其建设意义方面的研究成果也较为丰富。高校教学团队的建设是基于学校组织特点和教学改革发展趋势的必然结果，可以极大地促进教学质量的提高和教师的专业化发展。高校教学团队的建设要彻底，要有大刀阔斧的勇气，不能仅仅在目前的课程建设和师资培训等方面加以修补，而要站在更高的高度，立足于本校的组织特点，勇于突破现行基层组织管理体制的弊端，努力追求教学资源、人力资源等课程资源的整合，实现系统最大化。强调高校教学团队的育人功能，一针见血地指出高校的教学团队可以为社会培养许多创新型的特色人才，同时，教学团队的建设过程也是教学理念不断更新、学科方向不断调整、教学改革不断深化的过程。教学团队的建设不仅仅可以达到提升教学质量的目的，还可以为培养优秀的师资力量服务，更有助于建设教学研究示范点和创新地开展高校教学改革工作。

二、高校教学团队建设中存在的问题分析

教师水平是影响高校教学团队建设效果最重要的因素之一。作为高校教师，既要承担起教学和科研的重任，也要承担起为社会服务、为社会培养人才的重任，所以，一定要有目的、有计划地提升自身的水平，才能组建出高效的教学团队。当前我国高校教学团队建设和教师能力建设方面，主要存在以下几个方面的问题。

（一）教学团队显示度较低

教学团队建设的重要意义早已深入人心，提升教师水平，提高教学质量是教育界公认的教学团队建设目标，一切教学工作都在围绕这个目标开展，但是教学团队的显示度整体偏低。虽然在优秀教材评选、精品课程示范展示等项目中，教学团队有一定的显示度，但是不容置疑的是大多数的教学团队成绩是需要经过长期检验才能体现的。高等教育旨在为社会培养创新型优秀人才，而人才是否符合社会的用人标准需要在未来就业后才能慢慢地显示出来，可见大学教育具有明显的模糊性和滞后性，因此，教学团队在短期内的显示度就难以提高。显示度不高，教学团队建设管理难度就会增加，对于团队的成果很难建立有公信力的评价机制，相应的激励机制也会受到影响。

（二）教学团队中个体独立性强、团队凝聚力不高

教学团队中的个体大多具有相似的教育背景和学科背景，知识结构较为相近，这就导致教学团队中的个体独立性和分散性较强，大多数的个体都可以依靠自己的力量独立完成备课、讲授、批改、答疑、编写教材等工作，这就导致团队内部互相依赖性比较小。这在很大程度上削弱了团队内部个体的合作积极性，这也是团队凝聚力难以提高的重要原因，也导致了教师主动参与团队教学的动力不足。

（三）教学团队激励体制不够完善

目前，传统的“重科研轻教学”现象依旧没有明显的改观，导致许多教师宁愿将更多时间和精力投入到科研中去，也不愿意参与到教学团队中来，因为在科研方面的投入更容易获得立竿见影的回报，而在教学方面的投入缺少明显的经济利益回报。当然，也仍有不少优秀教师愿意坚守在教学第一线，愿意不断进行深入的教学改革方面的研究，但这都是出于他们作为一名教师的责任感、使命感和荣誉感。教师团队建设和教师能力的提升，不能单单依靠教师的职业道德情操来维系，应该给这些优秀的教师建立长效的激励机制，并吸引越来越多的中青年教师投入教学团队的建设中来。

三、教学团队建设与教师能力提升的措施

为了进一步实现课程教学团队建设的目的，可采用课程组制度，以课程建设为纽带，通过教学研究、上下级检查、竞赛等方式，促进教学与科研的有机结合，依靠集体的力量在教学中不断促进教师教学与教研能力的提高。

（一）积极组建团队式基层课程组织

新时代的教师，不仅肩负着教学任务，也承担着一定的教研任务，教师角色呈现多元化，传统的基层课程组织的教学功能开始逐步弱化。为提高大学课程教学和人才培养质量，在大学的教学活动中应积极组建教学团队，实施课程组制度。我们可以将授课面较广的基础课程与学科基础课程相关的教师组建为一个教学团队，由该课程组成员负责制定课程建设规划、培养青年教师、规范教学文件、组织教研活动、研究教学问题，甚至推进教学改革。

（二）努力构建研究、检查、竞赛的长效机制

课程组作为教学团队的最基层组织，对组内教师能力的培养和锻炼意义重大。在课程组制度的建设中，应着力构建教学研究、检查、竞赛为一体的长效机制，强化组内成员间的彼此协作，共同促进，以此实现教师业务能力得到提高的目的。这里主要包括以下三点：首先，课程组作为大学课程教学模式及各种规章制度的具体实施者，每一次对教师备课、听课等常规制度的学习和具体实施，都是团队中的教师彼此间共同研究、共同探讨的过程，学校的常规制度在一定程度上促进了课程组团队的融合。其次，在大学教学过程中的检查制度、教考分离制度、课程教学质量评价制度等都是对课程组的共同工作、研究的全面监督与反馈。对团队工作中的不足进行督促，对优秀成果进行奖励，会进一步激发课程组团队成员的积极性，促进成员能力的提升。最后，竞赛制度的引进能够在较大层面上提升课程组成员的参与热情和投入程度，增强团队的凝聚力和突破创新的能力。

（三）促进科研教学的有机融合

当前的大学课程教学与科研已经成为统一的有机体，两者相辅相成，共同促进。课程组内的教师通常都来自同一教学学科，在促进教学、科研有机融合方面有着极大的优势。首先，学院科研项目的研究可以开阔课程组成员教师的视野，了解学科应用前沿，加深对基础知识的理解，丰富课程组成员教师的知识储备，提高其业务水平。其次，教育科研成果可以作为学院新课程和精品课程的生长源，为促进学科建设提供实践素材。再次，课程组成员通过对科研项目的攻克，可以在一定程度上为教师创新教学方法，改革传统教学手段提供思路，推动大学研究性教学模式的发展；最后，科研项目的参与者除了课程组的教师，还可以吸纳一些有兴趣、有能力的大学生，学生通过参与项目了解了教师，接触了学科前沿，体会了专业知识的应用效果，这对于大学生的创新能力培养极为重要。

（四）制定科学合理的评价体系、绩效考核体系

科学合理的评价体系是检验教学团队建设成果的关键，有助于确保团队工作的顺利开

展。科学合理的评价体系不能与学校的人才培养定位相脱节，要紧密围绕教学团队的内涵、特征展开，要综合考量课堂教学效果、学生成绩提高、学生能力提高、团队凝聚力等各种因素。在评价和考核方法上，我们要力争做到多维化考核，主要内容可以包括教师对自己工作任务完成情况的评价、团队内部不同成员之间的绩效考核打分、团队主要负责人按团队成员在团队业绩贡献大小打分以及学生对教师课程教学效果的打分，等等。

教学团队建设是质量工程的核心内容之一，具有重大的现实意义。教学团队是一种创新型的高校基层课程组织，教师要想真正回归课堂，真正提升自己的执教能力，要想将课程组作为全新的正式组织形式，还需要教育管理部门的支持和学校的科学统筹规划。这是一项系统工程，需要政府、高校、教师多方面携手努力，只有这样，才能把教学团队建设成为具有实践应用价值的亮点工程。

第十一章　信息化背景下的大学英语的发展

第一节　信息技术与英语课程整合

一、信息技术对课程的影响

信息技术的飞速发展和科学技术的日新月异，不仅对教育提出了新的要求，也深刻地影响了课程的内容和呈现方式，拓展了课程设计的范畴，使课程更具开放性和个性化。

（一）信息技术极大地拓展了课程的内涵

课程内容不再局限于固定化的形式，而是以信息资源的状态存在。每个个体所获得的外语学习内容是依据原有知识结构和发生的体验而形成。课程内容更符合信息社会文化和人才的要求。

传统意义上的一门课程，往往就是一本教学大纲（含教学计划）、一本教材，课程实施就是讲授教材上的内容。而现代信息技术支持下的课程，除了有教学大纲和教学计划、教材外，还包括以信息技术为基础的学习资源、教学资源、教学工具等，如光盘、电视节目、多媒体教学软件、网络课程、丰富的网络资源等。基于网络技术的支持和信息共享平台，教与学的课程不再受到地域的限制和时间的限制，课程内容可以不断更新。

（二）信息技术丰富了课程的呈现方式

现代信息技术解决了大信息量的记录、存储、传输、显示和加工等问题，多媒体技术将文本、声音、图片、动画、音频和视频等进行有效的整合，使课程以更加丰富和多媒体化的特征呈现。这一特性改变了课程呈现方式单一的局限性，使学习者能够真正实现对信息的多感觉通道加工，这有助于学习者建立起对当前信息的准确表征，建立起对当前事物的丰富联系，提高学习者感知、记忆和思维的效果。对于特定的教学内容、教学对象而言，这种更为新颖、更为形象和直观的学习材料，还可以有效地激发学习者的学习兴趣和学习动力。

（三）信息技术使个性化的课程成为可能

一方面，信息的高度共享使个体搜索个性化的信息成为可能，也赋予学习者更多选择的机会与权利，使课程可以更好地满足学习者的个性化需要。另一方面，多媒体呈现的学习资源，可以使具有不同认知方式的学生根据自己的特点选择适当的学习方式，特别是一些仿真探索空间、虚拟实验、电子书包等，个别化的程序、过程和进度可以激发所有学生，满足不同学习目的和风格，适应个体的心理和认知需要，也有利于促使学生进行主动性、创造性学习。

二、信息技术与课程整合的背景

由于信息技术的飞速发展，多媒体和网络技术的日臻完善和普及，信息技术教育水平不断提高，软、硬件环境不断完善，加之深化教育改革，全面推进素质教育，培养具有创新精神和实践能力的高素质人才和劳动者的社会需要，教育信息化得到了各阶层的重视，我国的信息技术教育发展进入了快速发展时期。特别是近几年在新课程、新教法的基础教育改革中，先进的教学理念、以学生为中心的教学方式的提倡、各种形式的教师信息技术能力培训等因素的综合影响下，信息技术教育的发展应用跃上了一个新的台阶——信息技术与课程整合。广大教育工作者的观念从认为信息技术是计算机课程教育的认识飞跃到更高的层次，即信息技术必须融入教学，必须和学科课程相整合。

“信息技术与课程整合”的概念最早源自西方的“课程整合”概念。在英文中，“整合”一词表述为“integration”，这一单词在汉语中有多重含义，如综合、融合、集成、一体化等，但它的主要含义是“整合”，即由系统的整体性及其在系统核心的统摄、凝聚作用而导致的使若干相关部分或因素合成为一个新的统一整体的建构、程序化的过程。整合可以使系统内各要素实现整体协调，相互渗透，使系统各要素发挥最大作用，这个过程会导致生成一个新的事物。课程整合的含义是指对课程设置、各课程教育教学的目标、教学设计、评价等要素做系统的考虑与操作，用整体的、联系的、辩证的观点，去认识和研究教育过程中各种教学要素之间的关系。课程整合的过程就是使分化了的教学系统中的各要素及其各成分形成有机整体的过程。课程整合并不是指单纯地将被分割的拼凑在一起，也不是指简单地把各学科聚合起来，课程整合是指把本来具有内在联系而被人为地割裂开来的内容重新整合为一体的课程模式。这种内在联系是自然的、真实的、本质的，而非人为的。牵强附会的联系只能使得课程变成一个大杂烩，如果两个内容之间的关系不是自然的，就不能把它们联系在一起，不是每个事物都必须与其他事物联系在一起的。因此，信息技术整合

于学科课程绝不是简单的纳入或功能的叠加，也不仅仅是工具或技术手段层面的应用，而是如何将信息技术实际地融入学科课程的有机整体，使其成为整体不可缺少的一部分，或成为一个新的统一体。在各学科教学中，有效地融入信息技术，将教学系统中的各种教学资源和各个教学要素有机地集合起来，将教学理论、方法、技能与教学媒体很好地结合起来，在整个教学过程中，保持协调一致，并发挥系统的整体优势以产生聚集效应。

在全国中小学信息技术教育会议上提出："在开好信息技术课程的同时，要努力推进信息技术与其他学科教学的整合，鼓励在其他学科的教学中广泛应用信息技术手段，并把信息技术教育融合在其他学科的学习中。各地要积极创造条件，逐步实现多媒体教学进入每一间教室，积极探索信息技术教育与其他学科教学的整合。"至此，信息技术与课程整合成为教育信息化进程中理论研究与实践探索中的热点问题。

综上所述，我们可以从以下三个方面来理解信息技术与课程整合：第一，应该在以网络和多媒体为基础的信息化环境中实施课程教学活动；第二，对课程内容进行信息化处理后成为学习者的学习资源；第三利用信息加工工具让学习者改变学习方式，进行知识重构。在信息化学习环境中，由于将信息技术与学科课程进行整合，使得学习者的学习方式发生了重要的变化。主要变化在于学习是以学习者为主体的，学习可以是个性化的，能满足个体需要；学习是以问题为中心的；学习过程是通信交流的过程；学习者之间、教师与学生之间是协商的、合作的；学习过程具有创造性；学习可以随时随地进行的。可以说，学习者的学习可以不再只是依赖教师的讲授和学习课本，而是可以利用信息化平台和数字化资源，教师、学生之间展开协作学习，并通过对资源的收集利用、探究知识、创造知识、展示知识的方式进行学习，因此，通过信息技术与课程整合，可以使学习者掌握信息时代的学习方式，包括会利用资源进行学习；学会在数字化情境中进行自主学习；学会利用网络通信工具进行交流，协作学习；学会利用信息技术，进行实践创造性学习。总之，学习者可以利用文字处理、图像处理、信息集成的数字化工具，对课程知识内容进行重组、创作，使信息技术与课程整合不仅只是向学习者传授知识，而且能够使学习者进行知识重组和创新。

迄今为止，我国基础教育信息化的发展十分迅速，教育信息化基础设施已初具规模，教师、学生的信息素养教育得到了广泛的重视，对于信息技术与课程整合的课题研究，各教学研究部门和有条件的学校都投入了较大的力量进行实践研究并已取得很多可喜的成果。信息技术与课程整合是当前教学改革的新视点，将信息技术作为改革传统课堂的有效手段，将其和学科课程教学融为一体，优化教学过程和学习过程，促进学生的全面发展、个性发展，构建数字化的学习环境，实现数字化的学习成为信息技术与课程整合努力的方向。但是这个过程不可能一蹴而就，需要广大教师和教育工作者逐渐积累成果；在这个积累的过程中。粉笔和黑板的作用逐渐淡化，多媒体和网络的应用逐渐普及；在这个积累的过程中，普遍采用的传递——接受的主流教学形式将与多元化教学形式共存；教师和学生的角色都要被重新定位，单纯性的教师讲学生听、教师同学生答的教学局面将被改变；在这个积累的过程中，学生学习的主体性地位将不断提升，学生主动学习，协作学习，发展个性。注重实践能力的意识和创新精神将不断提高。

这里需要注意一个问题，信息技术与课程的整合具有双向性，应该是双向整合，即信息技术整合于学科课程和学科课程整合于信息技术，两者应该做到各取所需，前者是研究信息技术如何改造和创新课程，后者是研究课程创新中如何开发和利用信息技术。这个问题十分重要，它涉及建构信息文化背景里整合型的信息化课程新形态，以及如何利用各学科进行信息技术教育的问题。

三、信息技术与外语课程整合

（一）外语课程性质及基础教育目标

外语是基础教育阶段的必修课程，对外语课程的学习，既是学生通过外语学习和实践活动，逐步掌握外语知识和技能，提高语言实际运用能力的过程；又是他们磨砺意志、陶冶情操、拓宽视野、丰富生活经历、开发思维能力、发展个性和提高人文素养的过程。基础教育阶段外语课程的任务是：激发和培养学生学习外语的兴趣，使学生树立自信心，养成良好的学习习惯和形成有效的学习策略，发展自主学习的能力和合作精神；使学生掌握一定的外语基础知识和听、说、读、写技能，形成一定的综合语言运用能力；培养学生的观察、记忆、思维、想象能力和创新精神；帮助学生了解世界和中西方文化的差异，拓宽视野，培养爱国主义精神，形成健康的人生观，为他们的终生学习和发展打下良好的基础。

（二）信息技术与外语课程整合的内涵

所谓信息技术与外语课程的整合，是指在建构主义理论指导下，通过将信息技术有效地融合于外语教学过程来营造一种新型教学环境，实现一种既能发挥教师主导作用又能充分体现学生主体地位的以“自主、探究、合作”为特征的教与学方式，从而把学生的主动性、积极性、创造性较充分地发挥出来，使传统的以教师为中心的课堂教学结构发生根本性变革。从而使学生的创新精神与实践能力的培养真正落到实处，提高学生综合运用外语的能力。将信息技术有机地与外语课程整合，符合当前外语教育的发展趋势。

需要注意的是，外语课程的整合框架含有一个信息化学习环境，而这里的信息化环境不仅仅包括硬件系统，还包括软件和人机环境，这三者有机地组合成一个综合的系统。在此系统中，教师、学生、学习内容、计算机网络相互作用而产生一定的教学效果。信息技术与外语课程整合将带来课程资源的变化。信息技术的飞速发展、网络资源的丰富性和共享性，都冲击了传统课程资源观，课程资源的物化载体不再是单单的书籍、教材等印刷制品，也包括网络以及音像制品等。生命载体形式的课程资源将更加丰富，学习者可以通过信息技术的通信功能与专家、教师等交流，扩大了课程资源范围。信息技术与外语课程整合，将有助于课程评价的变革和改善，信息技术与课程评价整合后，将带来评价观念和评价手段的革新。信息技术可以作为自测的工具，有利于学生自我反馈，也可以作为教师电子测评的手段，优化了评价过程，革新传统的课程评价观与方法。网络信息技术与外语课程整

合最主要的是带来学习方式的革命。信息技术的飞速发展，网络信息的大量泛滥，对于人类的学习方式产生了深刻的变革作用。学习者从传统的接受式学习转变为主动学习、探究性学习和研究性学习，有利于把以教师为中心的教学模式转变为“教师主导—学生主体”的教学模式。

四、信息技术与英语教学设计的整合意义

本研究的意义主要在于信息技术对当今教育的推动作用无法估量，然而要使信息技术能真正地推动外语教育、教学的发展，就必须与外语教学进行全面的有机整合，信息技术与教学整合，尤其是整合于外语教学，这种模式具有十分重要的意义。它可以改变人们的学习观念，预示未来教育的发展方向。

（一）改变学习观念

计算机网络技术的日新月异及与课程的整合正在深刻地影响和改变着各种学科的生态，预示了学科发展的未来。可以说，今后学生学习的主要途径不再只是依靠书本或教师的讲授，面对浩瀚的知识海洋和不断更新的网络信息，原先固定教师、固定班级、固定内容、固定进程、固定标准的单向地接受式的学习方式将被打破。取而代之的是一种全新的学习过程，在这样的学习过程中，学生以计算机和网络以及其他多媒体设备为中介，在自主选择、合理接受、科学加工、适时反馈的信息传输中轻松自如地完成富有个性化的、发现式的学习。这种发现式的学习方式将改变以课堂为中心、教师为中心和课本为中心的接受式学习格局，更多地是以自主学习、合作学习和探究学习为主的发现式学习格局出现。显然，这种学习格局的变化与信息技术的发展有着直接的关系。

专家学者们一致认为，信息技术是物化形态技术与智能形态技术的协同利用，具有智能化、数字化、网络化、个人化、多媒体化的特征。随着信息技术的广泛应用。知识密集、信息技术产品出现了更新换代、周期加快的现象 & 同时，新兴科学大量涌现。知识总量急剧膨胀。知识更新的过程也空前加快，出现了“知识爆炸”现象。信息和知识犹如产品一样频繁更新换代。这种知识的极度膨胀和快速更新，不可避免地使我们的课程陷于尴尬的境地。一方面大量的新知识内容需要加入课程中去；另一方面课程内容过难使学生负担不断加重。众所周知，课程展开的时间是有限的，我们不可能无限延长学习者的学习时间，加之近代科学技术的飞速发展和知识信息的急剧增加，又不得不使我们面对现实的挑战。那么，如何才能找到应对的方法呢？最根本的出路在于变革，改变学习过程是一种单纯继承性的传统观点。课程应该在传授一些基础性知识的同时，注重创新和适应能力的培养，对受教育者来说，最重要的是学会学习，具备进行终身学习的能力，也就是具备自我更新知识结构的能力。对于知识的学习，强调的是让学生掌握认知的手段、方法，即学会自己去发现知识，自己去获取和更新知识，而不仅仅是局限于学习知识本身。由于信息时代知识急剧增长，若是像传统教育那样，只强调知识本身的学习和掌握，那么学到的知识大部分会很快过时，无法适应现代社会发展的需要，只有让学生学会认知，即学会学习的方法，

才能在步入社会以后，能够自我更新知识结构，通过自学继续学到工作所需要的各种新知识、新技能。

一般说来，传统性学习，通常是维持性学习和接受性学习，而信息化学习却是创新性学习和建构性学习。维持性学习是一种继承性学习,而创新性学习要处理好“学会”“会学”的关系；接受性学习是一种以教师为中心的学习，学生是知识的接受者，而建构性学习是以学生为中心的学习，强调学习者是知识的主动建构者。信息化时代的学习是要从传统的维持性学习向创新性学习转变，从接受性学习方式走向建构性学习方式。要达到这一目标，计算机网络必须与课程及教学模式进行全面的整合，因为它预示着未来教育的发展方向。

（二）预示未来教育的发展

一旦人们的学习观念发生了改变，自然也会对未来的教育有新的展望。实际上，世界各国在展望未来的教育时都主张把信息网络技术作为教育、教学改革的重要一环。例如，早在 20 世纪 90 年代美国就制订了《让美国学生为 21 世纪做好准备：迎接技术能力的挑战》的国家信息技术教育计划。这个计划展望了一个这样的未来：通过在中小学教学中有效地利用信息网络技术，为帮助下一代在校学生得到更好的教育做好准备，以适应新的全球经济发展的需要。之后，美国教育部在咨询了社会各界人士后，对国家信息技术教育计划进行了修改，提出了 5 个目标：一是所有教师和学生都要使用信息网络技术；二是所有教师都应运用技术帮助学生达到较高的学业标准；三是所有的学生都要具备信息技术方面的知识与技能；四是通过研究与评估，促进下一代技术在教学中的应用；五是通过数字化的内容和网络的应用改革教学。在全国中小学基本普及信息技术教育，以信息化带动教育的现代化。努力实现基础教育的跨越式发展，正是由于各国对此相当重视，对传统的教育体制及教学模式的改革正在世界范围内形成一种新的教育发展的趋势。

在我国，运用信息网络技术对传统教育体制和教学模式的改革首先始于外语教学。如前所述，21 世纪实际上是信息技术全面发展的世纪，尤其是计算机与网络技术的发展极大地拓展了教育的时空界限，空前地提高了人们学习的兴趣、效率和能动性。就信息化时代的外语教学而言，传统的教学形式将很难适应时代发展的需要，必须要有突破性的变革。这种教学的变革不仅仅是教学形式和学习方式的重大变化，更重要的是将对外语教学的理论、观念、模式、内容和方法产生深刻的影响，给外语教学赋予了更深刻的全新内涵。

目前，我国很多高校开始积极推进微课、慕课网络课程的建设，大学英语教师也在积极探索翻转课堂的混合式教学模式。

（三）整合模式的研究背景

大学英语教学改革的重要社会背景及其主要意义是本研究的基础。因此，有必要对此做一阐述性描述，以求理清改革的来龙去脉。大学英语教学改革与国家的总体发展（包括教育发展、经济增长、社会进步）不无关系，但是主要有以下几方面的背景因素。

1. 英语的国际地位

英语，作为国际通用语言，在国际政治、经济、文化、体育及其他信息交流中扮演着重要的角色。据相关统计，全世界 1/5 的人具有不同程度的英语交际能力，全世界 2/3 的科学家能读懂英文，全世界 80% 的电子信息用英文存储，全世界网站的 78% 为英语网站。英语的重要性还不仅仅限于日常的交流，不少政治家把英语看作是提升本国国际竞争力的重要手段。由此可见，中国要跟上世界的发展步伐，进入国际大家庭，融入世界政治经济、科技、文化、体育的全球化体系，较快地学习、掌握和赶超世界先进国家的科学技术，最为直接的方法就是要使我国的相关人员能够有较强的英语交际能力。据此，可以断言外语教学不仅仅是一个简单的教学问题，而且已直接影响到我国科技、经济的发展，影响到我国改革开放质量的提高。

随着我国社会，在经济、科技等各个领域同世界交往更加频繁和密切。前教育部高教司司长在“211 工程”大学的外语学院院长会议上曾指出：“我们的进出口贸易现在一年有 7000 亿美元，仅出口就有 3000 亿美元。这在前 20 年是不敢想象的事。我们后 20 年谁能想象到我国出口量达多少亿？所以，我们同国际交往的步伐是非常快的。我们怎样对原来不适应时代步伐的东西进行改革？我们怎样培养适应时代需求的人才？这些人才需要什么样的外语技能？这都是我们要思考的问题。”

迄今为止,英语教学取得了巨大成绩。但我们还要与时俱进。整个外语教学要与时俱进。可见，“与时俱进”就意味着我们的外语教学或未来学生的英语能力应随着国家的综合国力的提高而提高，以促进我国在国际上的竞争力。因此，英语在国际上的突出地位促使我们的大学英语教学必须进行改革。

2. 现行外语教学的弊端

就目前我国的外语教学而言，总体水平不高，而且长期以来存在着“费时多，收效小”的问题。与一些国家相比较，中国学生的阅读能力应该说是不错的，但是他们的语言交际能力，尤其是听说能力仍是相对较弱。不少学生在各科考试中的成绩都相当不错，分数也很高，但是一旦与人交流却不能听也不能说。这种现象表明我们的外语教学多年来培养的只是外语的应试者而不是外语的实际应用者。究其原因，外语学习的好坏与学习的条件和环境不无关系，换言之，语言学习的环境对学习者使用外语起着相当大的作用。正如蔡基刚教授所指出的那样：“为什么我国学生学了 10 余年的英语，‘聋人英语’‘哑巴英语’现象还是比较普遍？原因就是受到语言环境的限制：没有或很少有练习听力和口语的机会，没有或很少有使用所学到的语言的机会”。

一般认为，中国学生的英语学习水平尤其是听和说的交际能力较差。其主要原因是，英语对这些国家来说基本上都是第二语言，而对我们来说却是地道的外语。那么，英语作为第二语言和作为外语在学习上究竟有何区别？通过对世界各国英语学习者的广泛研究，认为把英语作为外语和作为第二语言在语言使用功能、语言掌握的方式和目的以及语言环境上有很大的区别。第二语言（简称二语）和外语的区别至少说明了这样几个问题：首先是语言的环境问题，那些把英语作为二语的国家和地区，目的语的使用环境相当广泛，涉及社会的方方面面，如商业、教育、政治、文化、社交等，学习者能在真实语言环境中充分接触和使用语言，当然也就自然地学习了目的语。然而，外语学习者的语言环境主要是在课堂，比如在中国外语学习者所接受的语言输入主要来自课本，一个学习者从小学开始使用的外语课本都是经过编写者的加工和教育部门的严格检查，其语言输入相当有限。其次是学习动机问题，二语学习者要使自己融入社会并在激烈的竞争中适应工作、学习、生活的需求，自然会习得并掌握目的语。但是，外语学习者具有明显的功利性学习动机，在校的外语学习者几乎都是为了通过某种考试，不讲究语言的使用能力的提高而是重视考试所需的语言材料。考试需要什么就学习什么。

要解决语言学习的环境问题，单靠传统的课堂教学是远远不够的，因为课堂和现实社会使用语言的环境毕竟相差甚远，再怎么设计“角色扮演”的语言应用的情景，也不可能达到预期的教学效果，不能从根本上有助于创设一个理想的外语教学环境。因此，只有对外语教学进行重大的改革，借助当代信息技术，在计算机网络上创造出一个虚拟的语言环境，使得以计算机网络为核心的信息技术与外语课程进行整合，着重研究信息技术与外语课程整合环境下的外语教学模式，以求能真正地消除外语教学上的弊端。

3. 传统教学模式受到挑战

在我国的大学英语课堂里主要是以教师为中心，教师讲课文、精解词汇和语法、组织操练、核对答案。几十年来，虽然这种“满堂灌”的教学方式忽视了学习者的主观能动性，但我们的教师依靠个人的教学经验以及因材施教的教学方式，确实也培养了许多的外语人才。随着时代的发展，尤其是到了21世纪的今天，我们的教学环境与半个世纪前和与当时制订的第一份《大学英语教学大纲》的20年前相比都发生了巨大的变化，这种教学模式势必会受到前所未有的挑战，这主要表现在以下几个方面：

第一，传统模式不能有效培养学生的英语综合应用能力。众所周知，传统教学模式的特点就是课堂教学以教师为中心，以“课本 + 粉笔 + 黑板”为工具，以帮助学习者在有限的课堂时间内获取和积累语言知识（主要是词汇与语法）为目的。这种教学模式以结构主义的语法翻译法为基础，通过精讲教科书中的核心范文向学习者输入某一阶段的语言形式（通常是词汇用法和语法规则等）。学习者通过教师的精解和自己的反复操练以形成正确的语言习惯和语言行为，这就是我国特有的“精耕细读”式的教学模式，故称为“精读课”。这样的传统精读模式必然会导致重教师讲解，轻学生参与；重语言现象，轻信息摄取；重语法细节，轻篇章整体；重语言知识灌输，轻语言技能运用；重阅读理解准确，轻语言交际能力培养。

第二，传统教学模式使教学质量下降。教学质量的下降主要与大学扩招的压力有关，因为大学扩招使原来班级规模急剧扩大。班级规模快速扩大，必然会使传统的“精读”教学模式难以适应，从而带来一系列的问题：首先，班级人数越多，师生的交流互动就越少。试想一下，一堂课45分钟，每人轮流讲几句时间就差不多快用完了。这说明，班级规模过大，学生课堂实践机会相对减少许多。

第三，传统模式不能适应社会和语言环境的变化。应该说传统教学模式在受到班级规模的制约之外，还受到其他社会和环境因素的影响。首先，学习的环境和手段在变化。在过去的几十年里，大学英语课堂围绕课本开展教学，偶尔也会听一些录音。现在，随着信息技术的快速发展，学生获取知识和信息的渠道变得丰富起来，因而不再满足外语学习就是围着课本转的传统方式。传统的教学模式在计算机、网络等多媒体的冲击下，必然会失去其原有的地位和优势。其次，学生的学习动机在变化。过去学生学习英语的主要目的是通过考试获得文凭即可，因此学习相当被动，只要跟着课本学就足够了。现在情况就不一样了，学生学习英语不仅仅是为了一纸文凭，他们必须为今后的就业、出国留学、报考研究生等加大学英语的力度，从而学习变得更为主动，并且对学习内容提出更多的个人要求，尤其是语言的综合运用能力方面，更是要求有显著的提高，课堂上只是教师讲学生听的模式无法满足学生的个人需求，这些都对传统的教学模式提出了挑战。由此可见，传统的教学模式很难应付这些变化。要满足社会和学生的新要求，教学模式的改变势在必行。

第四，教育资源的相对匮乏。我国是一个人口大国，教育的发展相对落后，据统计，我国接受高等教育的人口比例在世界上是较低的，然而。我国自改革开放以来经济得到了蓬勃的发展，尤其是国家提出要实现小康社会，50 年基本实现国家现代化我们的高等教育一定要跟上。因此，国家要发展，高等教育一定要走大众化道路，高等院校扩大招生规模已成必然趋势。从 20 世纪 90 年代起，教育部开始实行高校扩招以满足国民对高等教育日益高涨的需求。按教育部发展规划，至 2020 年在校人数将达 4000 万的规模。大学扩招给原本就紧张的外语师资队伍带来了日益严重的压力，教学资源紧缺问题越来越突出。用传统的教授方法，需要多少师资才能满足教学需要，完成教学任务？如何来保证教学的质量。这些都是必须要面对和思考的问题。在校学生数量不断增加是国家一定历史时期社会、经济发展的要求，也是高等教育大众化发展的必然趋势，但是我们的教师队伍不能以同等的速度无限制增长。一方面招生规模扩大，另一方面教学资源又相当有限，我们的外语教学要在这样的困境中完成任务，只有走教学改革这条路，采用新的教学手段，挖掘现有潜力。现在最有效的方法，就是要借助计算机网络的超强功能（海量快速的储存、便捷正确的传输、广泛的网络共享等）来缓解教学资源紧缺的问题。

上述四个方面促使我们必须进行大学英语教学改革，以求从改革中发现新的教学模式、方法和手段，提高外语人才培养的质量。

4. 外语教学新模式

根据《大学英语教学指南》的基本内容，教学模式实际上是此次大学英语教学改革的核心。改革的目的就是要使英语教学朝着个性化、不受时间和地点限制、主动式学习方向发展，在内容上应体现英语教学的实用性、文化性和趣味性融合原则；在技术上应可实现和易于操作；在效果上应能充分调动教师和学生两个方面的积极性。在充分利用现代信息技术的同时，也要充分考虑和吸收现有教学模式的优点，充分体现合理继承的原则。新的公共英语教学模式应以课堂教学与在校园网上运行的英语教学软件相结合的教学模式为主要发展方向。

根据《大学英语教学指南》，各高等学校在采用基于计算机和课堂的英语教学模式的同时要充分利用现代信息技术，特别是网络技术，改进以教师讲授为主的单一教学模式，使英语的教与学可以在一定程度上不受时间和地点的限制，朝着个性化和自主学习的方向发展。同时，各高等学校应根据本校条件和学生的英语水平，探索建立网络环境下的听说教学模式，直接在局域网或校园网上进行听、说教学和训练。读、写、译课程既可以在课堂上进行，也可以在计算机网络环境下完成。对于使用计算机网络教学的课程，应有相应的面授辅导课时，以保证学习效果。为实施新模式而研制的网络教学系统应涵盖教学、学习、反馈、管理等完整过程，包括学生学习和自评、教师授课、教师在线辅导、对学生学习和教师辅导的监控管理等模块，能随时记录、了解、检测学生的情况以及教师的教学与辅导情况，体现交互性和多媒体性，易于操作。

根据这一模式，英语听、说、读、写、译等教学活动可以通过计算机来完成，也可以通过教师的课堂教学进行，具体来说，“听”的训练主要在计算机网络环境下进行，辅之以课堂教学；“说”和“读”的训练既要在计算机网络环境下进行，又要有课堂教学；“写”和“译”的训练以课堂教学为主，以计算机网络环境下的教学为辅。在教学过程中，教师是教学活动的组织者，教学管理由教务处、教师和计算机管理软件来实施。教学模式改革的目的之一是促进学生个性化学习方法的形成和学生自主学习能力的发展。新教学模式应能使学生选择适合自己需要的材料和方法进行学习，获得学习策略的指导，逐步提高其自主学习的能力。教学模式的改变不仅是教学方法和教学手段的变化，而且是教学理念的转变，是实现从以教师为中心、单纯传授语言知识和技能的教学思想和实践，向以学生为中心、既传授语言知识与技能，更注重培养语言实际应用能力和自主学习能力的教学思想和实践的转变，也是向以培养学生终身学习能力为导向的终身教育的转变。应该说，新教学模式实施是对我国传统外语教学模式和手段的一次革命性转变。

这种全新教学模式对于发展和培养我国大学生迫切需要的外语综合应用能力和自主独立学习能力都有深远的意义。

第二节　现代教育技术下的新型大学英语教学模式

现代教育技术下的新型大学英语教学模式理论框架整合了多模态、多媒体、多环境理论、计算机技术与外语课程生态化整合理念以及建构主义等教学理念，以环境的创设和教学结构的改变为主要特征，以多模态体验和模态转化学习为实际操作的着力点。与以往单纯以建构主义理论和计算机辅助语言学习理论为基础的理论框架相比，该模式的框架更加系统、细致，对实际教学模式的设计更具指导意义。教育部高等学校大学英语青年骨干教师高级研修班第三期以“构建多模态、多媒体、多环境的集成型大学英语教学模式”为主题，于北京交通大学隆重举办，标志着这种探索进入一个新高潮。

一、新型大学英语教学模式理论框架的成分

（一）多模态、多媒体、多环境理论

在主旨报告多模态、多媒体、多环境下大学英语学与教：理论与实践和以往研究，对“多模态”“多媒体”“多环境”3个基本概念进行了界定，对其学习行为进行了剖析。

1．多模态

简言之，模态是人类通过感官跟外部环境之间的互动方式。这里的感官不但包括广为知的视觉、听觉、嗅觉、触觉、味觉，还包括医学上新发现的平衡感、距离感等。多模态指用3种或3种以上感官互动。互动过程中，人类可以将来自多模态的信息打包捆绑成整个的体验。模态越多，人类所获得的信息和体验就越充盈。例如，如果亲口品尝到北京烤鸭，至少涉及视觉、嗅觉、触觉和味觉，而如果只看到北京烤鸭的图片，那就只涉及视觉，因而前者的信息和体验比后者更为充盈。另外，把输入和产出之间发生模态变化的学习行为称为“模态转换学习过程”。例如，让学生把读到的内容复述出来，就是一种模态转换学习。而如果只让学生理解所读到的内容，则是同模态学习过程。提出恰当的模态转换可以增强学习者对所学内容的内化度，提高内容记忆的持久度。换句话说，越充盈的体验、越丰富的模态转化，对学生学习越为有利。

2．多媒体

要理解多媒体的概念，首先要区分物理媒介和逻辑媒介。物理媒介指装载内容或信息的物理介质，如纸张、磁带、光盘等。逻辑媒介是指在物理媒介上装载内容或信息的编码手段，如文字、模拟音频流、数字音频流、图像及视频流等。而界定某内容是否为多媒体材料，是以逻辑媒介为划分标准的。使用3种或3种以上逻辑媒介的，就是多媒体内容。在这个定义下，文字材料印在纸介上是单媒体材料，声音录制在磁带上也是单媒体材料。但如果一张光盘上有文字、图片、音频流、视频流，那么即使装载内容的物理媒介只有光盘一种，这里的内容也是多媒体内容。显然，与单媒体材料相比，多媒体材料更有可能触发多模态的体验。这也是多模态学习和多媒体学习经常交织在一起的原因。

3．多环境

学习环境可分成不同的类型。例如，对在校学生而言，有教室、图书馆、自习室等物理环境；有包括课程设置、课程设计理念、教师教学模式等在内的学术环境；有由学生处、教务处等构成的管理环境；有通过计算机广域网构成的虚拟教学环境等。环境向学生同时提供机遇和框定。例如，图书馆向学生提供博览群书的机遇，同时也框定学生在馆内的行为以及博览群书的极限。再如，教师的知识面等构成对学生的框定，而针对学习任务采取行之有效地教学手段又可为学生提供机遇。学习可以说无处不在，发生于多种混合环境中。各环境因素都提供框定和机遇，从而左右学习效果。

如此，大学英语教师在教学设计中应尽量为学生创造可以获得充盈体验、进行模态转化学习的环境，并充分考虑到多种环境因素，特别是多种环境下的学习集成型模式。

（二）计算机技术与外语课程的生态化整合理念

近年来外语教学研究对于信息技术非常重视，整个外语教学研究范式已由“理论、方法到课程或教材”转变成“从理论、方法、技术到课程或教材”。在这种情况下，理清计算机等现代教育技术与外语教学的关系问题尤为重要。

关于两者的关系，目前广为接受的看法是将计算机视为辅助语言学习的工具。但是这种观念存在很大不足。计算机作为辅助工具应用于教学，具有 4 个特点，分别是：一是计算机仅充当辅助教师的演示工具；二是教学内容基本与课本一致；三是学生是仍被视为被灌输知识的对象；四是未改变以教师为中心的教学结构。以上 4 个特点严重限制了计算机原本可以发挥的作用。将计算机定位为“辅助”工具，而不是外语学习的有机组成部分。因此，要充分利用计算机等现代教育技术，就必须将其视为书本一样的语言教学必备元素。正如没有“书本辅助语言学习”这种提法，计算机辅助教学的提法也应随着计算机在外语教学中的常态化而逐步废弃。

计算机成为语言教学必备元素的方式就是通过信息技术与外语课程的生态化整合。信息技术与各学科课程相整合的内涵在于创设生动的数字化学习环境。强调数字化学习环境的创设也是整合与辅助最大的区别。本课题组进一步提出，信息技术与课程的生态化整合实际就是通过信息技术有效地融合于各学科的教学过程来营造一种信息化教学环境，实现一种既能发挥教师主导作用又能充分体现学生主体地位，以“自主、个性、探究、合作”为特征的教与学的方式，从而把学生的主动性、积极性、创造性较充分地发挥出来，促使传统的以教师为中心的课堂教学结构发生根本性变革,形成“主体导向”的教学结构。因此，整合的内涵可概括为 3 条：一是营造信息化教学环境；二是实现新型教与学的方式；三是变革传统教学结构。

（三）基于建构主义的教学理念

根据以往研究，基于建构主义的教学理念与基于客观主义哲学观的传统教学理念相对立。两者在知识观、学习观、教学观、评价观、教师和学生角色、目标倾向、价值取向、信息技术应用、教学设计等方面截然不同。

简而言之，传统教学理念以客观主义哲学为基础，认为知识是客观、稳定、非情景化抽象的存在，是对客观世界的表征。因此，知识外在于学习者，可以传递，而教与学就是知识传递的过程。这种教学理念重知轻行，片面强调系统掌握各学科的理论知识，因此教出来的学生缺乏必要的专业实践能力或动手操作能力，在这种教学模式下，教师被视为知识的化身、讲坛上的圣人。学生则是被动的接受者、等待被灌输知识的容器。因此，传统教学模式普遍采用注入式、填鸭式的授课方式。教学组织形式和方法不够灵活，学生的学习方式仍然是机械地接受知识，学校的培养方式也是统一的培养模式，没有根据学生的不同来制订个性化的教学设计和教学模式。

建构主义教学理念的哲学基础则是由维柯、杜威、维果斯基、皮亚杰等哲学家发展的建构主义。建构主义认为，与其说知识是名词，不如说它是动词。知识是一个不断认知、

体验和构建的过程。知识不是对于外部世界的表征，而是由个人创造出来，用来理解亲身经历、构造意义的。学习的过程就是知识构建的过程，是在一定情况下，针对无法满足需求的知识进行质疑、探求、构建和协商的过程。教学就是创设有助于意义建构的学习环境，创设有助于交流协商的学习共同体。与传统理念的重知轻行不同，建构主义教学理论提倡知行合一，其目标是令学生获得高阶知识，促进学生实践能力的发展。在建构主义教学模式下，师生是双主体和互动对话的关系。建构主义教学理念倾向的技术应用观是"用技术学习"，主张把信息技术作为学习工具。它克服单一的以讲授为主的班级形式，超越传统的"讲中学""坐中学"，而是走向"例中学""做中学""探中学"和"评中学"，最大限度地丰富学习资源、时空、方式和体验，以提高教学成效。

二、新型大学英语教学模式理论框架

纵览 3 种教学理念可以发现，它们共同强调两个核心要素，即学习环境的创设和教学结构的转变；同时，它们相互依托、相互补充。

（一）学习环境的创设

多模态、多媒体、多环境理论中，强调创设更能让学生获得多模态充盈体验以及进行模态转化学习的环境；计算机与外语课程生态化整合理念强调创设生动的数字化学习环境：建构主义的教学理念强调创设有助于交流协商、意义建构的环境。这 3 种环境实际上彼此相容。甚至通过彼此来实现。

首先，如所指出的，当今教学实践中，多模态学习经常依靠多媒体学习来实现，而数字化环境是多媒体学习的必要条件。

其次，与计算学理论构成的理论框架相比，本研究提出的理论框架的最大优势在于更为系统、细致，因此以其为基础建立的教学模式更具可操作性和可证伪性。该框架在理论层级上有完整的跨度：它有位于基础层面的哲学立场，有处于可证伪层面的模态转换学习假说。与其他研究中经常提到的"自主""互动""计算机辅助"等或模糊或复杂的变量不同，模态的多少或者转换作为一个变量更容易控制、分离与测量，因而在教学设计中更容易实现，在教学实验中更容易验证。

但是在以此理论框架为指导建立具体的教学模式过程中，容易出现一些问题。首先是在教学模式设计中，教师、学生、计算机之间的互动往往不够。某些网络教学内容仅是课本的翻版，而不是让每个学生都真正成为参与者和贡献者。

此外，部分学校的技术环境仍有欠缺，也是阻拦教师、学生、计算机之间充分互动的一大障碍。另外，在这样的教学模式下，计算机和网络成为书本一样的教学必需品，如何保障硬件软件条件、维持系统良性运转也是不得不考虑的问题。最后，是教师的角色问题。计算机技术的广泛应用不代表教师作用的淡化。事实上，在本研究提出的理论框架中，教师仍是学习共同体中的重要一员，而不仅仅是计算机开启者和网络维护者。过分地依赖机器，教学就流于一种技术的展示。当然，这些问题在单纯以建构主义理论或计算机辅助语言学习理论为基础建立的理论框架下也同样容易出现。如何在教学模式设计实践中，真正践行某种理论框架，是所有大学英语教学单位需要花费大量脑力、精力、甚至是财力才能解决的问题。

以计算机和网络技术为基础，对大量音频、视频资源进行有效的收集、处理、整合、存储、传输和应用的数字化环境，几乎可以自然而然地触发多模态学习，数字化环境在某种程度上成了多模态学习的充分条件。另外，鉴于在建构主义视域下，知识作为个人经验的合理化以及个体与他人经过协商后达成一致的社会建构，主要是通过互动来搭建，借助计算机和网络技术使教师和学生、学生与学生之间的联系显著加强的数字化学习环境有助于交流协商、有助于意义建构的环境。

（二）教学结构的转变

传统教学理念和模式中，教师是主动的传授者，学生是被动的接受者。而在建构主义教学理念下，学生与教师同样具有主体地位；在计算机与外语课程生态化整合理念中，学生是主体，教师是主导；在多模态、多媒体、多环境理论中，教师的主要作用在于创设环境以帮助学生获得充盈体验并进行多模态学习，实际上暗示了学生为主体、教师为引导者的观念。3 种理念的共同点是都赋予了学生主体地位。另外，生态化整合理念和多模态、多媒体、多环境理论，都将计算机和网络视为除了教师和学生之外的教学结构组成要素。

（三）3 种理念本身具有的关系

建构主义的知识观和学习观是多模态、多媒体、多环境理论和生态化整合理念的哲学基础。反过来，多模态、多媒体、多环境理论和生态化整合理念是在现代教育技术飞速发展的氛围下对建构主义教学理念的一种细化。另外，生态化整合理念和多模态、多媒体、多环境也具有同样的基础和细化关系。生态化整合理念提升了计算机技术在外语课程中的作用，从而扩大了多模态、多媒体、多环境学习在外语学习中的比例。而多模态、多媒体多环境学习理论，特别是模态转化学习假说，则给出了在数字化环境下教与学的一个可能方向。

在此基础上，可以勾勒出现代教育技术的新型大学英语教学模式。此新型教学模式的最大特点在于环境的创设和教学结构的改变。这里的环境指的是可以触发模态转换学习的数字化环境，这也是有利于意义构建的环境。教学结构的改变则体现在新型学习共同体的建立上。在该新型共同体中，教师、学生、计算机具有同样重要的地位，且任意两者之间都可以进行互动。学生在互动中获得充盈体验、进行模态转换学习的机会。

第三节 信息网络下大学英语自主学习发展趋势探索

信息化、网络化和国际化已成为社会发展的主流。计算机技术日新月异的飞速发展和普及，特别是以只读光盘为基础的网络多媒体技术的应用和开通，为新世纪的信息时代提供了切实的物质和技术基础，引发了一场教学领域的大变革，涉及教育体系、教学内容、教学手段与方法、教学关系、课程设置、教学评价、教学管理等诸多方面。

在国际“网络教育热”的影响下，我国高等院校网络建设突飞猛进，网络技术不断更新，网络容量扩张，传输快速、便捷、稳定，网络教学条件日趋成熟。多媒体课件与网络的结合，其信息技术的综合化、处理的数字化、传输的网络化、教学过程的智能化、资源的系列化等特点，赋予了现代教育以全新的概念和内容，推动了大学英语教学理念的转化和教学方法、手段的变革。信息网络环境下大学英语自主学习正是在这种转化和变革中发展起来的。

随着现代信息技术的发展，信息网络环境下的大学英语教学模式以课堂教学与校园网上运行的英语教学软件相结合，已成为教学手段更新与发展的一种趋势。教学模式的改变证实了网络课程的先进性，教学理念正在悄悄地、逐步地由以教师为中心向以学生为中心转移，网络为开拓个性化自主式学习、教学互动、合作学习以及教学多元化评估提供了多种可能和渠道。网络课程是全球性现代教育的发展趋势，正如比尔·盖茨预测的那样，人们将在 5 年之内达到可以用语音而不是用文字来输入，但这只是语音识别的初级阶段，最终将是实现不加限制、随心所欲的人机对话这一目标，由此可以预见，计算机技术日新月异的飞速发展将给大学英语网络课程带来更成熟的发展条件和更广阔的发展空间。

展望信息网络环境下大学英语教学的前景，以课堂教学与校园网上运行的英语教学软件相结合，开展在线自主学习 + 课堂教学的模式，将成为一种教学手段更新与发展的趋势和主要的发展方向。信息网络环境下大学英语自主学习的新型教学体系的建立，包括人—机教学系统、人—人教学系统和配套的教学管理系统。人—机教学系统应当包括课程、答疑和测试三个子系统。

在课程系统中，首先要研究确定的是需要进入网络系统的课程，如阅读、听说、写作、语音训练、语法、词汇等与外语基本知识和技能的培养训练直接相关的课程，除此还应包括一些专题性的必修或选修课程。新型教学体系的主要支撑是设计和开发出基本符合该课程教学规律和目的的教学软件，以阅读课为例，不仅要考虑课文内容的层次、递进，更要考虑诸如课文注释，疑问解答，练习编排等教学需要，以使这样的软件能在相当大的程度上发挥作用。

答疑系统的功能是将学生在学习过程中无法从教学软件上得到解答的问题归入特定的

电子信箱，再由教师将解答输入，以满足学生的特殊要求。测试系统可以题库为形式，分成检查性测试与进阶性测试两类。前者为检查学习过程中某一阶段的效果而设计，其目的是复习巩固一阶段的学习成果，而后者则是对学习者进阶能力的一种评定，判断能否取得该课程学分。

人—人教学系统应包括课堂教学和导学两个子系统。课堂教学系统除讲座型课程之外，应包括指导型课程（如翻译、写作等）、参与型课程（如会话、专题讨论等）和课题型课程。课题型课程，以一个课题为课程内容，目的是培养学生运用语言进行实际操作的能力，注重培养复合型人才。导学系统主要负责人对人教学中的答疑，以及软件系统无法尽数完成的对特殊问题和要求的解答。同时，也是教师向学生提供学习指导、咨询、思想交流等的重要形式,使教学过程更加个体化、人性化。管理系统包括总体管理、人—机教学管理和人—人教学管理三部分。总体管理负责协调人—机教学与人—人教学两部分的关系，制订相应的教学大纲和课程设置，检查、听取师生对两部分教学系统的意见与建议，随时对改进教学提出建议。它还应包括导学制的建立和管理，对学生学习业绩的管理，及时反映学生的进阶情况，向有关师生和部门提供准确及时的信息。

人—人教学管理主要负责相关的课程设计与操作，包括教学法研究、课件设计，学绩衡量等。人—机教学管理将包括硬件管理软件管理，学绩管理，其中以软件管理最为重要。硬件管理主要负责硬件的维修和改进，学绩管理主要负责软件测试系统和学籍档案的保存与定期报告。它还要参与决定课程阶段测试的时间与次数，学生进阶的一些具体问题，例如单课进阶（完成某一课程的学习后进入该课程的下一阶段）与年级进阶（完成该年级全部学分，进入下一年级）及其关系等。软件管理将是保证整个教学取得预期效果的中心。它不但要按照各种课程的要求写出相应的软件，更应当能够定期从各种信息来源上获取相关资料，与承担该课程的教师紧密合作，建立起一套稳定的课程内容更新机制等。

随着大学英语教学改革的不断深化，专业英语将是我国大学英语教学的发展方向。我国大学生英语水平的普遍提高，需对我国外语教育作战略性的调整，要点是把普通英语教学任务全部下放到中学阶段去完成，以便学生进入高校时便可专注于专业英语的学习。

我国面临外语教学转型期，即基础外语教学的重点将由高校转到中学，中学培养基本外语能力，高校结合专业进行提高。大学英语教学作战略性的调整，一是大中小学教学一条龙衔接的需要，当中学已经完成或宣告要完成英语基础教学，大学就没有必要进行重复；二是社会对外语能力的需要已呈多元化、专业化趋势，单一外语专业的毕业生已越来越不适应社会发展和市场经济的需求，用人单位要求大学毕业生一上岗就能立即承担起与自己专业相关的专业英语工作，因而国家大力提倡培养各种复合型的外语人才。根据我国“全国基础教育课程改革的总目标”和“我国基础教育阶段英语课程标准的设想”，进入大学的新生将有相当一部分可能已经达到了大学英语基础课程的教学目标，听、说、读、写各项专业技能也都会上个新台阶。这意味着大学英语教师的基本任务要有一个较大的转轨，大学英语教师自身的知识结构面临一次全面的重新整合，无论是学科知识结构或跨学科知识结构都需要调整、充实、提高，只有这样才能胜任新的教学任务，这其中自然包括许多

教育目标的改革，因而教师的角色转变和角色深化也自然成为题中之义，大学英语教师的综合素质、教育理念、教育理论与教学方法都需要有较大的改变，以适应个性化教学的需要。随着大学英语发展方向的转移，大学英语网络教学在实施过程中也必须充分考虑英语人才的培养模式。所谓人才培养模式，实际上就是人才的培养目标、培养规格、基本培养方式，它们决定着高等学校培养人才的根本特征，也集中体现了高等学校英语教学的教学思想和观念。从社会对英语人才的需求来看，既有非常专业化的要求，也有复合性需要，而且后者的需求远甚于前者。英语网络教学的目的，就是要运用形、声手段，目标与具体情景结合的方法，使学生的认知得到协调性发展，以便在未来的工作中能够实际运用英语语言知识和技能。

构建为外语教育长足发展服务的具有中国本土特色、创新意义和实践价值的教育体系，将成为我国外语教育的发展趋势。今后的语言习得研究将呈现出多元化趋势，建议中国学者把视野放宽，提高自身研究的普遍意义。建构具有本土性、多元性、发展性的教学体系是今后大学英语教学研究的主要方向。信息技术与课程的整合，信息网络环境下自主学习 + 课堂教学模式，标志着大学英语教学改革的深化，并且日趋成熟。大学英语多媒体网络教学的研究，将更加关注语言学习策略与网络英语教育的关系、网络基础上的视听说自主学习、多媒体技术与口语教学理论与实践、多媒体网络对大学英语教学的影响、多媒体教学模式中的教师角色定位、多媒体信息网络环境下的协作式学习、信息网络环境下的学生自主能力的培养等。结合相关语言学、教育学、心理学等理论，对任务式教学、自主式教学、内容式教学、互动式教学、探究式教学、合作学习、交际式教学以学生为中心式教学、多元智能理论等进行多层面的理论研究和探讨。在研究方法层面上，大学英语教师将更加注重理论反思与实证研究的结合；在研究内容方面，将更加注重国际化与本土化、理论性与实践性的契合以及外语教育的阶段性衔接与多学科融合等，强调外语教学实践中的师生互动、学生培养中的知识积累与能力提高并重。无论是知识能力培养还是教学互动，都不可忽视现代教育技术的作用。高科技的飞速发展，特别是计算机网络的广泛使用，无疑给外语教育带来了前所未有的机遇和挑战。而现代教育技术所带来的方法手段的变化将成为外语教育现代化的突破口。信息技术的飞速发展，计算机已从辅助教学全面走向了教学的前台，大学英语教学正面临着发展的机遇和挑战。机遇与挑战同在，发展与改革并存。

第四节　翻转课堂、微课与慕课

随着信息技术的改革与发展，基于网络多媒体的大学英语教学已经在大学英语教学中逐步运用。网络多媒体环境下的大学英语教学模式已经取代了传统的“满堂灌”式的教学模式，通过图文并茂、互助、合作交流的模式展现于学习者面前。因此，本章就主要介绍三种经典教学模式：翻转课堂模式、微课模式、慕课模式。

一、大学英语翻转课堂模式

（一）翻转课堂模式的历史溯源及定义

在分析翻转课堂模式的定义之前，有必要追溯一下翻转课堂模式的来源。通过对这些渊源的分析，才能够更深刻地了解其定义。

1. 翻转课堂模式的溯源

翻转课堂遵循学习规律，有其深远的历史渊源。下面从中西方两个方面来分析翻转课堂模式的历史渊源。

（1）翻转课堂模式在中国的历史渊源

孔子在《论语·为政》中曾经提出这样的观点："温故而知新，可以为师矣。"，即通过复习开始新的课程；在《论语·述而》中提出"不愤不启，不悱不发。举一隅不以三隅反，则不复也"，即启发式教学；在《论语·卫灵公》中提出"不曰'如之何，如之何'者，吾末如之何也已矣"，即讨论式教学；在《论语·雍也》中提出"知之者不如好之者，好之者不如乐之者"的观点，即倡导主体自身对学习兴趣产生浓厚的兴趣，这是求知识、做学问的一种理想境界；孔子的"学而时习之""三人行，必有我师焉"等观点反映了他注重在实践中学习的看法；而孔子的"可与言而不与之言，失人；不可与言而与之言，失言；知者不失人，亦不失言。"这一观点体现出孔子在教学中善于通过适时抓住关键点来调动弟子们的主体作用，同时体现了学与思的有机结合。

（2）翻转课堂模式在西方的历史渊源

翻转课堂在西方的历史也很久远，古希腊时期的苏格拉底与柏拉图曾经采用启发式与讨论式教学，这可以说是翻转课堂在西方的初露端倪。西方近现代时期，裴斯泰洛齐的主体性教学、皮亚杰的建构学习、维果斯基的"最近发展区"都对翻转课堂具有很大的启迪作用。

20 世纪 90 年代，哈佛大学物理教授埃里克·马祖尔创立了同辈互助教学方式。马祖尔教授将学习分为两个步骤：知识的传递与知识的吸收。过去教学模式大部分都只重视传递知识，而忽视了学生将知识内化与吸收。经过大量实验之后，人们发现马祖尔教授所提出的同辈互助教学方式可以有效促进学生对知识的内化，同时学习的效率提升了 1 倍。另外，马祖尔教授还发现计算机辅助教学可以有效解决知识传递的步骤，因此他认为教师的角色将在未来的高科技辅助教学下得到改变，从演讲者变为教练，将学生的知识内化作为教学的重点，而不是知识的传递。

美国的迈克·特蕾莉亚亚在其论文《翻转课堂：建立一个包容性学习环境的途径》中，论述了在美国迈阿密大学开设"经济学入门"课程时采用"翻转教学"或"翻转课堂"，激活差异化教学以适应不同学生的学习风格。

杰里米·斯特雷耶在其博士学位论文《翻转课堂在学习环境中的效果：传统课堂和翻转课堂使用智能辅导系统开展学习活动的比较研究》中论述了翻转课堂在大学中的设置。

综上可知，翻转课堂教学模式的出现使得传统教学模式发生了颠覆性的改变，在教学

中学生将成为核心部分，翻转课堂为学生提供了个性化的学习平台，这有利于学生自主学习意识、团队协作能力等方面的培养。但需要明确的一点是，没有一种教学模式是完美无缺的，翻转课堂作为一种新兴的教学模式在我国高等教育领域有很大的发展空间，这离不开广大英语工作者脚踏实地的钻研与实践。

2. 翻转课堂的定义

翻转课堂又可以称为“颠倒课堂”，其教学过程包含两大阶段是知识传授；二是知识内化。在传统教学模式中，教师往往会通过课堂知识传授的形式来传输给学生，学生通过课后作业的完成情况和具体的实践来实现知识的内化。与这一传统教学模式不同，在翻转课堂教学模式中，教师根据自己的教学计划对课前预习的内容进行布置，学生则主动利用各种开放资源来获取知识，在课堂上通过与教师进行探讨，然后完成任务，最后内化为自己的知识。

所谓翻转课堂模式，是指在课堂进行之前，学生利用教师给出的视频、音频、开放网络资源,电子教材等学习材料,自主完成课程内容,然后在课堂上主动参与教师的互动活动,最终完成学习任务。

翻转课堂模式是由美国人萨尔曼·可汗提出的，他首次利用网络视频展开翻转课堂授课，并取得了巨大成功。因此，可以说萨尔曼·可汗是翻转课堂模式的创始人。

近年来，翻转课堂模式在国内产生了巨大影响。作为一种基于网络多媒体的新型教学模式，翻转课堂模式是对传统教学流程的颠覆，这对于学生展开自主学习而言是非常必要的。作为一种新型授课方式，翻转课堂对我国英语教学改革大有裨益。但是，翻转课堂不属于在线课程，也不能运用视频代替教师，它只是师生之间进行互动的方式，为学生的自主学习提供了充分的空间和实践，从而获得个性化的发展。

现行教育体系建立的目的在于满足工业时代的需要。19 世纪 90 年代末，美国教育专员威廉·哈里斯提倡在美国的各大高校中展开机械教学模式，这一模式使得学生“中规中矩”。但这显然与当前经济发展、生活水平不相符，只有对学校教育体系进行革新，才能跟上时代的步伐。换句话说，就是源于工业革命时代的机械教学模式逐渐被当前的新兴教学模式代替。

在传统教学模式中，知识习得需要经历知识讲授、知识内化、知识外化三个步骤。通过课堂，教师完成知识的讲授，而学生在课后任务和作业中完成知识的内化。这在前面已有所提及。但是，在当前云教育、云学习的技术条件下，学生可以通过“云课程”及媒介来展开学习，当学习中遇到困难时，教师可以对其进行排解和启发，既保证了师生之间的平等交流,也保证了学生知识的进一步深化。简单来说,从先教授后学习转向先学习后教授,这就是所谓的课堂翻转。

综上所述，翻转课堂模式是对传统教学模式的变革，师生及教学方式在教学过程中都发生了质的改变。

（二）翻转课堂模式的构成

很多学者对翻转课堂模式进行研究，将其构成要素分为三个层面：课前内容传达、课堂活动组织、课后效果评价。下面对这三个层面进行分析。

1．课前内容传达

在翻转课堂模式中，其教学的基础在于课前内容的有效传达。就目前来说，我国翻转课堂模式往往会采用教学视频与纸质学习材料这两种方式来传达教学内容。其中，教学视频被认为是最基本的形式。对于教学视频的来源，主要有以下两种途径。

（1）运用现有的教学视频

运用现有的教学视频是教师进行翻转课堂教学的最佳选择。主要有两方面的原因：一是由于教师的教学任务非常繁重，并没有多余的时间来制作新的视频；二是教师在面对视频录制仪器时，往往比较紧张，因此会严重影响教学效果和进程。可见，如果教师可以从网上找到现有的教学视频，那么必然会节省教师自身的时间和精力，且网上的教学视频资源非常丰富，教师只需下载就可以使用。

（2）制作新型教学视频

对于翻转课堂模式中运用的视频，教师除了运用现有视频外，还可以进行录制。当然，这需要教师有多余的时间和精力，他们可以运用电脑、录音软件、麦克风、手写板等进行制作。具体而言，可以做到如下几点：一是教师可以使用录屏软件对电脑操作轨迹及幻灯片演示轨迹进行捕捉。二是教师可以利用麦克风对讲述的音效进行录制。三是教师可以运用手写板对书本上的书写效果进行提升。四是教师可以利用音频编辑软件对录制的声音进行加工。

另外，教师还需要对画面质量进行关注。基于此，教师需要考虑制作的视频应该尽量短小。这是因为当前的社会生活、工作学习节奏快，如果视频过长，那么难免会引起学生的厌烦；相反，如果视频短，那么则能激发学生的兴趣，引起学生的响应。

2．课堂活动组织

在翻转课堂模式中，教师需要对课堂活动进行组织。在组织课堂活动过程中，教师需要注意如下几个层面。

首先，对于大学英语教学而言，导读类课程比较适合翻转课堂教学，这类课程通过网络多媒体展开。在课下，学生按照教师的安排习得内容；在课堂上，教师解释重难点问题，进而通过网络多媒体实现在线测试。完成测试后，学生可以即时获取网络背景知识和学习资源，同时还能与之前的测试结果进行比对，从而加深自己的知识。

其次，英语课程涉及语言与文化两大因素，教师在对学生的学习进行安排时，需要从初级认知的识记理解开始，转向高级的综合应用，完成一系列的递增过程。同时，教师在安排学生学习时还需要组织与此相适应的学习活动，在学生固有知识的基础上加深其对不同文化知识的理解和掌握。

最后，在合作学习的基础上应结合个体学习，因为个体学习有助于学生充分领会和识

记。

3. 课后效果评价

在翻转课堂教学模式中，教师需要重视课后效果评价。翻转课堂模式常采用个性化学习测试，依靠的是教师与学生在接触的过程中形成的评价。也就是说，教师需要依据自身经验，对学生的知识掌握程度进行判断。这种即时的评价有利于纠正学生对知识的误解，且能够根据不同学生的差异，为他们提出合理化的建议和指导。但是，由于翻转课堂兴起时间较短，其评价与测试形式并不完善。因此，翻转课堂模式的学习评价主要是要求教师与学生之间进行及时交流与沟通，并根据学生的不同个性特征来加以引导。另外，教师还需要提供更多渠道来为学生展示学习成果，让学生建立起足够的成就感和自信心，促使他们有学习的动力。

（三）翻转课堂模式的优势

通过翻转课堂模式的定义可知，该模式是对传统教学模式的颠覆。具体而言，翻转课堂模式有如下几个方面的优势：

1. 有助于学习者安排学习时间

翻转课堂模式有助于学习者安排学习时间，尤其是即将毕业的大学生，他们需要在实习工作上花费很多时间，因此并没有充足的时间置于课堂学习。这些学生需要的是能够迅速传达知识的课程，让他们在闲暇时间学习知识。对于这些学生来说，翻转课堂模式是非常适合的，利于他们对自己学习时间的安排。

2. 有助于师生展开课堂互动

与传统课堂教学模式相比，翻转课堂模式改变了师生之间的相处方式，教师与学生之间逐渐形成了一对一的交流。如果学生对某一知识点存在质疑，那么教师可以将这些学生集中起来，对他们进行特别指导。另外，在翻转课堂上，学生会展开大量的互动，他们不再将教师看成是知识的唯一来源，还包含其他同伴之间的互动学习。

3. 有助于差生进行反复学习

在传统教学课堂中，教师将更多重心放在成绩优秀的学生身上。这是因为，在老师的眼中这些学生可以追赶上教师的步伐，且愿意积极主动地参与到教师的教学中。但是，除了这些成绩优秀的学生外，其他英语水平相对较差的学生往往是被动听课，甚至很难跟上教师的节奏。对于这种情况，翻转课堂有助于帮助这些学生。在翻转课堂上，学生可以随时对视频进行暂停或重放，直到自己理解和明白为止。另外，翻转课堂模式还可以节省大量教师的时间，让教师将更多精力投注于学生的身上。

4. 有助于学习者实施个性化学习

众所周知，各大高校的学生来自不同地区，其自身发展水平必然会存在差异，参差不齐，尤其是兴趣爱好和学习能力等。虽然当代的教学研究领域注意到了这一问题，但是传统教学模式很难实现分层教学，而翻转课堂教学模式恰好解决了这一问题。翻转课堂模式根据学生的兴趣、能力等展开教学，使每位学生能够从自己的进度出发来进行学习。

5. 有助于课堂管理的人性化

在传统课堂教学中，教师为了帮助学生获取知识，需要密切关注学生的注意力和整个课堂的纪律问题。如果学生被某些事情影响了心情，那么必然会影响他们学习的进度。但是，在翻转课堂中，这一问题是不存在的。

首先，翻转课堂模式将学习的主动权归还给学生。如前所述，翻转课堂模式是对师生间、生生间互动关系的强化，让学生最大限度地发挥了主观能动性，即学生掌握了主动权。虽然传统课堂中教师也会辅导学生，但由于受传统理念的影响，这些教学改变只存在于形式上，教学活动仍侧重于讲授，学生完全没有占据主体地位。在网络多媒体环境下，翻转课堂模式获取了名正言顺的地位。在翻转课堂中，学生根据教师提供的资源首先进行自主学习，体现学生的主体地位，然后在课堂上与教师展开讨论，深化自己的知识。

其次，翻转课堂模式扭转了传统教学模式下学生的学习观念和学习态度。翻转课堂中的学习内容是根据学生的需要、兴趣来定位的。在总体学习目标下，学生通过教师提供的学习途径、学习材料完成知识建构，提升自身的知识水平。

最后，翻转课堂使学生对教师的依赖性降低。这是因为，翻转课堂中知识的习得置于最前的位置，学生的自主性逐渐提高，有效淡化了学生对教师的依赖。在自主学习中，学生不得不将自己获取帮助的想法转向其他同学，经过一段时间后，学生便形成一种习惯，即与其他同学进行探讨和交流，主动接收学习知识的过程，这样不仅可以提升学生的知识水平，还能提升他们的人际交往水平。

（四）翻转课堂模式的实施方法

根据相关学者的研究，一些学者提出了翻转课堂模式的基本流程，如图 5-1 所示。

分析上述翻转课堂教学的基本流程及教学理念，大学英语教师根据其所授课程内容形成了多种教学流程。具体而言，涉及如下两大层面。

1. 进行课前安排

在课前安排方面，教师要为学生准备充足的学习资料，如电子教材、外语参考书籍、国内外相关外语专题网址及微视频教程等。

（1）电子教材的设计

在电子教材的设计上，应该注重其完整性。也就是说，纸质教材的内容及附加的音频、录像、解释材料等在内的内容应包含在电子教材中。此外，还有语料库数据、相关网站等资料，可以运用链接形式注入电子教材中，便于教师和学生使用。

电子教材除了设计要保证完整性外，还需要遵循一些次要原则：

①模态协作化原则

由于电子教材的设计涉及多模态形式，在运用多模态时需要考虑几个因素：一是现有的设备条件是否适合使用多模态，能否为教师留有选择的空间；二是运用多模态能否产生正面效应，其教学效果如何；三是考虑多模态的运用是否会出现冗余，避免浪费；四是多

模态形式是否能够进行强化和互补。

②模态分配分类化原则

模态分配分类化是指根据不同的教学条件和教学对象来分配不同的模态组合。在对多模态进行研究时，发现大学教材中的绘图大多为纲要式或者抽象式图表，而小学教材多为漫画式，这就说明教材的编写是根据学生的认知能力和基础知识界定的。因此，在设计电子教材时，同样需要考虑学生的认知能力和知识水平，如文科生适合形象化的模态，而理科生适合抽象化的模态。

③超文本化原则

在电子教材中，教学材料是主语篇，而提供背景、解释、练习材料的是小语篇，二者通过不同层次的方式构成个相对复杂的语篇网络。

④个性化原则

电子教材设计的个性化是从学生的个性特点出发来组织教学。由于学生的起点不同，其使用的模态也必然不一样。为学生提供多种可供选择的教学模态，有助于提升学生的学习兴趣，避免出现“一刀切”的情况。

⑤协作化原则

在多模态学习的环境下，学生要相互进行协作，以小组的形式来完成学习任务、实现学习目标，进而提升整个小组成员的知识水平。

⑥模块化原则

所谓模块化，是指电子教材的设计以阶段性目标为核心，根据这一目标为学生设计教材，并在此基础上设计完成任务和目标的措施和方法，指导学生根据步骤来学习，为实现自己的目标努力。

（2）微视频的设计

微视频是当前翻转课堂模式常用的学习资源，具有很强的针对性。在课堂开始之前，教师可以根据课堂学习目标准备两个或三个微视频，一个微视频仅介绍一个知识点就可以，如果介绍的内容太多，那么就会影响学生的理解和学习。对于微视频的设计，教师需要注意以下几个方面。

一是英语教学视频的视觉效果、互动性、时间长度等都会对学生的知识习得产生影响。在微视频中，教师要对学习内容进行合理设计，并设计课前练习的难度与数量等，以帮助学生将新旧知识结合起来。

二是学生在课前学习过程中，可以利用网络多媒体软件等与其他学生进行交流与沟通，将自己学习中的难题和疑问排除掉，使学生彼此间提高。

三是在微视频的设计上，教师还需要考虑学生的适应性。刚接触视频时，学生很难集中自己的注意力，他们更专注于笔记的记录。为了改善这一局面，教师可以为学生构建视频副本，帮助学生解除后顾之忧，引导学生对档期视频内容进行关注。

四是在微视频的制作上，教师不仅需要对整体上的视觉效果进行重视，还需要突出学习的要点和主题，根据知识结构来设计活动，为学生构建内容丰富、形式新颖的平台，让学生对微视频学习产生更大的学习积极性。

五是当微视频制作完成之后，教师可以将这些视频上传到网上，学生可以通过学校网络随时下载。

六是当学生完成微视频的学习后，需要对自己的学习情况进行总结。如果遇到问题，可以将这些问题反馈给小组长，然后由小组长向教师汇报。

2．展开课堂教学

在翻转课堂上，教学大概涉及五大步骤：合作探究、个性化指导、巩固练习、反馈评价以及课程总结。

（1）合作探究

首先，要合理进行分组。合作学习实际上就是小组学习。合作学习中组员之间的结构是十分重要的，因此教师在分组时要注意各小组成员在能力水平、知识结构上的多样化。同时，各小组成员之间保持个性特点的均衡也有利于各个小组间进行竞争和学习。一般来说，各小组成员应该遵循“组间同质，组内异质”这原则，保证小组成员中具有不同层次的知识水平，提升小组内能力欠佳学生的积极性，促使任务的完成。另外，小组内的成员应该进行分工，即每一位成员在小组内都应该体现自己的作用和位置，在完成任务的过程中能够积极地进行思考。

其次，对问题进行策划和提出。小组合作的内容要具有操作性，即设置的问题能够进行讨论。在课堂开始之前，教师应该根据不同的学习内容和任务明确分组的原则，明确规定小组内各个成员任务以及完成任务的时间。在合作学习中，教师处于引导者的地位，为不同学习小组制订不同的学习任务，使各个小组间能够相互合作、共同学习、共同进步。

最后，要合作实施，并对过程进行控制。小组合作学习并不是在任务开始时就要求一起完成任务。事实上，在任务开始时，小组成员需要对任务进行研究和探讨，且各个成员之间独立进行思考，通过独立的思考来促进和思维发展。之后，小组成员之间对思考的成分进行交流，发表自己的观点和看法，最后对各种信息和观点进行汇总，组合成一个一致的观点。当然，小组内还需要个发言人，发言人需要将观点向教师反馈。

（2）个性化指导

在个性化指导阶段，教师需要为各个小组解答问题与疑惑在合作探究中，不同小组会产生不同的问题，教师应该根据不同的问题进行个性化指导并解答问题；对于一些共性问题，则可以集中起来予以解答。

（3）巩固练习

在巩固练习阶段，在教师的个性化指导下，各个小组需要进行总结，并通过不断练习来加深印象，对重点、难点知识进行巩固。另外，这一阶段需要各个小组间的学习与交流，引导学生贡献学习经验和知识。

（4）反馈评价

对小组合作学习情况的评价主要包含两个方面：一是对学习过程和结果进行评价；二是对小组及小组内成员进行评价。在对各学习小组进行评价时，教师需要将重心放在整个

小组任务的完成情况上，而不是放在某一小组成员的成绩上。同时，教师还需要评价小组内成员参与的主动性、积极性，这样既可以为其他小组内的成员树立榜样，还可以激发小组内成员的热情，调动学生学习的积极性，防止学生产生依赖性，更好地实现合作学习。

（5）课程总结

课程总结是合作探究的最后一步，各小组间进行交流与信息沟通。教师应该给予小组内不同成员充分的支持，使各个小组都能够顺利完成学习任务，实现既定目标。

总之，大学英语翻转课堂模式不仅是对课前预习效果的强化，更是对课堂学习效率的注重和提升。对于教师来说，通过课堂活动设计来使学生知识内化是教师的重要任务，也是大学英语翻转课堂教学的目的。基于此，教师在设计课堂任务时应该对写作、情境等要素予以充分利用，引导学生通过真实体验来实现知识内化。对于大学英语翻转课堂而言，学生展开学习的基础在于信息资源及技术工具等的运用。

二、微课

随着网络多媒体技术的引入，人们的学习方式逐渐发生改变。在网络及“微时代”的双重影响下，微课模式已经悄然进入大学英语教学的领域，并成为人们探索新教学模式的一个重大突破口。可以说，微课是一种新的网络学习资源，并在国内迅速发展，成为基于网络多媒体的大学英语新教学模式。大学英语微课模式的定义、构成、优势及实施办法等成为当前研究的热点，下面就对这几大方面展开分析和探讨。

（一）微课模式的定义

从字面上来说，“微课”有如下三个层面的阐释。

一是对于“课”这一概念来说，微课是“课”的一种，是一种课式，呈现的是一种短小的教学活动。

二是对于“课程”这一概念来说，微课同样是有计划、有目标、有内容、有资源的。

三是对于“教学资源”这一概念来说，微课具有丰富的教学资源，如数字化学习资源包、在线教学视频等。

但是，对其内涵进行挖掘，可以发现微课是一种具有单一目标、短小内容、良好结构、以微视频为载体的教学模式。微课的最初理念是通过正式或者非正式的学习方式，人们不断对短小、主题集中、与实践紧密结合的专业知识进行学习，从而提高学习效果，促进知识的内化。

（二）微课模式的构成

从微课的课程属性出发，微课需要具备必备的课程要素。具体而言，主要涉及四大要素：目标、内容、活动、交互和多媒体。

1. 目标

目标是指教师预期微课模式的适用教学阶段，以及期望教学所要达成的结果，主要包含以下两层含义。

（1）应用目的

即设计开发微课模式的原因。这与微课模式是在课前、课中还是课后运用有关。如为学生的课后练习提供指导而制作的相关练习讲解的微课。

（2）应用效果

即教师在使用微课模式后期望学生所能够解决的具体问题，如掌握某一体裁的英语写作方法、阅读理解题的解题技巧等以引发学生思考。

一般来说，微课模式的目标是具体明确、单一的，其对于微课内容和应用模式的选择起着重要的指导意义。

2. 内容

微课内容是指为微课模式预期服务的，与特定学科相关的有目的、有意义传递的信息与素材。也就是说，大学英语微课模式的内容是教师实现预期目标的信息载体。根据微课的目标，并结合学生的学习情况以及准备应用的教学阶段等教学实际来设计微课模式的内容。微课内容不同，教师对教学活动的设计也不一样。但是，由于微课的时间很短，内容上往往具有主题明确、短小精悍、独立的特色，因此需要教师对微课内容进行精心选取。

3. 活动

活动是主体与环境的相互作用过程，其中环境涉及主体本身、其他主体以及客体。这里所说的“教的活动”是指教师这一活动主体与特定微课内容这一客体之间的相互作用过程，通过这种相互作用，向学习微课的学生将教学信息有效传递出来，以帮助学生对课程内容进行理解与思考。教的活动是实现微课目标的一种有效方法。从方法上来说，教的活动可以分为教师的演示、讲授、操作及其他主体间的互动等活动类型。

4. 交互和多媒体

要想完成微课中教的活动，教师必须要借助某些特定工具来保证学生能够正确理解微课内容的意义，从而实现学生与微课的相互交流。在微课模式中，这种工具主要包含以下两种。

（1）交互工具

学生进行微课学习，能够促进学生与微课间进行操作交互和信息交互。

（2）信息呈现工具——多媒体

多媒体能够更好地帮助教师对教学内容进行表达和解释，提高学生在进行微课学习时与学习资源间的交互有效性，如微课中课件、动画、图形、图像等的呈现。

总之，微课这四大因素是相互影响、相互关联的。通过对这几大要素的设计，教师有助于构建成一个具有结构化数字化课程资源。

（三）微课模式的优势

从微课的定义与构成上不难看出，微课与当前信息技术相适应，也与《大学英语教学指南》相适应，是一种新兴媒体在教学领域的运用。可以说，微课在大学英语教学中的优

势非常明显。

1. 教学内容少

微课模式主要是对课堂教学中某一知识点教学的凸显，或者是对教学中某一环节或者某一主题活动的反映。与传统教学内容相比，大学英语微课教学内容精简，更符合教学的需要。

2. 教学时间短

一般来说，大学英语微课教学视频时长为 3 ~ 8 分钟，最长也不应超过 10 分钟。相比之下，传统课堂教学时间长，一般为 40 ~ 45 分钟。因此，微课常常被称为“微课例”或“课堂片段”。也就是说，微课教学时间短。在当前的大学英语教学中，使用微课模式有助于针对教学难点开展教学，使学生能将这些注意力集中在教学的黄金时段，通过与教师的互动解决学习上的困惑。

3. 资源容量小

通常情况下，微课模式中的教学视频及配套资料的容量约为几十兆，容量一般比较小。在大学英语教学中，微课这一模式有助于教师与学生间流畅地展开交流。

4. 资源构成情境化

大学英语微课教学的内容通常具有鲜明的主题，且指向也完整、明确。教学视频片段是微课的主线，并以此对教学设计及其他教学资源进行统整，从而构筑成一个类型多样、主题凸显、结构紧凑的“主题单元资源包”，创造出一个真实的教学资源环境。这就使微课资源具有了视频教学案例的特点。这样真实、具体的情境不仅有助于学生提升自己的思维能力，还有助于提升教师的教学技能和学生自己的学业水平。

5. 反馈及时、针对性强

微课教学内容少、教学时间短，因为可以在短时间集中开展“无生上课”活动，因此教师和学生都可以迅速获取反馈信息。此外，每一位学生都可以参与进课前组织预演，相互学习，这在一定程度上有助于减轻教师的压力，保证英语教学活动顺利开展。

6. 成果简化、多样传播

由于微课教学内容主题鲜明，内容具体，因此其成果易于转化和传播。同时，微课教学时间短、容量小，因此其传播的方式也是多种多样的，如网上视频传播、微博讨论传播等。

7. 主题鲜明、内容具体

微课课程的开展是建立在某一主题上的，其研究和探讨的问题也主要来自具体、真实的教学实践。例如，教学实践中关于教学策略、学习策略、重点难点、教学反思等问题。

（四）微课模式的实施办法

就当前的教学实践来说，微课模式有着重要的发展前景。虽然微课的设计是当前研究的重点问题，但是也不能忽视微课模式在教学实践中的应用。因此，下面就大学英语微课教学提出一些建议。

1. 建立微课学习平台

微课模式主要建立在视频这一载体上，同时还需要一些辅助模块，如微练习或互动答疑等，这些对于提高学生的学习兴趣、培养教师的信息化应用能力十分有益。其中，一个较为创新的方法是微慕课平台，使微课模式展现出慕课模式的系统性和专业性。这一平台具有一定的知识含量，且结构灵活、系统性强、制作成本低等优点。

2. 提升微课录制技术

微课录制技术更追求质量，而且要尽可能地简单，使教师乐于录课，并能够快速提升自己的微课录制技术。另外，微课的研究人员需要在网络多媒体技术上进行改进和发展，追求卓越，尽可能地使微课模式得以普遍推广。

3. 加强资源开发，实现共建共享

当前的大学英语教学中仍存在着教学资源不均衡的情况。而微课的出现，使得优质的教学资源通过网络传送到全国的高校中，从而实现资源共享。

三、慕课

在网络多媒体环境下，慕课模式是以关联主义为基础，开展大规模的在线教学方式和学习方式。慕课模式的形成和发展并不是偶然的，而是在时代的发展和信息技术的进步基础上实现的。本节就来分析大学英语慕课模式。

（一）慕课模式的定义

慕课是一种在线课程开放模式，是在传统发布资源、学习管理系统的基础上建立起来的课程模式，又称为“大型开放式网络课程”。慕课主要由具有协作精神与分享精神的个人所组织，他们将优异的课程上传到网络，可供需要的人下载和学习，目的是为了促进知识的传播和发展。

维基百科将慕课进行了界定，即慕课是种以开放访问、大规模参加作为目的的在线课程。慕课的英文字母是 MOOC，这四个字母分别有其代表的含义。

M：代表参与这种开放性课程的人数多，规模大。

O：代表这一课程具有开放性，只要是想学习的人都可以参与其中。

O：代表这一课程学习的时间是非常灵活的，想学习的人可以自主选择。

C：代表课程包含的种类众多。

（二）慕课模式的优势

慕课模式应用于大学英语教学必然会引起重大的教学理念与教学方式的改变。也就是说，慕课模式对当前的大学英语教学意义重大。具体而言，慕课模式具有如下几点优势。

1. 提供能力培养平台

我国的大学英语教学虽然一直在不断变革，但是总体上还是将重心放在基础知识教学上。这种教学模式必然阻碍学生将英语教学与专业结合起来，也就很难实现自己综合能力

的提升。

受这一教学理念和教学背景的影响，很多学生忽视了英语的学习，并没有意识到英语这一工具的作用。慕课的出现能够为学生提供最新的发展评估和专业动向，有助于激发学生的学习动机和兴趣，促使学生提升自己的专业能力，解决英语教学与自己专业的问题。

2. 平衡学生水平

高校学生来自不同的地域，各地的教学水平存在差异，学生的学习能力和学习基础也高低不同。在统一的大班英语课堂上，教师很难实行一对一教学，只能从宏观上对学生进行指导。在这样的教育现实下，很多学生已经追赶不上教学的进度，或者不满足于当前的教学水平。

慕课模式通过开放性的网络平台，给学生提供了有针对性的教学，便于缓解教与学的矛盾。同时，该模式不受时空限制，既有利于促进基础好的学生能力的发展，也有利于基础差的学生知识的巩固。

3. 形成语言使用环境

对于我国学生而言，英语是第二语言，因此本身缺乏语言学习的环境，导致学生在课堂上学到的知识很难在现实中应用。很大程度上说，这降低了学生学习英语的成就感，也对日后学生的语言能力提升十分不利。

慕课的出现能够为学生创设良好的语言学习环境，即学生可以接触到真实的语言，甚至可以与世界上其他国家的人们进行交流，这都有助于提升学生自身的听说能力。

4. 扩大学生知识储备

我国的大学英语教学主要是围绕课堂教学展开的，面对短暂的教学时间、繁重的课业压力，课堂教学很难给学生带来充足的知识。相比之下，慕课教学模式以网络为平台，向学生提供丰富的知识，方便学生进行提取，不仅扩大了学生的知识储备，还丰富了学生的学习效率和兴趣。

（三）慕课模式的实施办法

作为一种新兴的大学英语教学形式，慕课模式往往会通过以下几个步骤进行教学，即课程设置多样化、上课方式多样化、考核方式多样化、传统课堂与慕课结合。

1. 课程设置多样化

就当前的大学英语教学来说，慕课模式改变了传统教学模式的单一状况。就师资力量来说，传统的大学英语教师资源非常有限，所讲授的课程针对性也不明确。就教学材料来说，当前大多数高等院校使用上海外语教育出版社出版的《大学英语》《新世纪大学英语》、高等教育出版社出版的《大学体验英语》以及外语教学与研究出版社出版的《新视野大学英语》等，并没有采用与学生相适应的专门教材。就课程设置来说，虽然各大高校都设置选修课，但是这些选修课大多是为英语四、六级考试设置的。对此，慕课教学模式根据学生的兴趣和需要来选择课程，大大提高了学生的学习兴趣，从而提升了学生学习英语的质量和效率。

2．上课方式多样化

虽然我国各大高校都在推进大学英语教学改革，上课形式也不再单一，但是仍旧将教师讲授作为中心，其中穿插的多媒体也只是一种辅助形式，是教师板书的延伸而已。但是，在网络多媒体不断发展的背景下，慕课模式实现了上课方式的多样化，学生可以在校园任何地方用电脑或者 iPad 进行学习。

3．考核方式多样化

在网络多媒体教育环境下，大学英语慕课模式的关键在于考核方式的多样化。如果仅仅依靠传统的笔试或者论文式教学，那么就很难将学生的实际水平测试出来。在慕课模式下，考核方式的多样化主要涉及两点：一是探索个性化考核方式，即根据不同层次的考生设置不同的测试题目；二是探索开放性的考试方式。总之，无论是个性化考核方式，还是开放性考核方式，其前提都是为了激发学生的学习积极性和学习兴趣。

4．传统课堂与慕课结合

前面已经介绍了慕课模式的优势，但是在发挥慕课模式的同时，还需要注意两点问题。首先，大学英语慕课模式教学还有待完善，因为需要对教师进行培训，还需要准备与之配套的教学硬件设备。

其次，对于大学生来说，他们自身水平存在差异，因此要想让不同层次的学生适应慕课模式，也需要很长一段时间。如果将所有的教学内容置于网上，那么那些本身自制力差的学生就更容易放弃，这当然是教师不愿意看到的。

因此，当前属于新旧交替时期，教师仍旧扮演着重要角色。首先，教师应该积极探索能够激发学生主动性和积极性的慕课课件。其次，教师需要对学生的基本情况有一个清晰的了解，保证慕课课件能够被大多数学生理解和把握。最后，教师还需要了解不同学生的自主学习能力，锻炼学生的心理素质，使他们尽快适应新兴的教学模式。

参考文献

[1] 周保群 . 大学英语教学模式与课程建设研究 [M]. 重庆：重庆大学出版社，2020.

[2] 王景文 . 英语教育教学与课程体系研究 [M]. 长春：吉林出版集团股份有限公司，2020.

[3] 赵常花 . 媒体融合视角下的大学英语教学理论与实践研究 [M]. 北京：企业管理出版社，2020.

[4] 吴俊娇 . 大学英语多模式教学实践 [M]. 长春：吉林出版集团股份有限公司，2020.

[5] 魏微 . 大学英语教学基础理论与实践研究 [M]. 长春：吉林人民出版社，2020.

[6] 王艳霞 . 大学英语多模式课堂教学研究 [M]. 长春：吉林出版集团股份有限公司，2020.

[7] 车春柳 . 高校英语课程改革与发展研究 [M]. 长春：吉林出版集团股份有限公司，2020.

[8] 吴婷 . 高校英语教学理论及实务研究 [M]. 长春：吉林出版集团股份有限公司，2020.

[9] 严明，佟敏强，张丽娇 .“一带一路”背景下的商务英语专业建设与发展 [M]. 北京：外语教学与研究出版社，2020.

[10] 宣泠，龚晓斌 . 大学外语不断线课程体系建构研究 [M]. 苏州：苏州大学出版社，2020.

[11] 李琴 . 大学英语教学模式与课程建设研究 [M]. 北京：中国纺织出版社，2019.

[12] 文声芳 . 大学英语课程体系建设 [M]. 北京：中国国际广播出版社，2019.

[13] 张铭 . 当代大学英语教学理论与研究 [M]. 北京：九州出版社，2019.

[14] 何树勋 . 跨文化交际下的大学英语教学改革模式研究 [M]. 成都：四川大学出版社，2019.

[15] 刘美岩 . 外语类网络在线课程建设及综合评价的理论和方法兼评四套大学英语网络视听说教学系统 [M]. 上海：复旦大学出版社，2019.

[16] 吴秋明 . 林正柏 . 基于 MOOC 理念的大学英语课程教学研究 [M]. 北京：北京工业

大学出版社，2019.

[17] 王婷婷 . 职业本科院校大学英语课程设计与创新 [M]. 长春：吉林人民出版社，2019.

[18] 张亚锋，刘思佳，万镭 . 专门用途（ESP）英语教学的探索研究 [M]. 西安：西北工业大学出版社，2019.

[19] 赵英军 . 人才培养与教学改革浙江工商大学教学改革论文集 2017[M]. 杭州：浙江工商大学出版社，2019.

[20] 卢敏 . 中国英语教师教育研究 [M]. 武汉：武汉大学出版社，2019.

[21] 王磊 . 大学英语课程建设与教学模式研究 [M]. 长春：吉林人民出版社，2018.

[22] 陆道恩 . 大学英语课程体系建设与教学改革 [M]. 吉林出版集团股份有限公司，2018.

[23] 曹文娟 . 大学英语教学模式与课程建设研究 [M]. 江苏凤凰美术出版社，2018.

[24] 潘贵渝 . 大学英语课程体系建设与教学改革 [M]. 长春：吉林人民出版社，2018.

[25] 覃春华 . 地方转型高校大学英语课程体系建设与教学改革研究 [M]. 长春：吉林人民出版社，2018.

[26] 黄建滨 . 英语教学理论系列英语教学研究 [M]. 杭州：浙江大学出版社，2018.

[27] 宫玉娟 . 大学英语教学模式改革创新研究 [M]. 吉林出版集团股份有限公司，2018.

[28] 郑侠，李京函，李恩 . 多元文化视角下的大学英语教学研究 [M]. 北京：知识产权出版社，2018.

[29] 黄儒 . 大学英语教学模式研究 [M]. 哈尔滨：黑龙江教育出版社，2018.

[30] 张伟，胡玉洁 . 基于需求分析理论的大学英语教学研究 [M]. 北京：国家行政学院出版社，2018.